Karel Novotný

—

# Welt und Leib

# Orbis Phaenomenologicus

Herausgegeben von
Kah Kyung Cho (Buffalo), Yoshihiro Nitta † (Tokyo)
und Hans Rainer Sepp (Prag)

## Studien 50

Karel Novotný

# Welt und Leib

## Zu einigen Grundmotiven der Phänomenologie

Königshausen & Neumann

Die vorliegende Publikation ist am Philosophischen Institut der Akademie der Wissenschaften der Tschechischen Republik im Rahmen des Forschungsvorhabens *Life and Environment: Phenomenological Relations between Subjectivity and Natural World* (Grantová agentura ČR, č. 401/15-10832S) entstanden.

Lektorat: Cathrin Nielsen | www.lektoratphilosophie.de

Die Fotografie auf dem Buchumschlag zeigt Edmund Husserl mit Jan Patočka (links) und Eugen Fink im Dezember 1934 in Freiburg im Breisgau (Aufnahme von Hans Lassner).

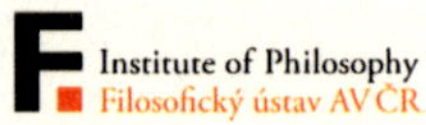


*Bibliografische Information der Deutschen Nationalbibliothek*

Die Deutsche Nationalbibliothek verzeichnet diese Publikation in der Deutschen Nationalbibliografie; detaillierte bibliografische Daten sind im Internet über http://dnb.d-nb.de abrufbar.


Gedruckt auf säurefreiem, alterungsbeständigem Papier
Umschlag: skh-softics / coverart

Printed in Germany
ISBN 978-3-8260-6767-9
www.koenigshausen-neumann.de
www.ebook.de
www.buchhandel.de
www.buchkatalog.de

*Meiner Mutter*

# Inhalt

# Vorwort

Das Buch kreist um kritische Revisionen der Ansätze Edmund Husserls zur klassischen universalen Korrelation von Bewusstsein und Gegenständlichkeit. In diesen Revisionen sind schon bei Husserl Fragen nach dem aufgekommen, was in diese Korrelation nicht eingeht, in ihr – etwa als unhintergehbares Faktum – nicht aufgelöst wird und sie dennoch in einer Weise bedingt, dass auch phänomenologisch – also auf der Basis der erlebten Phänomene – Zeugnis davon gegeben werden kann, und zwar sowohl auf der Seite des Erlebens als auch auf der Seite des Erlebten, der Welt der Erfahrung. Als solche „Ränder" der universalen Korrelation kommt zunächst die Weltvorgegebenheit selbst in Betracht, die insofern auf eine Grenze der genetisch-phänomenologischen Analyse Husserls hinweist, als sie als Vorgegebenheit auch durch Rückfragen vom Konstituierten auf dessen Konstitutiva in ihrer intentionalen Genesis nicht einholbar ist und als eine Art Urtatsache vorausgesetzt werden muss. Diese Vorgegebenheit übersteigt somit die Korrelation von Erleben und Erlebtem als ihr umfassender Rahmen, der die Korrelation in gewisser Weise als eine Art Ganzes, das ihr Teile ‚umgreift', zugleich ermöglicht. Dieser Einsicht entsprangen Versuche – spekulativ, kosmologisch, aber auch transzendentalphilosophisch angesetzt –, die Phänomene der Korrelation, die sich immer in der Welt entfalten, auf einen aus der Korrelation selbst nicht zu erklärenden Rahmen zu beziehen, den diese voraussetzt, wenn wir davon ausgehen, dass jedes Phänomen in der Welt erscheint. Wenn dieser Rahmen selbst sich diesem weltlichen Erscheinen entzieht, Welt also nie als Phänomen, objekthaft, selbst da ist, so ist er, mit anderen Worten, diesem Erscheinen offenbar vorgegeben.

Die Welt als letzter Rahmen des Erscheinens, als ein von der Um-Welt als jeweiligem Korrelat des Lebens zu unterscheidendes Ganzes, kann von zwei Perspektiven aus angegangen werden: spekulativ, worüber wir in diesem Buch bei Eugen Fink und Renaud Barbaras berichten werden, oder transzendental, von einer subjektiven, wie bei Husserl, oder „asubjektiven" Mitte einer solchen Korrelation aus, wie bei Maurice Merleau-Ponty, Jan Patočka und László Tengelyi. Von Ansätzen dieser Letzteren wird in diesem Buch ebenfalls, wenn auch selektiv, die Rede sein. So wird vor allem im Blick auf Patočka verfolgt, wie sich aus einer solchen Mitte die horizonthaften Perspektiven der Welt den jeweiligen Erlebniszentren öffnen. Diese Öffnung, durch welche diese Zentren zu Subjekten und zugleich zu Weltwesen werden, wird vom Medium der wechselseitigen Bewegung von Leib und Welt aus angegangen. Näher bestimmt wird die Öffnung der Welt dabei als vermittelt durch die Anderen, insofern erst diese es vermögen, aus der Exteriorität ein empfangendes Milieu zu bilden, in dem sich die Bewegung des Lebens auf das Weltganze hin entwickeln kann. Damit wären einige Grundmotive der Phänomenologie angesprochen, die im Untertitel des Buches erwähnt sind. Abschließend kommen wir explizit auf die „Ränder" der phänomenologischen Korrelation zu sprechen. Denn urfaktisch bedingt ist dieses korrelative Medium des Ineinander von Welt und Leib nicht nur durch die Weltvorgegebenheit. Auch Patočkas frühe Metaphysik der Lebensbewegung, durch die sich das vorweltliche Innere leibkörperlich ausdrückt, ist ein Konzept, in dem der Welt als Milieu der Veräußerlichung des Lebens Grenzen gezogen werden. Die Position des Körpers als eines „Nullpunkts" der subjektiv-leiblichen Bewegung des Lebens, die schon bei Husserl jeder gegenständlichen Korrelation zugrunde liegt, wird zudem bei Emmanuel Levinas als „Setzung", bei Hans Rainer Sepp als „Grenze" bedacht, die sich nicht auf die Vorgegebenheit der Welt und ihre Dynamik reduzieren lässt.

Das Buch versucht so an einigen Beispielen einen Bogen zu schlagen, der von der Kritik der transzendentalen Phänomenologie Husserls in den spekulativ kosmologischen Wenden über die Phänomenologie hinaus bei Eugen Fink und Renaud Barbaras wieder zurück zur transzendentalen Phänomenologie der Weltvorgegebenheit bei Jan Patočka und László Tengelyi führt. Ein Exkurs in die Bewegungs- und Leiblichkeitsproblematik bei Patočka soll darüber hinaus dessen Position in seiner Nähe und Distanz zu Husserl und Fink anzeigen. Bei Emmanuel Levinas und Hans Rainer Sepp wird das husserlsche Motiv der Leib-Körperlichkeit weiterverfolgt, bis hin zur Randposition des Leib-Körpers als Bedingung des Weltbezugs, die selber von der Weltvorgegebenheit weder kosmologisch noch transzendentalphilosophisch gefasst werden kann.

An dieser Stelle ergibt sich eine willkommene Gelegenheit, den Institutionen und Personen zu danken, die das Entstehen dieses Buches ermöglicht haben. Das ist in erster Linie die Akademie der Wissenschaften der Tschechischen Republik: Ihr habe ich für einen Bonus im Zusammenhang mit dem Erlangen des Grades eines *doctor scientiarum* im Jahre 2017 zu danken, der es erlaubte, die überwiegenden Kosten der vorliegenden Publikation zu decken. Einen weiteren Beitrag hat das Programm Erasmus Master Mundus EuroPhilosophie an der Fakultät für Geisteswissenschaften der Karls-Universität geleistet. Die einzelnen Kapitel des Buches konnten dank der Unterstützung der Grant-Agentur der Tschechischen Republik für das Grant-Projekt „Leben und Umwelt. Phänomenologische

Bezüge zwischen der Subjektivität und der natürlichen Welt" zustandekommen.[1] Das Buch ist eines der Resultate dieses Projektes, das es mir ermöglicht hat, einzelne Teile zwischen 2015 und 2017 bei internationalen Konferenzen vorzustellen und zu diskutieren und mich als Mitorganisator an diesen Tagungen zu beteiligen. Mein größter Dank jedoch gebührt Hans Rainer Sepp, mit dem wir dieses Projekt gemeinsam realisiert haben, für seine langjährige und vorbehaltlose Unterstützung nicht nur beim Forschen und Schreiben. Inga Römer und István Fazakas danke ich sehr herzlich für ihre Unterstützung, die Lektüre des Buchmanuskripts und ihre Vorschläge zu Korrekturen und Klärungen einzelner Passagen des Buches. Cathrin Nielsen bin ich unendlich dankbar für ihre Bereitschaft, das Buch redaktionell zu betreuen.

1 Grant-Projekt „Leben und Umwelt. Phänomenologische Bezüge zwischen der Subjektivität und der natürlichen Welt" (GAP 15-10832S).

# I. Teil

# Zu den kosmologischen Wenden der Phänomenologie

# 1. Kapitel: Das Problem der Weltvorgegebenheit

Die Welt als „die eigentliche Sache der Phänomenologie", um einen gegenwärtigen Autor, Klaus Held, zu zitieren (Held 1992, 130), ist mit einem der wichtigsten der bis heute wirkmächtigen philosophischen Ansätze Edmund Husserls verbunden. Seine lebendige Gegenwärtigkeit ist auch hier, wie üblich, mit Revisionen, Umkehrungen, ja Häresien verbunden. So nahm die Weltproblematik bei Martin Heidegger, Eugen Fink, Maurice Merleau-Ponty und anderen Philosophen, die sich eingehend kritisch mit Husserls transzendentalphilosophischem Ansatz auseinandergesetzt haben, neue Wege, bisweilen bis hin zu einer Art kosmologischer Wende. Die produktive Beschäftigung mit solchen Herausforderungen, die bis heute anhält – wie z. B. bei Renaud Barbaras –, führten aber durchaus auch zu Versuchen, das phänomenologische Weltdenken Husserls zu erneuern und die Welt als *phänomenologische* Sache selbst zurückzugewinnen. Eine solche Erneuerung der phänomenologischen Weltproblematik ist sicherlich nicht das letzte Wort der Phänomenologie, aber die Auseinandersetzung mit dem Weltproblem ist zweifellos bis heute eines ihrer Grundmotive.

## *1. Das Rätsel der Weltapperzeption bei Husserl*

Jedes Reale kann bei Husserl nur aus dem Hintergrund der vorgegebenen Milieus affizieren, deren umfassender Zusammenhang letztlich die Welt ausmacht. Der Zugang zum Außen wird bei Husserl mit einem ganz zentralen Konzept – dem Begriff des Horizontes – verbunden, der eigentlich jede Unvermitteltheit ausschließt. Jede Affektion des Ich geht von einer Abgehobenheit in einem Feld aus, und dieses Feld ist zusammen mit seinen Umfeldern immer schon vorgegeben.

Die Welt als phänomenologische Sache ist zwar eine Transzendenz, die Fremdheit impliziert, doch handelt es sich dabei, zumindest bei Husserl, um „eine Transzendenz in der Immanenz", weil eben jede Transzendenz vom Horizontbewusstsein aus und untrennbar von ihm gegeben ist. So ist jedes Fremde ein im Blick auf das Eigene relatives Fremdes in einer das jeweilige Erlebniszentrum umfassenden Ganzheit der Welt. Die Art und Weise dieses Umfassens bezeichnet Husserl als „Horizontbewusstsein" und notiert im Spätwerk: „Die Konstitution der vorgegebenen

Welt systematisch auslegen – das ist systematisch die Horizontstruktur derselben auslegen“ (Hua XXXIX, 125).

Damit sind zentrale Motive seines Ansatzes bezüglich der Weltvorgegebenheit angedeutet, wie sie anhand der Horizontstruktur der Erfahrung als eines Sinngebildes beschrieben wird. Es geht um eine systematische Auslegung der Konstitution dieses Sinngebildes, was auf die transzendentalphänomenologische Methode hinweist, jeden Sinn – auch den „vorgegebenen“ Sinn der Welt, die selbst kein Gegenstand ist, sondern ein alle Gegenstände Umfassendes – auf seine Korrelation zu Sinnstiftungen und Sinnbildungen im Bewusstsein zu beziehen.

In gebotener Kürze soll dieser Horizontbegriff, den Husserl sachlich schon früh – nämlich im Zusammenhang der Analysen der Wahrnehmung und des Zeitbewusstseins – entdeckte und dann erstmals systematisch im Ersten Buch seiner *Ideen zu einer reinen Phänomenologie und phänomenologischen Philosophie* (*Ideen* I) präsentierte, umrissen werden. Diese Analysen ergaben unter anderem, dass kein Bewusstsein von etwas, ja kein Erlebnis, isoliert erlebt werden kann. Neben einer inneren zeitlichen Verkettung im Erlebnisstrom selbst impliziert es immer schon Hinweise auf unterschiedliche Sinnzusammenhänge, sowohl in Bezug auf das aktuell bewusste Objekt als dessen sogenannten inneren Horizont (seiner näheren Bestimmungen) als auch hinsichtlich der Situiertheit des Objektes im Verhältnis zu anderen Objekten als seinen äußeren Horizont (etwa im Raum). Horizonte sind dabei sowohl aufseiten der Noesis (der Akte des Bewusstseins selbst) als auch aufseiten der Noemata, also der gemeinten Gegenständlichkeiten, impliziert. Alle diese inneren und äußeren, noetischen und noematischen Zusammenhänge und Verweisungen in ihren gegenseitigen Verbindungen und Verschachtelungen können ebenfalls als Horizonte gefasst und prinzipiell in der Analyse ausgewiesen werden.

Eine Bestimmung der Welt lässt sich bereits in Anknüpfung an diese Analysen phänomenologisch aufzeigen, nämlich, dass die Welt als Horizont all jener Horizonte angegangen werden kann, die in Korrelation mit Bewusstseinsakten einzelner, allerdings immer schon vergemeinschaftlichter Subjektivitäten stehen. Doch wird es sich dabei immer nur um *eine* wesentliche Bestimmung der Erfahrung handeln: Das aktuell Bewusste hebt sich stets vom Hintergrund der impliziten Sinnzusammenhänge ab, die, da sie immer mitgegeben sind, als *Potenzialitäten* des Bewusstseins des Aktuellen expliziert werden können. Man kann schon hier in einem gewissen Sinne von einer „Vorgegebenheit“ der Horizonte sprechen, die die einzelnen Erfahrungen umfassen.

Im Zusammenhang mit dem Thema der Epoché und der transzendentalen Reduktion, die Husserl ebenfalls erstmals in *Ideen* I der Öffentlichkeit vorlegt, wird eine wesentliche Bestimmung der Welt selbst entdeckt, nämlich die Funktion einer Generalthesis, durch welche die Welt immer schon durch die einzelnen Objektsetzungen mit- und vorausgesetzt wird. Um alle in der natürlichen Einstellung des Bewusstseins „naiv" gehegten Meinungen über das zu erkennende Sein der Objekte insgesamt einzuklammern bzw. außer Geltung zu setzen, stößt die Epoché, die diese Einklammerung zu leisten hat, auf eine grundlegende, unthematische und generelle Glaubensgewissheit eines Ganzen: die sogenannte Generalthese der Welt. Sie wird vor allem im Rahmen der genetischen transzendentalen Phänomenologie später (ab Mitte der 1920er Jahre) weiter untersucht und gedeutet.

Durch diese Debatten wird Husserl die Vorgegebenheit der Welt in ihrer Unmodalisierbarkeit zunehmend klarer: Während jede Einzelerfahrung modalisiert werden kann, indem sich ihr Objekt etwa im Laufe der Erfahrung als Illusion enthüllt, ist die Welterfahrung als solche „nicht modalisierbar" (Hua XXXIX, 246). Darin bekundet sich die Nichtreduzierbarkeit der „Generalthesis" der Welt, ja eine Urfaktizität der Welthabe, und zwar deshalb, weil diese Funktion, so Ludwig Landgrebe, selbst „kein bestimmter Akt" ist, der „irgendwo einmal ausdrücklich vollzogen worden wäre", sondern „die Grundlage aller bestimmten Akte [...] als eine Urtatsache, dass wir von vorneherein und ganz selbstverständlich ‚in eine Welt hineinleben' ..." (Landgrebe 1963, 44f.).

Landgrebe fasst in diesen Worten zusammen, was Husserl damals mit seinen Assistenten diskutierte. Ein Zeugnis davon geben die Entwürfe zum systematischen Werk ab, die Eugen Fink im Auftrag von Husserl verfasste. Eine Formulierung Finks sei hier zitiert: „Das Sein der Welt ist nicht und niemals in einer bestimmten Gegenwart zur ersten Setzung gelangt und von da ab als Erwerb dauernd in Geltung gehalten, sondern ist eine Voraussetzung, die jeder Gegenwart, in der das Erfahrungsleben bestimmte Seinssetzungen vollziehen mag, vorausliegt." (Hua Dok II/2, 81)

Dieses Motiv wird noch vertieft durch den Gedanken der Welt als eines Seinsbodens, der sich mit Finks Umarbeitungen des systematischen Projekts Husserls, das sich mit den *Cartesianischen Meditationen* Anfang der 1930er Jahre verbindet, abzuzeichnen scheint. Jedenfalls können wir in diesen Entwürfen Finks die Idee einer das thematische Bewusstsein „fundierenden [...][,] tragenden und tragend-ermöglichenden Bodenerfahrung" formuliert finden, was für Husserl damals noch leidlich „gefährliche bildliche Reden" darstellten.[1]

Die Bestimmung der Weltvorgegebenheit als Urtatsache durch Landgrebe weist darauf hin, dass sich auch in der genetischen Analyse diese Funktion der Weltthesis nicht aus den einzelnen Erfahrungen mit den Objekten (etwa als erworbenen Habitualitäten) ableitet, wie auch die Ho-

---

[1] Vgl. zu dieser Unterscheidung von Hintergrund und Bodenfunktion der Welt Finks Entwürfe und die zögernde Reaktion Husserls darauf in: Hua Dok II/2, 91f. sowie Anm. 349 und 350.

rizonte in der Tat die jeweils aktuellen Lebensumwelten konkret mit ausmachen. Vielmehr sind, so Landgrebe, „alle Habitualitäten, die dem Menschen angeboren oder von ihm im Laufe seines Lebens erworben sind, [...] Habitualitäten seiner als des Menschen, der schon auf dem Boden des Weltglaubens steht und sich in ihm als ein Seiendes unter Seiendem weiß" (Landgrebe 1963, 45).

Wenn es aber so ist, dass sich dieser Glaube von der Horizontbildung selbst noch unterscheidet, obwohl die Weltlichkeit jeder Erfahrung durch sie hindurch bewirkt wird – wo kommt dann der Weltglaube im Erleben her? Dieser Glaube als die Urtatsache der Weltbezogenheit ist ja auch ein Erlebnis, daher muss die Frage nach der Genesis oder dem Ursprung auch an ihn gestellt werden können.

In seinem letzten Werk, der *Krisis der europäischen Wissenschaften*, in das sich die Diskussionen über dieses Problem wie auch Finks enge Mitwirkung eingeschrieben haben, hält Husserl selbst fest:

> [So] lebt der Phänomenologe in der Paradoxie, das Selbstverständliche als fraglich, als rätselhaft ansehen zu müssen und hinfort kein anderes wissenschaftliches Thema haben zu können als dieses: die universale Selbstverständlichkeit des Seins der Welt – für ihn das größte aller Rätsel – in eine Verständlichkeit zu verwandeln. (Hua VI, 184)

Davon, dass es sich dabei um keine isolierte Formulierung handelt, zeugt etwa auch die folgende Stelle aus demselben Werk:

> Für den Transzendentalphilosophen ist aber die gesamte reale Objektivität, die wissenschaftliche Objektivität aller wirklichen und möglichen Wissenschaften, aber auch die vorwissenschaftliche der Lebenswelt mit ihren ‚Situationswahrheiten' und der Relativität ihrer seienden Objekte, nun zum Problem, zum Rätsel aller Rätsel geworden. Das Rätsel ist gerade die Selbstverständlichkeit, in der für uns beständig und vorwissenschaftlich ‚Welt' ist, als Titel für eine Unendlichkeit von allen objektiven Wissenschaften unentbehrlichen Selbstverständlichkeiten. (Ebd. 208)

Eugen Fink spricht seinerseits das Welträtsel in seinem Aufsatz „Edmund Husserl in der gegenwärtigen Kritik" aus den *Kant-Studien* von 1933 auf folgende Weise an:

> Wenn die erste und notwendig vorläufige Bestimmung des Wesens der natürlichen Einstellung als Weltgläubigkeit, als die universale strömende Weltapperzeption, sich auch innerhalb ihrer selbst, d. i. auf dem Boden dieses Glaubens selbst, vollzieht, so ist dabei das Entscheidende das Erwachen einer maßlosen Verwunderung über die Rätselhaftigkeit dieser Sachlage. Sie als selbstverständliche Tatsache hinnehmen, heißt Blindbleiben für das erste aller Rätsel, für das Sein der Welt selbst, als die aus der strömenden Weltapperzeption allererst Sinn und Seinsgel-

tung empfangende Welt und das mit allem je erdenklichen Inhalt, in dem sie jeweils für uns ist. (Fink 1966, 115f.)[2]

Die Weltvorgegebenheit und ihre Deutung bei Husserl erfolgen in einem transzendentalphilosophischen Rahmen, der vermutlich bei keinem Mysterium[3] wirklich Halt macht. Vielmehr fragt Husserl in immer ursprünglichere Schichten der Erfahrungsgenesis zurück, um über die genetische Aufklärung der Weltapperzeption, wie sie sich aufgrund der Affektionen in den Prozessen der Sinnbildung und Sinnstiftung einstimmig artikuliert, Einsicht in den Ursprung der Welthabe zu gewinnen.[4] Diese genetischen Aufklärungen nehmen jedoch von der Beschreibung des natürlichen Weltbegriffs ihren Ausgang, die sich noch innerhalb seiner „Naivität" bewegt. Die Frage lautet daher für Fink, ob Epoché und Reduktion tatsächlich imstande sind, diese Naivität bzw. Blindheit zu durchbrechen. Husserl geht es dagegen eher darum, „die selbstverständliche Tatsache", – die Urtatsache dieser naiven Welthabe, die vorgegebene Welt – verständlich zu machen, d. h. ihre Konstitution rücklaufend nachzuverfolgen.

Das zeigt die transzendental-genetische Deutung der Vorgegebenheit der Welt bei Husserl, die man als seine Antwort auf die Frage nach dem Weltursprung[5] auffassen kann: Die Welt ist „als Gebilde" der transzendentalen Subjektivität (vor-)konstituiert. Die Absicht der transzendentalgenetischen Frage nach dem Ursprung der Welt besteht nämlich, wie es Husserl programmatisch in *Die Krisis der europäischen Wissenschaften* formuliert, darin, „verstehen [zu] lernen, dass die ständig in uns im strömenden Wandel der Gegebenheitsweisen seiende Welt ein universaler geistiger Erwerb ist, als das geworden und zugleich fortwerdend als Einheit einer geistigen Gestalt, als ein Sinngebilde – als Gebilde einer universalen letztfungierenden Subjektivität" (Hua VI, 115).

Und diese Subjektivität ist daher auch so eng mit der Welt verbunden, dass erstere ohne letztere gar keinen Inhalt und die letztere ohne die erstere keinen Bestand hat. Die Welt ist Korrelat einer universalen Welt-

---

2 Dabei bildet „die Epoché [...] das transzendentale Problem der Welt, das Grundproblem der Phänomenologie" (Fink 1966, 119).

3 Maurice Merleau-Ponty wird dann in seinem Aufsatz „Der Philosoph und sein Schatten" von 1959 über „das Mysterium einer Weltthesis vor allen Thesen" schreiben (vgl. Merleau-Ponty 2007, 239). Zitiert bei Etienne Bimbenet, der festhält: „Da ist wirklich ein Mysterium, über welches das Werk Merleau-Pontys auf jeder Seite neu ins Staunen gerät." (Bimbenet 2006, 13; Übers. K. N.)

4 So auch Husserls Randbemerkung zu Finks Entwürfen zum systematischen Werk: „[E]s handelt sich doch darum zu verstehen, wie Glaube mit seinem Gehalt – Welt – zustande kommt" (Hua Dok II/2, 75, Anm. 300).

5 Noch einmal Eugen Fink: „Die Grundfrage der Phänomenologie, zu der sie von vielen, an traditionelle Probleme anknüpfenden Einsätzen her unterwegs ist und in der sich ihr radikaler Gegensatz zum Kritizismus offenbart, läßt sich formulieren als die Frage nach dem *Ursprung der Welt.*" (Fink 1966, 101)

apperzeption, die im Leben der transzendentalen Subjektivität ihre Quelle hat. Über diese Korrelation geht die Phänomenologie Husserls nicht hinaus, sie ist ihr Absolutes. Mit Fink formuliert:

> Die Erkenntnisbewegung, die in der Reduktion geschieht, ist zwar ein transzendierender Übergang (von der Welt zur ‚transzendentalen Subjektivität'), aber prinzipiell innerhalb der Einheit des Absoluten, als welches wir im Durchgang durch die phänomenologische Philosophie das ‚konstitutive Werden' der Welt aus den Ursprüngen des ‚transzendentalen' Lebens erkennen. So wie die Welt nur ist, was sie ist, aus dem ‚Ursprung' her, so ist dieser selbst auch nur, was er ist, auf die Welt hin. (Fink 1966, 106)

Dieses „auf die Welt hin" beschreibt Husserl, ähnlich wie generell bezüglich des intentionalen „auf ein Objekt Gerichtet-seins" eines jeden Bewusstseins, mit dem Begriff der Apperzeption: „Die Welt ist für uns da als *vorgegebene*, sofern schon vor der thematischen Blickrichtung auf die oder jene Objekte oder gar auf die Welt als Universum durch unser Leben beständig eine *Weltapperzeption* hindurchgeht." (Hua XXXIX, 42) Erst dank dieser „in der Passivität einig in einer fließenden und doch immerfort sich vereinheitlichenden Gesamtapperzeption" erscheinen immerfort Dinge, ganz gleich, „ob wir gerade auf sie achten oder nicht" (ebd.). Durch diese „Gesamtapperzeption" ist uns die Welt horizontmäßig vorgegeben, und sowie wir die Reflexion ins Spiel bringen, werden wir durch ihre Erfahrung dessen inne, dass das vorgegebene Weltliche „immerfort sein subjektives Milieu hat und ohne das uns nie bewusst werden kann" (ebd. 43). Und dieses Milieu macht uns eben nicht nur das weltlich Seiende, sondern auch die Welt selbst grundsätzlich zugänglich und vertraut. Was ist aber die Welt selbst?

## *2. Auf dem Weg zu einer kosmologischen Wende*

In der Einleitung von *Erfahrung und Urteil*, wie sie von Landgrebe verfasst wurde, lesen wir dazu: „Die horizonthaft bewusste Welt hat in ihrer ständigen Seinsgeltung den subjektiven Charakter der Vertrautheit im allgemeinen ..." (Husserl 1948, 33). Aus einer kritischen Perspektive gesehen, steckt in einer solchen Beschreibung eine Tendenz, die Husserl vom frühen Fink als Vorurteil der Vorgegebenheit der Welt und später als eine Art „metaphysische Klausur" zum Vorwurf gemacht werden wird. Die Tendenz nämlich, die Weltapperzeption so zu deuten, als könne sie vorschreiben, dass „das Ding [...] [,] jedes Reale überhaupt als Erfahrbares sein allgemeines ‚Apriori', eine Vorbekanntheit" hat und haben muss, insofern sich diese im Vorhinein bis zu einer „Totalitätstypik" erstreckt, und zwar so, dass *diese Totalität* „zum ganzen Welthorizont in seiner Unendlichkeit" gehört, der alles Einzelne von vornherein umspielt und mitbestimmt. Die wesentliche Vertrautheit der Welt würde es so im Zuge der erwähnten Totalisierungstendenz nahelegen, dass jede „Unbekanntheit [...] jederzeit zugleich Modus der Bekanntheit ist“ (ebd. 34), der sich im Zuge der Objektkonstitution bildet und auf das Universum übertragen als Folie einer Vorbestimmtheit verbreitet.

Das scheint für kritische Stimmen in der phänomenologischen Bewegung die Offenheit der Welt und vor allem des Erscheinens selbst zu unterbinden, was einerseits zu einem immer deutlicheren Abstand oder gar einer Abwendung von diesem apriorischen Weltrahmen führt: Für die „Linie“ von Emmanuel Levinas über Michel Henry oder Jean-Luc Marion, wie auch für Marc Richir, ist die Welt kein Ursprung des Erscheinens. Das Erscheinen ist bei diesen Autoren allerdings auch nicht an die „in der Passivität einig in einer fließenden und doch immerfort sich vereinheitlichenden Gesamtapperzeption“ gebunden, von der wir oben bei Husserl gehört haben. Aber dieser Abkehr von der Welt gingen andererseits bestimmte kosmologische Wenden voraus, für welche das Erscheinen seinen Ursprung sehr wohl in der Welt hat. Eine solche Wende scheint darin zu liegen, die Welt in ihrer ursprünglicheren Vorgegebenheit zu retten oder sie gar als den übergeordneten Rahmen zu etablieren, der alle phänomenalen Korrelationen, das Erscheinen als solches, allererst ermöglicht. Beiden „Linien“ ist freilich gemeinsam, dass sie das Erscheinen vor seiner Auflösung in eine universale Weltapperzeption und letztlich in das bloße Korrelat des intentionalen Bewusstseins bewahren wollen.

Den Impuls, die Welt und das Erscheinen anders zu denken, ja eine kosmologische Wende über die Phänomenologie hinaus anzusetzen, verfolgt – im Anschluss an Heideggers Kritik der Phänomenologie Husserls – Eugen Fink. Als enger Mitarbeiter Husserls hat Fink den Meister in seinen späten Gedankengängen und Projekten begleitet, sich dabei aber in seiner eigenen Philosophie auf andere Wege begeben. Eine zentrale Rolle spielte dabei zunehmend gerade der Anspruch, den Weltbezug des Menschen nicht erst vom intentionalen Bewusstsein und seinen Horizonten aus, sondern aus jenem Rahmen denkend anzusetzen, der ein solches Bewusstsein und seine Horizonte immer schon umgreift. So entstand der Anspruch, jene Dimensionen neu einzuholen, die in der Phänomenologie Husserls, aber auch bei Heidegger, insofern verloren gehen, als bei ihnen dieser Rahmen in Sinnzusammenhängen besteht und sich auf diese Sinnzusammenhänge beschränkt.

Im Zusammenhang mit unserem Aufriss der phänomenologischen Weltproblematik, in dem wir die Weltvorgegebenheit und ihre Deutungen aufeinander beziehen, weist Klaus Held in seinem Aufsatz „Die Endlichkeit der Welt“ auf eine Einsicht hin, die einen wichtigen Schritt auf dem Weg hin zu einer phänomenologischen Kosmologie markiert. Sie charakterisiert den entscheidenden Schritt Heideggers in *Sein und Zeit* über Husserl hinaus und stellt eine Antwort auf die oben erwähnte Schwierigkeit dar, die Welthabe transzendentalphänomenologisch aufzuklären. Sie lautet: Die Welt ist ursprünglich *vorintentional* vorgegeben aufgrund der Bereitschaft, „so oder anders affiziert zu werden". Sie bestimmt das „Wie des in der Korrelation [...] [Bewusstsein – erscheinender Gegenstand] geschehenden Erscheinens im Ganzen"[6].

Es ist daher wichtig, dass diese Bereitschaft nicht in der Verfügbarkeit des intentionalen „Ich kann" des Bewusstseins steht. Denn sie schränkt einerseits dieses „Ich kann" in seiner Freiheit ein, ja macht es vom Unverfügbaren abhängig – daher die Rede von der *Endlichkeit* der ursprünglichen, vorintentionalen Weltvorgegebenheit. Andererseits aber wird dieses ‚immer weiter ins Endlose der Welt Hineinschreiten-Können' eben auch erst dadurch ermöglicht, dass das intentionale „Ich kann" ohne eine solche Bereitschaft, affiziert zu werden, gar nicht geweckt werden könnte. Daher schreibt Held: „So ist sie [die Bereitschaft, affiziert zu werden] nichts anderes als die Weise, wie sich jeweils die verhältnislose Weltoffenheit selbst ereignet." (Held 1992, 141) Und er charakterisiert diese Bereitschaft mit Heidegger als „Befindlichkeit", als „ursprüngliche stimmungshafte Weltoffenheit". Diese ist wesentlich mit einem Entzug und der Endlichkeit der Welt verbunden, denn: „In der Stimmung überkommt uns der Entzug, der die Welt endlich sein lässt. Im Staunen fühlen wir, dass wir der Weltoffenheit nicht Herr sind [...]", da diese sich im „Abgrund des Nichts [...] entziehen könnte" (ebd. 143).

Doch auch in dieser Darstellung der Endlichkeit der Welt bei Heidegger, die ihre Unendlichkeit im Sinne Husserls – die ins Endlose gehende Verschränkung der Horizonte – ermöglichen soll, bleibt die Welt ein Horizont, ein Sinnzusammenhang, auch wenn die Vorgegebenheit der Welt als eine vorintentionale nicht als eine Apperzeption zu fassen ist, die bei Husserl letztlich das exklusive Muster der Gegebenheit bleibt. Es ist Eugen Fink, der – anders noch als Heidegger – die Welt in ihrem Entzug angeht und auslotet.

Nach seiner Assistenzzeit bei Husserl, also in späteren, eigenständigen Ausarbeitungen und Anläufen zur Kosmologie, wählt Fink nunmehr einen negativen Ausgang von einer solchen phänomenologischen Perspektive, wie etwa in der Vorlesung *Welt und Endlichkeit* aus dem Jahre 1949: „Welt ist das paradoxe intentionale Phänomen eines aller Erfahrung vorausspringenden und sie im ganzen umstellenden Leerhorizontes. Welt gibt es für Husserl nicht an sich, so wenig wie für Kant. Sagt Kant, sie ist

---

6 Helds Absicht in diesem Aufsatz, in dem übrigens auch die eingangs zitierte These über die Welt als „die eigentliche Sache der Phänomenologie" formuliert wird, besteht darin, Folgendes zu begründen: „Die im Sinne Heideggers verstandene Endlichkeit der Welt ermöglicht ihre Unendlichkeit im Sinne Husserls." (Held 1992, 131)

bloß ‚Idee', so Husserl: sie ist bloß ‚Horizont'." (Fink 1990, 149)[7] Nun gehe es darum, Folgendes einzusehen: „In ihm [im Horizontphänomen] meldet sich wohl die Welthaftigkeit der Welt, aber es kann und darf nicht mit der Welt gleichgesetzt werden; es gründet in der Offenheit der Welt, aber ist nicht die eigentlich welthafte Weise des Offenseins." (Ebd. 29)

Durch das Konzept des „Rückscheins" löst sich Fink, der bereits in seiner Dissertation eine nicht horizonthafte Mitpräsenz des Bildträgers bei der Bildwahrnehmung mit dem Terminus des „Durchscheinens" bezeichnete, „vom Modell der Horizontstufung, mit dem Husserl Welt zu erfassen sucht" (Nielsen/Sepp 2011, 10). Dabei kann er bei den Horizonten ansetzen, aber diese sozusagen in umgekehrter Richtung lesen, als es bei Husserl geschieht: Die Erfahrungshorizonte sind so für Fink „nicht mehr als die in der Immanenz einer Subjektivität sich konstituierenden Außenbezüge ihrer selbst, sondern als in der Immanenz eines Lebensumkreises erfolgenden Ankündigungen von solchem" zu lesen, „was diesen Umkreis übersteigt" (ebd. 11).

Was durch diese Umkehrung erreicht werden soll, ist eben eine andere Deutung der Vorgegebenheit der Welt als bei Husserl, der sie als den „einstimmige[n] Totalhorizont aller Erfahrung bestimmt", und diese andere Deutung der Vorgegebenheit kann anhand des „Rückscheins" als ein Hereinstehen der Welt in das subjektive System der Einstimmigkeit der Horizonte gefasst werden:

> Denn ein Horizontsystem ist nicht nur an einen (subjektiven) Träger geknüpft, sondern korreliert mit einer bestimmten Richtung, indem die Offenheit eines solchen Systems darin besteht, dass ihr Träger hinaussteht. Bei der Umkehrung des Systems, im Hereinstehen von Welt, findet sich der Träger in solches eingestellt, das aufgrund des geänderten Richtungssinns nicht eigentlich mehr als ein Ineinander von Horizonten bezeichnet werden kann. (Ebd.)

Der Sinn von Horizont selbst wird überstiegen, weil es sich als ungenügend erweist, „den Sinn von Welt an den Horizontbezug zu binden" (ebd.). Daher die wiederholten Versuche, aus der horizonthaften Weltapperzeption des intentionalen Bewusstseins weg zu einem anderen Denken vorzustoßen, wie in der bereits zitierten Vorlesung *Welt und Endlichkeit* aus dem Jahre 1949:

> Aber was noch viel entscheidender ist, auch nicht der bloße Abstoß vom Binnenweltlichen, das Hinausstehen über alles Seiende auf das umfangende Ganze zu, ist die rechte Bahn. Wo Welt, wo der Weltraum und die Weltzeit sozusagen nur angedacht werden, in der Negation des

7 Vgl. auch Fink 1990, 148: „Für eine intentionale Interpretation, die ansetzt beim Ich-Ding-Bezug", ist die „Gegend", aus der die Gegenstände insgesamt begegnen, „etwas Abkünftiges, ist die immer weiter hinausgeschobene Nähe".

> Binnenweltlichen, gemeint werden als das Umfangende, das vom Umfangenen wesensverschieden ist, dort kann, wenn es hochkommt, nur die Unerreichbarkeit der Welt erfahren werden als unerreichbar für das metaphysische Denken, das vom Seienden ausgeht – und sich vielleicht noch davon abstößt. [...] Die Selbstverdeckung von Raum und Zeit, ihr Sichzeigen am Binnenräumlichen und Binnenzeitlichen, ist gerade eine fundamentale Weise, wie sich die Welt dem Zugriff des metaphysischen Denkens entzieht. (Fink 1990, 201f.)[8]

Auch dem Ansatz Heideggers bei dem stimmungsmäßigen Entzug der Welt stellt sich Fink daher kritisch entgegen.[9] Wo sich die Wege scheiden, lässt sich im Anschluss an unsere einleitenden Überlegungen zu den Rändern der universalen Korrelation illustrieren, die bei Heidegger immer tiefer aus dem Seinsverständnis gedeutet wird, was letztlich dazu führt, dass diese Ränder verschwinden. Darauf bezieht sich Fink vermutlich, wenn er schreibt: „[D]ie Orientierung des Seinsbegriffes am Logos der Sprache lässt [...] den raumhaft-zeithaften Charakter des weltlich verstandenen Seins entschwinden. Das Sein kommt in die Gefahr, zu einem ‚Gedankending' zu werden, zu einem Begriff sich zu verflüchtigen. Den vollen Zeitraum des Seins nennen wir Welt." (Fink 1976, 176) Wo darin das bleibt, was wir den „Rand" der Korrelation nennen, deutet ein anderer Passus an, der von einer Welt der bereits erschienenen Dinge auf eine andere Welt verweist, wie etwa an der folgenden Stelle:

> Das, was wir gewöhnlich schon Welt nennen, ist die Weltdimension des Anwesens, die Dimension der Erscheinung, worin die Dinge reell voneinander getrennt, aber doch in räumlicher und zeitlicher Nachbarschaft zusammengeschlossen und durch feste Regeln miteinander verknüpft sind. Aber Welt ist auch der namenlose Bereich des Abwesens, aus dem her die Dinge ins Erscheinen einrücken und wohin sie wieder verschwinden. (Fink 1960, 241)

Mit Welt ist somit bei Fink auch das gemeint, was sich dem Licht entzieht, in dem uns Dinge erscheinen, dem Seinsverständnis gemäß, in dem sich zwar ebenfalls das Sein selbst zugunsten des jeweils Seienden entzieht, jedoch von diesem untrennbar bleibt. Fink dagegen weist auf etwas

---

8 Im Blick auf seinen frühen „Absprung vom Transzendentalismus" notierte er einmal: „Mein Weg war die *Weltzeit* als umgreifendes überobjektives und übersubjektives *Urgeschehen*." „Husserls Ausweg aus diesen Problemen war [dagegen] der verstärkte Präsentialismus der ‚lebendigen Gegenwart' (1930)" (Fink 2008, 44).

9 Die Auseinandersetzung Finks mit Heideggers spätem Denken zu Erde und Physis aus dessen Vortrag *Vom Ursprung des Kunstwerks* (1935), der für Fink wie für viele andere kritische Weltdenker in der phänomenologisch orientierten Philosophie wegweisend wurde, können wir hier nicht mehr verfolgen. Es sei jedoch auf die ausgezeichneten Aufsätze von Sepp 2012, Nielsen 2011, Stanciu 2016 und Dastur 2006 verwiesen.

hin, was sich von dieser Korrelation der ontologischen Differenz offenbar noch unterscheidet. Wird mit diesem Rand daher auch über jede Korrelation hinausgegangen?

# 2. Kapitel: Welt und Ereignis des Erscheinens

*Einleitung*

Der denkerische Einfluss Eugen Finks ist gegenwärtig ganz deutlich in einem Projekt zu spüren, das mit dem Buch *La dynamique de la manifestation* [*Die Dynamik der Manifestation*] (Paris 2013) zu einem systematischen Höhepunkt gelangt ist. Der Autor dieses Projektes, Renaud Barbaras, Professor an der Universität Paris I, greift die Impulse des deutschen Denkers auf, wobei Fink nicht direkt zitiert wird, sondern eher implizit wirkt. Barbaras hat sich zunächst mit *L'être du phénomène. Sur l'ontologie de Merleau-Ponty* [*Das Sein des Phänomens*] (Grenoble 1991) als Interpret des Spätwerks von Merleau-Ponty einen Namen gemacht und sich anschließend zunehmend intensiver mit dem Werk Jan Patočkas beschäftigt, nicht zuletzt, um dabei an seinem eigenen systematischen philosophischen Ansatz zu arbeiten, der erstmals mit dem Buch *Le désir et la distance. Introduction à une phénoménologie de la perception* [*Das Begehren und die Distanz*] aus dem Jahre 1998 vorgestellt wurde. Was seine Themen sind und wie sie der Philosophie Eugen Finks begegnen, verraten allein schon die Titel seiner Bücher, in denen Begriffe wie „Erscheinen" und „Welt" im Vordergrund stehen.

Das Erscheinen als solches bemüht sich Barbaras dezidiert und derart zu entsubjektivieren, dass er es auf die Welt in ihrem eigenen Werden zurückführt. Dabei ist die Prozessualität der Welt also nicht das Resultat einer Konstitution in einem (wie auch immer impliziten) Weltbewusstsein. Ganz im Gegenzug versucht Barbaras, inspiriert durch Fink den folgenden Gedanken zu etablieren: Das erlebte Erscheinen entstammt einer Prozessualität, in der die Welt selbst besteht. Das Erscheinen im Erleben, das Erleben des Erscheinens sei somit lediglich eine „Verlängerung" oder subjektive Aufnahme der primären Manifestation der Welt selbst – ereignet sich also aus ihr.

Wie ist der Status dieser Welt zu denken? Sie soll Ursprung aller Phänomenalität sein, auch ihrer abgeleiteten oder sekundären Modalität des Erscheinens, die sich in der Korrelation mit dem Erleben entfaltet, das seinerseits – zumindest im Wahrnehmen – wiederum auf Erlebniszentren und darin auf ein Moment der Subjektivität verweist. Worin bestehen diese Subjektivität und ihre Weltlichkeit oder, mit Barbaras gesprochen, Weltzugehörigkeit? Welche Rolle spielt dabei die Leib-Körperlichkeit? Im Zusammenhang mit diesen noch allzu sehr an den traditionellen Dualismus erinnernden Fragen tritt neben bzw. mit dem Begriff der „Welt" in den neueren Arbeiten von Barbaras der Begriff des „Ereignisses" in den Vordergrund. Wenn die Welt alles umgreift und hervorbringt, was erscheint, und auch die Art und Weise bestimmt, *wie* alles erscheint, woher kommt dann die Spaltung ihrer Manifestation? Warum spaltet sich die sogenannte sekundäre Manifestation von der primären ab? Die Antwort von Barbaras darauf lautet: Es handelt sich bei dieser Spaltung um ein Ereignis, das nicht der Welt selbst zuzuschreiben ist, sondern ihr gewissermaßen angetan wird. Umso spannender wird dann aber zugleich das Verhältnis zwischen beiden, wenn ein Rückfall in einen Dualismus vermieden werden soll. Denn wir leben ja in einer Welt – von diesem tiefen Glauben gehen wir zumindest aus. Im letzten Werk Barbaras' setzt sich daher eine neue Auffassung des Ereignisses durch, aus dem nun beides, nicht nur die Subjektivität, sondern auch die Weltlichkeit des Erscheinens hervorgeht. Diesem Verhältnis und der Rolle der Leib-Körperlichkeit wollen wir uns im vorliegenden Kapitel widmen.

## *1. Der Monismus der Welt im Kontext*

Insbesondere mit dem bereits erwähnten Buch *Die Dynamik der Manifestation*, aber auch schon mit dem vorhergehenden Entwurf einer *Introduction à une phénoménologie de la vie* [*Einführung in eine Phänomenologie des Lebens*] (Paris 2008), geht Barbaras einerseits konsequent gegen das in Frankreich berühmte und wohl nicht nur zu seiner Zeit einflussreiche Projekt Michel Henrys vor. Dieser hatte in *L'Essence de la manifestation* [*Das Wesen der Manifestation*] aus dem Jahre 1963[1] mit seinem Nachdruck auf dem selbstaffektiven Leben der Subjektivität als Ursprung und Wesen des Erscheinens seinerseits eine Alternative zu Merleau-Ponty, Heidegger und a fortiori zu Fink aufgestellt,[2] insofern diese Denker die Phänomenalität jeweils auf das Offene der Welt als ihren Ursprung beziehen. Barbaras stellt mit seinem Ansatz bei der Welt eine klare Opposition zur Lebens- und Phänomenalitätsauffassung Henrys her, indem er die schöpferische Kraft der Phänomenalisierung resolut jeder wie auch immer gefassten transzendentalen Subjektivität entzieht und alles Phänomenale der Übermacht der Welt unterstellt – ähnlich, wie eben Eugen Fink es in seiner Abgrenzung von Husserl unmissverständlich tut. In einem breite-

1 Neuerdings übersetzt ins Deutsche unter dem Titel *Das Wesen des In-Erscheinung-Tretens* (Henry 2019).

2 Für die Bezugnahme Henrys auf Fink vgl. z. B. eines seiner letzten Bücher: *Incarnation. Une philosophie de la chair* (Henry 2000).

ren Kontext, der über die internen Divergenzen der Phänomenologen untereinander hinausgeht, wie etwa in den Debatten der französischen Phänomenologiekritik der letzten Jahrzehnte (Poststrukturalismus, Deleuze, Neorealismus jetzt bei Quentin Meillassoux u. a.), bringt Barbaras durch seinen starken monistischen Nachdruck auf der Welt allerdings – für die neue Phänomenologie, nicht nur in Frankreich, etwas unerwartet – klassische Motive ins Spiel zurück. Sein kosmologischer Ansatz stellt diesbezüglich seit den 1990er Jahren eher eine Ausnahme in der phänomenologischen Philosophie der Gegenwart dar, und das gleiche kann man auch von seinem Schritt in die Metaphysik sagen, den er mit seinem Begriff des Ereignisses in den letzten zehn Jahren vollzogen hat. Was Barbaras anzustreben scheint, ist nämlich keine Überwindung der klassischen Phänomenologie, die durch eine Radikalisierung ihres anti-metaphysischen Potenzials auf eine neue Phänomenologie aus ist, wie man das bei anderen Autoren kennt (etwa bei Jean-Luc Marion oder Marc Richir, die das Erscheinen als solches von metaphysischen Denkfiguren möglichst zu befreien suchen). Es geht wie bei Fink um eine kosmologische Überwindung der transzendentalphänomenologischen Reduktion der Welt auf ein Korrelat des Bewusstseins.

Ein Korrelationsverhältnis ist für das Erscheinen zwar unerlässlich, denn ohne eine wesentliche *Distanz* des Erscheinenden ist kein Begehren möglich, das sich auf die Welt bezieht (um auf den Titel des ersten Buches von Barbaras anzuspielen). Doch sie wird als Dualität durch die Übermacht der Welt gegenüber jeder Subjektivität noch überboten – zugunsten eines ontologischen Monismus.

Wo wir mit unseren Fragen einsetzen möchten, nachdem wir das kosmologische Konzept vorgestellt haben werden, ist eben am Ansatz des zu besprechenden kosmologischen Projektes beim Wahrnehmen, das ja die Leib-Körperlichkeit des Wahrnehmenden impliziert. So legt Barbaras auf der methodischen Ebene der phänomenologischen Analyse der Korrelation, die immer wieder am Gabe-Vorgang des Wahrgenommenen durch Abschattungen sehr plastisch dargelegt wird, das Folgende nahe: Das Wahrgenommene, aber auch die Welt selbst, ist in den Abschattungen seiner sinnlichen Gegebenheit da – und doch zugleich und grundsätzlich nie *ganz* da. Die Welt selbst zieht sich stets und wesentlich zugunsten der jeweiligen Abschattung und des sich darin Abschattenden zurück (vgl. z. B. Barbaras 1998; 2013). Dieser Ausgangspunkt bei der Analyse der Wahrnehmung zeigt eine ihren Phänomenen inhärente Distanz des Erscheinenden in dessen Erscheinungen auf, und diese Präsenz in der Absenz wird dann auch auf die Welt selbst übertragen. Auch die Welt tritt zurück in den sinnlichen Abschattungen der wahrgenommenen Dinge als das, was eigentlich auch diese Abschattungen, die bloßen Erscheinungen, bis hin zu den sogenannten sekundären Qualitäten, hervorbringt.

Doch fragt man sich, nachdem wir im vorigen Kapitel in den kosmologischen Ansatz Finks eingeleitet haben, ob die kosmologische Differenz eine solche Kontinuität zwischen den Abschattungen und dem sich in ihnen Abschattenden nicht streng genommen verbietet. Auch Barbaras wird, ähnlich wie Fink, von zwei Modi der Manifestation sprechen, von denen eine in der Korrelation des Erscheinenden mit den Subjekten geschieht. Sie ist insofern sekundär, als sie darauf angewiesen ist, dass jenes Erscheinende und die Subjekte bereits ihrerseits da sind, und zwar aufgrund eines primären Prozesses der Individuation, welcher ebenfalls in einer Art Produktion der noch asubjektiven „Bilder" bzw. „Anscheine" bestünde. Man fragt sich dann, ob diese Differenz es nicht verlangt, die Welt auch noch von dieser, an die Zentrierung in Subjekten gebundenen Gegebenheitsweise zu befreien, denn diese Struktur gehört noch der Korrelation auf der Ebene der sekundären Manifestation an, ist also nach wie vor auf das einverleibte Erleben und seine durch den Leib-Körper zentrierten Perspektiven bezogen. Auf Perspektiven also, die wohl kaum der Welt selbst zugesprochen werden können, da es ja jene Perspektiven wären, durch welche *wir* der Nähe und Ferne der Welt selbst allererst gewahr werden.

Bereits hier also müssten die ersten Differenzierungen ansetzen, denn die Manifestation der Welt bezeichnet nicht das gleiche wie das Erscheinen eines Dinges, wo sich die einzelne Erscheinung als Abschattung vom Horizont als Hintergrund abhebt, der hier nie anders als in dieser Funktion mit *da* ist. Auch wenn die Manifestation der Welt für Barbaras eine „onto-genetische Bewegung", ein „Welten" (*mondification*) bedeutet, das von sich aus geschieht, so geht doch die Kosmologie stets vom phänomenologisch erfassten innerweltlichen „Sediment" dieser Bewegung, vom bereits individuierten Seienden als Phänomen aus. Und damit hängt das klassisch korrelative Gegebensein von etwas auf dem Hintergrund der Welt(horizonte) zusammen, es stellt den Gabe-Vorgang, die Bewegung der Manifestation von einer Seite dar, in der eben schon ein Adressat, eine leib-körperliche Subjektivität impliziert ist.

Im Blick auf die Frage, wie diese Subjektivität in jene noch „anonyme" „onto-genetische Bewegung" der Welt selbst hineinkommt, muss auch der kosmologische Plan, der einen Überstieg der klassischen Korrelation darstellt (was schon an sich sehr schwierig ist), seinerseits noch überstiegen werden. Von diesem zweiten Überstieg aus kann auch rückwärtig die Frage beleuchtet werden, wie das Verhältnis zwischen der Manifestation der Welt und dem Binnenweltlichen, das einem Subjekt erscheint, zu denken ist. Von deren Verschränkung in der Korrelation der Phänomene den Subjekten gegenüber nahm ja die phänomenologische Fragestellung ihren Ausgang und nimmt dies für Barbaras auch weiterhin.

Barbaras fängt bei Husserl an, der die universale Korrelation *cogito – cogitatum* etabliert, deren Modell die Wahrnehmung – also der Gabe-Vorgang durch Abschattungen – ist. Die Abschattungen geben einen Gegenstand auf dem horizontalen Hintergrund der Welt, aber so, dass dabei weder die Gegenstände der Welt noch diese selbst vollkommen gegeben werden können. Die Wahrnehmung ist prinzipiell unabschließbar und weist auf eine Unendlichkeit auf beiden Seiten der Korrelation des Gebens hin, auf die unerschöpfliche Tiefe der Welt auf der einen Seite und auf das unendliche, weil für immer unstillbare Begehren des Lebens, die Welt zu erreichen, auf der anderen. So die Deutung der Wahrnehmung bei Barbaras. Der gegenständlichen Korrelation liegt somit eine Bewegtheit des Lebens – das Begehren – und die Bewegung der Welt zugrunde. Barbaras geht es nun darum, diese beiden dennoch als *eine* Bewegung zu denken. Daher der Schritt von der Phänomenologie der Korrelation, die noch in einem Dualismus von Erleben und seinem Objekt zu verbleiben droht, zu einer Ontologie, die eine Verwandtschaft oder Gemeinschaft beider Relata von einem gemeinsamen Werden aus etablieren würde. Der Schritt geht also in eine Richtung, die sowohl von einer Reduktion auf die transzendentale Subjektivität als auch von einer naturalisierenden Reduktion des Erscheinens auf binnenweltliche Prozesse abweicht.

Gegen die transzendentale Phänomenologie gewendet heißt das: Es geht nicht nur darum, die Zugehörigkeit der Phänomenalisierung zur Welt einseitig so zu fassen, dass das Erleben der Phänomene anhand der motivierten Bewegung des Erlebens durch Abschattungen immer weiter in die Horizonte der Welt hineingebunden wird, weil sich die Welt auf diese Weise doch immer noch nur in ein Korrelat des transzendentalen Lebens auflösen würde. Die Korrelation zwischen dem Erleben des Erscheinens und dem Erscheinenden muss vielmehr auch umgekehrt von der Seite beleuchtet werden, dass die weltliche Verankerung des phänomenalisierenden und darin transzendentalen Lebens anhand der Korrelation verstanden wird.

Inspiration dafür, der universalen Korrelation Husserls ein Drittes zugrunde zu legen und die subjektivistische Klausur bei ihm zu durchbrechen, scheint sowohl vom Ereignis im Sinne Heideggers auszugehen (auch wenn dieser Autor kaum zitiert wird) als auch, und das ist bei Barbaras sehr explizit, von der Suche nach der ontologischen Verwandtschaft oder Gemeinschaft von Welt und Leib bei Merleau-Ponty, die jedoch in den Augen Barbaras' unvollendet und in einem residualen Dualismus steckenbleibt. Der Leib müsste irgendwie auf die Welt reduzierbar sein, wenn dieser Dualismus aufgelöst werden sollte. Doch wie kann zwischen dem Sinnlichen der Welt (*le sensible*) und der Sinnlichkeit seines Erlebens eine andere als eine naturalisierte Gemeinschaft oder Verwandtschaft etabliert werden, eine, die die Differenz zwischen beiden verringert oder gar einebnet? Der gemeinsame Stoff, von dem Merleau-Ponty spricht, wenn er notiert, der Leib-Körper sei von derselben Leib-Körperlichkeit wie die Welt,[3] darf keine innerweltliche Materie sein. Eine Lösung bringt also das Erscheinen selbst als gemeinsamer ‚Stoff', allerdings nur, wenn es entsubjektiviert wird.

Wenn das der Korrelation zugrundeliegende Dritte das Erscheinen im Sinne einer primären Manifestation sein soll, muss die Phänomenalisierung nach Barbaras ursprünglich mit der Welt selbst oder ihrem Werden gleichgesetzt und darf keineswegs als Produkt der Subjektivität gefasst werden. In diesem kosmologischen Ansatz kommt nicht nur jedes Seiende allein weltlich vermittelt phänomenal „als etwas" hervor, ist also nicht ausschließlich im Sinnhorizont bzw. der Bewandtnisganzheit der Welt gegeben, wie es noch bei Husserl oder dem frühen Heidegger der Fall ist. Vielmehr kommt alles Seiende, um zu sein, d. h. auch (aber nicht nur) „als etwas" zu erscheinen, aus der Welt als *ihr* eigenes „Produkt" hervor. In diesem Sinne bezeichnet Barbaras die Manifestation auch als die ontogenetische Bewegung der Welt, wobei hier die Genesis in der Individuierung des Seienden durch eine primäre Phänomenalisierung, also eine Art Manifestation zustande kommt, die noch keinen Adressaten impliziert, der diese Manifestation in ein subjektives Erscheinen verwandelt. Es geht also darum, die Welt als einen Prozess des Werdens zu denken, der alle Dinge und gleichermaßen alle Subjekte in sich begreift und sie durch die Differenzierung jeweils zugleich auf sich bezieht. Doch all das geschieht als Manifestation und nicht als naturwissenschaftlich erfassbares Bewegungsgewebe.

In seinem Buch *Das Begehren und die Welt* fasst Barbaras entsprechend drei Bedeutungen der Welt zusammen:

> Im Schoße dieses Prozesses können insgesamt *drei* Weltsinne unterschieden werden: Es gibt die Welt als Grund, sozusagen die Quelle, und das Subjekt des Prozesses; es gibt die Welt als eine differenzierte Vielfalt, die sich aus dem Herausgehen aus dem Grund ergibt; schließlich gibt es die Welt als eine Totalität, insofern die Undifferenziertheit des Grundes nicht aufhört, sich in dem fortzusetzen, was sie bricht. Dieses ist nichts anderes als das Sediment oder die Spur der Unabtrennbarkeit des Grundes im Schoße des Mannigfaltigen, das aus diesem Grund stammt, oder anders gesagt, diese Unabtrennbarkeit ist nichts anderes als das gemeinsame Element, welches das Seiende in seiner Entknüpfung wiederum miteinander verknüpft, das undifferenzierte Gewebe,

3 Nach einer berühmten Notiz aus dem Nachlass wäre „mein Leib-Körper (*mon corps*) aus derselben Leib-Körperlichkeit (*chair*) gemacht wie die Welt" (Merleau-Ponty 1964, 297; Übers. K. N.). Die Übersetzung in Merleau-Ponty 1986 lautet: „mein Leib ist aus demselben Fleisch gemacht wie die Welt" (ebd. 313).

welches sie stets verbindet und daran hindert, vollkommen individuiert zu werden. (Barbaras 2016, 146)[4]

Wenn er daran anschließend ausdrücklich präzisiert, „dass diese Dreiheit eine abstrakte ist, da die Welt eben die Einheit dieser drei in einer Welt, ja der Prozess selbst ist, von dem die drei Weltsinne nur Modalitäten darstellen, die von ihm abgeleitet wurden“ (ebd. 147), so könnten diese ersten Umrisse auf jene Zusammenfassung bezogen werden, die Eugen Fink in seinem programmatischen Vortrag über „Welt und Geschichte“ formuliert:

> Aber die Dimensionen der Welt, das helle Land der Unterschiede und das dunkle, unsägliche Land der All-Einheit liegen nicht nebeneinander wie zwei Seiten eines Dinges. Die Weltdimensionen sind ineinander verschränkt in einer unaufhörlichen Bewegung, für welche wir keine ontischen Gleichnisse haben. Es ist die große Welt-Bewegung des Erscheinens, das die endlichen Dinge ins Offene aussetzt und nach der zugemessenen Weile des Währens in den gestaltlosen Grund zurücknimmt. (Fink 1976, 178)

Eben das ist die Bewegung, auf die beide Denker mit ihren Kosmologien hinauswollen. Und beide stellen das Begehren, diese Bewegung wieder zu erreichen, in die Mitte ihres Denkens, das damit zugleich auch das Wesen des menschlichen Lebens (mit) erfassen möchte: Das Leben als Begehren, das ständig, so Barbaras, durch diese Überfülle, aber auch unerreichbare Tiefe von der Übermacht der Welt angezogen wird oder, wie es bei Fink heißt, umgriffen und ergriffen ist vom Andrang der Welt, aus der Tiefe ihres dunklen Grundes. Doch werden diese Tiefe und die Weise, wie sich dieser Grund dem Leben entzieht, bei beiden Kosmologen nicht gleich gedacht.

Der Ursprung der Manifestation wird in einem solchen kosmologischen Ansatz sowohl bei Fink als auch bei Barbaras zwar konsequent aus der klassisch gedachten Subjektivität evakuiert und in die Welt verlegt. Dabei wird die Distanz als phänomenaler Wesenscharakter der Welt selbst aus dem Weltbezug der lebendigen Wesen erschlossen. Was phänomenologisch noch als eine Bewegtheit des Begehrens in die Welt hinein beschrieben werden kann, hat seine ontologische oder kosmologische Bedingung in der Tiefe der Welt. Diese wird nicht etwa in einer imaginativen Projektion des Begehrens entworfen, denn bei Barbaras findet die Dynamik des Gabe-Vorgangs durch Abschattungen ihre Bedingung im Charakter des sich Abschattenden selbst – und zwar bereits des Dinges und um so mehr im Charakter der Welt, als die Welt schon in der Dingerscheinung zurücktritt, um diese zu ermöglichen, und selbst nie auf diese

---

4 Im vorliegenden Band stammen sämtliche Übersetzungen von Barbaras ins Deutsche von K. N.

Weise als Ganzes erscheint. Die Tiefe der Welt zieht das Begehren des Lebendigen gleichsam an und in sich hinein. Daher die Umarbeitung der Idee des Chiasmus, wie sie der späte Merleau-Ponty formuliert, in der Kosmologie bei Barbaras. Sie gilt diesem Autor nun als ein Ineinander der Bewegung der Welt, die (wie bei Fink) in einem Hervortreten des Seienden aus einem dunklen Hintergrund in die Helle der Manifestation besteht, und der Bewegung des begehrenden Subjektes in die Welt hinein, die in den gleichen Vorgang der Manifestation gehört, anstatt ihn subjektivistisch-dualistisch noch zu verdoppeln oder umzukehren. Das Erscheinen als Erleben fügt der Manifestation laut Barbaras nichts hinzu. Und doch, so räumt er ein, ändert sich durch das Erscheinen dem Subjekt gegenüber alles, denn sonst müsste man ja nicht die primäre von einer sekundären Manifestation, mit Fink gesprochen, den „Anschein“ vom „Vorschein“, unterscheiden.

Das Begehren, das Barbaras als das Wesen der Subjektivität auffasst, hat ein Moment in sich, das nicht aus der Welt stammt, das sie von sich unaufhebbar getrennt, auf Distanz hält. Um dieses Moment zu erklären, wählt Barbaras in seiner *Dynamik der Manifestation* den metaphysischen Schritt in ein Ereignis, welches nicht dem Gabe-Vorgang der Welt, ihrer Ur-Bewegung selbst zugeschrieben werden kann. Wenn es jedoch ohne diese Subjektivität kein Erscheinen im Sinne der sekundären Manifestation gibt – wobei auch die Subjektivität ohne das Erscheinen der Welt keinen Weg zu sich selbst finden würde –, bietet sich die Hypothese an, dass weder das Moment der Subjektivität im Weltbegehren des Lebewesens noch das Erscheinen *für* eine Subjektivität aus der Welt zu fassen sind, und beides verweist in seinem „Weder-Noch“ auf etwas, wofür – eben in einer metaphysischen Konstruktion – das Ereignis stehen kann. Dazu scheint Barbaras in seinem letzten Buch *Appartenance* [*Zugehörigkeit*] (Barbaras 2019a) zu gelangen – daher der Titel des vorliegenden Kapitels: „Welt und Ereignis des Erscheinens“.

Der Schritt zum Ereignis der Subjektivität, das seinen radikalisierten Monismus der Welt zunächst zu relativieren schien – zwar nicht auf ontologischer, wohl aber auf der metaphysischen Ebene der Reflexion, so wie Barbaras diese Ebenen in *Dynamik der Manifestation* unterscheidet –, führt ihn zur weiteren Entwicklung dieser Problematik.

## *2. Das Ereignis des Erscheinens*

Die für das Begehren des Lebens nach der Welt konstitutive, unaustilgbare Distanz oder Transzendenz der Welt hat zwar ihren Ursprung in der Welt selbst, in ihrer eigenen Tiefe, anstatt sich lediglich aus der Projektion der begehrenden Subjektivität zu ergeben. Als ein Wesenscharakter der Welt eröffnet sich die unerschöpfliche Tiefe der Welt jedoch *als* Transzendenz erst für ein Begehren, das heißt in einer Beziehung, deren

Voraussetzung eine Differenz bleibt, ein Riss (*scission*), durch welchen die Subjektivität allererst in der Welt ankommt und der phänomenal anhand der gegebenen Korrelation zwischen dem Begehren der Welt und der Welt selbst bezeugt wird. Von den Phänomenen der Korrelation geht auch die Phänomenologie bei Barbaras aus und sie sucht dieser Korrelation die Treue zu halten. Das Begehren geht nicht über die Welt hinaus, die Bezogenheit auf sie wird nie (wie etwa bei Levinas) aufgebrochen, im Gegenteil: Nach Barbaras tritt die Welt im Begehren des Lebens gleichsam in einen Bezug zu sich selbst. Aber – und hier möchte man ein Fragezeichen setzen: Geschieht all das nicht im Erscheinen als solchem, das insofern nicht auf die Welt zurückgeführt werden kann, als es erst vom Ereignis der *scission*, also von der Subjektivität aus, ihr „Wie" erhält, eine Qualität also, die die Welt an und für sich nicht kennt? Gesetzt, dass hier von Welt im starken Sinne der kosmologischen Differenz die Rede ist? Demnach ereignete sich allererst mit der Subjektivität auch die Manifestation als das Erscheinen. Das Ereignis des Risses, der Abspaltung der Subjektivität von der Weltbewegung würde die Möglichkeit einer Umwendung der Manifestation schaffen – und erst so käme es zum Erscheinen. In diesem Sinne hätte das Erscheinen als solches einen wesentlichen Ereignischarakter und seine Aufspaltung in eine primäre und eine sekundäre Manifestation wäre eine nachträgliche Unterscheidung. Doch handelt es sich dabei lediglich um unsere Rekonstruktion, um die Problematik für uns verständlich zu machen. Wie sieht das Problem der kosmologischen Differenz der Manifestation und des Erscheinens bei Barbaras selbst aus?

Mit dem Subjekt, mit dem lebendigen, begehrenden Wesen, kommt eine gewisse Fremdheit in die Welt,[5] nicht umgekehrt – von einer Fremdheit der Welt zu sprechen, hat bei Barbaras wenig Sinn. Und dieses Hinzukommen des der Welt fremden Momentes der Subjektivität kann nicht auf die Urbewegung der Welt, die bei ihm auch als das Urleben gefasst wird, zurückgeführt werden. Was bei Husserl als ein Urfaktum der Subjektivität begriffen werden konnte,[6] wird bei Barbaras in der *Dynamik der Manifestation* in einer metaphysischen Perspektive als Urereignis betrachtet, das die Welt (in einem doppelten Sinne) ‚an-geht', jedenfalls eine me-

5 Fink spricht seinerseits vom Menschen als „verlorenem Sohn der Natur, [als] Fremdling", wobei diese „Ausgesetztheit [des Menschen] aus dem Ganzen" als „eine Bedingung der Möglichkeit seines Verhältnisses zum Ganzen" betrachtet werden muss. Auch für Fink beruht die Subjektivität, also „Selbständigkeit", „gewissermaßen auf dem Unterbrechen der hinströmenden Lebenswoge, in einem Hinaustreten aus dem *hen kai pan*, auf einer ‚Isolation'" – „auf einem Ruck" (Fink 1992, 174), wobei dieser als ein Geschehen charakterisiert wird, in dem „der Mensch sich losreißt aus dem mütterlichen Grunde" (ebd. 175).

6 Neben anderen Urtatsachen, wie etwa Tengelyi 2014 sie bei Husserl aufweist. Vgl. dazu Kapitel 4 im vorliegenden Band.

taphysische, weil unbegründbare Spaltung (also scheinbar doch eine Art Dualität) in sie einzeichnet.

So war es aber bei Barbaras in der *Dynamik der Manifestation* nicht gemeint. Er schrieb vom Urereignis der Spaltung, die jedoch keine Diskontinuität zwischen Welt und Lebewesen im Medium der Phänomenalität einbringt. Was mit dem Ereignis der Spaltung in diesem Medium geschieht, soll im Gegenteil die Umwendung im Sinne einer Verlängerung eben dieses (Welt)Prozesses sein, die keine Änderung in ihn einzeichnet. Nach Barbaras affiziert das Ereignis der Spaltung zwar diesen Prozess, aber er bleibt dennoch derselbe. Das Erscheinen im Sinne der sekundären Manifestation, das sich dem Ereignis der Spaltung verdankt, ist von hier aus betrachtet nichts anderes als die sogenannte „primäre", d. h. „vorsubjektive" Manifestation. Oder mit anderen Worten bzw. Termini: Es ist dasselbe Leben, einmal kosmologisch als Urleben betrachtet, das andere Mal als endliches Leben, welches (phänomenologisch betrachtet) das unendliche Urleben der Welt durch das Erscheinen im Sinne der sekundären Manifestation hindurch begehrt. Die Differenz liegt nicht auf der ontologischen Ebene der Phänomenalität, die als *physis* gedeutet wird. Also muss es einen Bereich diesseits oder jenseits der *Physik* geben, aus dem die Subjektivität stammt: den der Metaphysik. In dem, was sich nicht manifestiert, ist das Subjekt etwas anderes als die Welt.

> Das Gebiet einer Seinsgemeinschaft zwischen dem Subjekt und der Welt, das Gewebe, das durch das Urereignis zerrissen wurde, konnte in der Tat als *physis* charakterisiert werden, im griechischen Sinne einer produktiven Macht, die sich von ihren Werken nährt, eine Art *natura naturans*. Wenn das Urereignis das Negative in diese *physis* einbringt, auf die Weise einer Privation ihrer Macht, so bleibt es ihr nichtsdestoweniger vollkommen fremd, ja es kann das Negative überhaupt nur in sie hineinbringen, weil es ihr fremd ist. Die Macht, die im Herzen der Urbewegung waltet, kann sich in der Tat keineswegs selber verneinen oder einschränken: Sie ist eins mit ihrem eigenen Vollzug, d. h. mit der vollen Affirmation ihrer selbst. In diesem […] Sinne – insofern es fremd ist in der Ordnung der *physis* und diese daher transzendiert – kann sich das Urereignis auf nichts anderes beziehen als auf eine Metaphysik. (Barbaras 2013, 273)

Das Erscheinen geschieht nicht, damit die Welt – das einzig sich Manifestierende – zu sich selbst kommen kann. Derart spekulativ metaphysisch soll das Verhältnis von Manifestation und Erscheinen nicht gedacht werden. Doch ist das Erscheinen für Barbaras eine „Falte", eine Transformation oder Umwendung der Manifestation, da nur die Manifestation, also allein die Welt selbst und kein Subjekt, alles und jedes zur Erscheinung bringt.

Auf die Frage „Wie kommt es zu dieser Umwendung?" könnte die Antwort – unserer Rekonstruktion nach – lauten: eben durch das Ereignis des Erscheinens selbst, wenn es denn stimmt, dass diese Umwendung durch nichts in der Manifestation der Welt (also in der Welt selbst) vorbereitet oder motiviert ist. Von der Welt aus betrachtet ist auch das Erscheinen nichts anderes als Manifestation, es ist dasselbe. Hier weichen nun aber unsere Überlegungen von denen Barbaras' ab, wenn er etwa Folgendes meint: Erst durch das Urereignis der Spaltung (*scission*), durch die ein Teil der Welt vom Ganzen separiert wird, wird der Platz für das Subjekt geschaffen, welches nicht in seinem Sein, das weiterhin weltlich bleibt und nicht anders sein kann, sondern in seiner Subjektivität ein Loch (*trou*) oder eine Lücke (*lacune*) in das Gewebe der Welt reißt. Das Subjekt ist ebenfalls ein individuiertes Seiendes und damit ohnmächtig in Bezug auf die primäre Manifestation; es ist angewiesen, das heißt: Es bringt ebenfalls kein Erscheinen hervor, auch das sekundäre Erscheinen nicht, auf das hin es zentriert wird, denn alles, was so oder so erscheint, stammt aus der Übermacht der Welt, aus ihrer eigenen Bewegung. Dieses Her- oder Zum-Vorschein-Kommen *ist* nichts anderes als die Urbewegung der Welt. Dazu ein Zitat:

> Das Subjekt kann nur in dem Maße aktiv durch sein Begehren auf die Welt zugehen, wie es auf sie zurückkommt, da die Wirklichkeit seiner Bewegung ganz und gar auf einer fundamentalen Beweglichkeit fußt, die zunächst die Beweglichkeit der Welt selbst ist. Weil die Bewegung des Subjekts von der Bewegung der Welt herstammt, kann es sich auf die Welt zubewegen und sie auf diese Weise erscheinen lassen. (Barbaras 2013, 151)

Lebensphänomenologisch bedeutet das: „Es ist unsere Bewegung, die uns zu lebendigen Wesen macht, zugleich ist sie letztlich keine andere als die Bewegung des Lebens selbst.“ (Ebd.) Das Leben selbst bedeutet dabei allerdings die Urbewegung der Welt bei Barbaras, der sich wie gesagt vor einem Wiedereinschleichen jeder Form von Dualismus hütet.

Daher der Vorschlag einer möglichen Rekonstruktion unsererseits: Das Erscheinen als solches kann als anonymer, bezugsloser Weltprozess allein nicht erhellt, geschweige denn aus den binnenweltlichen Prozessen kausal erklärt werden. Es lässt sich weder auf die Leistung der erlebenden Subjektivität zurückführen, die (Kant variierend) ‚leer‘ ist, noch auf das Treiben der Welt, denn dieses ist insofern ‚blind‘, als man ihm keine Teleologie unterschieben darf, wie etwa, dass die Welt durch das auf den Menschen zentrierte Erscheinen zu sich selbst komme. Das Wort für das, wofür uns die Worte fehlen, wenn wir das Erscheinen als solches – es weder naturalisierend im Sinne einer *natura naturans* noch subjektivierend – fassen wollen, wäre das „Ereignis“. In gewissem Sinne hat Heidegger bereits auf einen solchen Weg gewiesen.

In seiner Prägung durch Heidegger besetzt jedenfalls Fink den Begriff des „Ur-Ereignisses“ in seiner Vorlesung *Welt und Endlichkeit* mit dem Aufgehen des Seins:

> Das Sein [...] ist das Werden selbst. Sein und Werden fallen zusammen. Das Sein ist kein vorhandener Block, keine Ansammlung, kein Vorgang: es ist als der urspringende Aufgang für alle Dinge und Vorgänge; Sein ist, indem es als Welt waltet. Welt ist das Aufgehen des Seins. Für dieses Ur-Ereignis, das allen Dingen und Begebenheiten erst den Spielraum gewährt, haben wir keinen rechten Namen und wir können keinen haben ... (Fink 1990, 204).

An diesem Punkt könnte eine komparative Arbeit ansetzen, die den Aufriss der Unterschiede zwischen den Projekten Eugen Finks, mit Heidegger im Rücken, und Renaud Barbaras, der sich zunächst durch Merleau-Ponty inspiriert sah, zum Ziel hätte. Dies wäre jedoch eine Aufgabe, der wir uns hier nicht stellen können.[7] Nur auf eine Divergenz möchten wir in den folgenden abschließenden Abschnitten dieses Kapitels eingehen, eine Divergenz, die damit zusammenzuhängen scheint, dass Barbaras durch den Ansatz Merleau-Pontys, also durch den Ansatz bei der Leib-Körperlichkeit, geprägt wurde, der bei Fink wohl nie eine derart prominente Stelle erlangt hat. Mit dieser Inspirationsquelle scheint bei Barbaras das Primat der Räumlichkeit gegenüber der Zeit zusammenzuhängen, das insbesondere in seinem letzten Buch in den Vordergrund tritt, unmittelbar verbunden mit dem Ansatz, die Weltzugehörigkeit des Menschen nicht durch die Faktizität seiner Körperlichkeit, sondern umgekehrt die Körperlichkeit des Lebens durch seine Weltzugehörigkeit zu deuten. Zugleich wird damit auch der Status des Ereignisses verwandelt.

Wenn Fink schreibt: „Raum, Zeit und Erscheinen sind das ursprünglich-wesende Urereignis des welthaft aufbrechenden Seins“ (Fink 1990, 205f.), wird das Ereignis eindeutig dem Werden der Welt zugeschrieben, also jenem Werden, welches auch Barbaras als „Welten“ bezeichnet. Durch dieses gelangt das Seiende ins Sein. Dagegen bezeichnete in *Dynamik der Manifestation* das „Urereignis“ die Abspaltung der Subjektivität von diesem Welten, der Bewegung der Welt. In Barbaras’ letztem Buch *Zugehörigkeit* scheint wiederum das Ereignis auch noch das Welten selbst zu umgreifen, in welchem sich zudem die Abspaltung der Subjektivitäten ergibt, die nicht nur den organischen, sondern auch den anorganischen Individuen zuteil wird.

7 Einen vorläufigen Versuch dazu enthält ein Aufsatz, von dem wir in diesem Kapitel unseren Ausgang nehmen und dabei einige von dessen Formulierungen erneut aufgreifen. Vgl. Novotný 2019b.

Im Blick auf die Bewegung der Welt schreibt allerdings Barbaras bereits in *Dynamik der Manifestation* von einer Proto-Spatialisierung (Barbaras 2013, 324f.), die mit der Individualisierung der lebendigen Subjekte vor sich gehe – allerdings eben noch ohne Bezug auf die Zentren der Orientierung in den Leib-Körpern. Das Problem, das sich dabei erneut für eine phänomenologische Sichtweise ergibt, ist die Frage, was mit dem Ereignis der Subjektivität in Bezug auf die Umwandlung der Manifestation in das Erscheinen passiert. In diesem „räumlichen" Moment scheint es an Relevanz zu gewinnen, denn das Erscheinen etwa als ein Gabe-Vorgang durch Abschattungen (und das ist das Modell des perzeptiven Erscheinens, von dem Barbaras mit Husserl und Merleau-Ponty immer wieder seinen Ausgang nimmt) ist doch wesentlich mit der Zentralität der Perspektiven, also mit Subjekten als Adressaten der Manifestation verbunden, die dadurch zum Erscheinen transformiert oder ‚verlängert' werden. Welche Rolle spielt dabei das Ereignis der Subjektivität, wodurch es allererst zu Subjekten kommt, und welche Rolle spielen umgekehrt die individuierten Körper dafür, *dass* sich solche perspektivischen Zentren im Sinne subjektiver Leib-Körper als Adressaten der Manifestation des Erscheinens bilden? Ohne das Ereignis der Spaltung, ohne Subjektivität wären sie keine Leib-Körper, „Nullpunkte der Orientierung" und Perspektiven des Erscheinens, sondern lediglich manifeste, also individuierte Dinge in der Welt.

Doch um diese Genesis des Raumes, um ein solches ‚erstes Gesicht' des Raumes für den Leib-Körper und seine kinästhetischen Systeme, geht es im Projekt der Kosmologie eben nicht. Es geht vielmehr darum, sich in die Perspektive der Welt selbst zu versetzen, nicht von den Sedimenten ihrer Bewegung im sekundären Erscheinen, sondern vom primären Erscheinen aus in die Manifestation seines Grundes selbst sozusagen hineinzufinden. Es gilt also, von den ‚Deformationen' durch die subjektive Bewegung des Erscheinens eher abzusehen, als sie für verbindlich für das Werden der Welt zu halten. Bei Fink ist jeder Ding-Raum, davon ausgehend und allgemeiner gefasst jeder Orts-Raum und darin eingeschlossen eben auch „der auf den Leib hin orientierte Um-Raum" (Fink 1990, 199), als vom Raum als Weltcharakter noch umgriffen, ermöglicht und gegeben zu fassen. Bei Barbaras finden wir nicht genau dieselbe Sachlage wieder, zweifellos auch nicht dieselbe Denkbahn und Begrifflichkeit, aber doch einen vergleichbaren denkerischen Drang, die Tiefe der Welt als Ursprung und Grund des Erscheinens philosophisch neu zu entdecken, wobei aber der Räumlichkeit ein Vorrang gebührt, wie bereits die folgende Stelle aus *Dynamik der Manifestation* deutlich macht:

> So erweist sich unsere Position als denkbar entfernt von jedem Subjektivismus und Transzendentalismus, einschließlich ihrer existenzialen Form, in der sie sich heute verbergen. Wenn die Welt in einer Hinsicht in der Zeit ist, dann ist in der Tat ebenso und zunächst die Zeit in der Welt, [...] insofern sie sich nicht anders in das Wesen der Welt einschreiben kann als so, dass sie auf eine absolute Weise in ihr auftaucht. Sie tut dies begünstigt von einem Ereignis, welches nicht zeitlich ist, insofern es den metaphysischen Ursprung der Zeit in einer Welt darstellt, welche, auch wenn sie wesentlich dynamisch geschieht, in sich selbst doch der Zeit fremd ist. In diesem Sinne ist der Raum tiefer als die Zeit: die Zeit setzt notwendigerweise einen Raum voraus, den sie insofern betrifft und ‚angeht', als sich das Ur-Ereignis nicht anders gibt als in der Form einer immensen Metamorphose in dem, was bereits da ist. Die Zeitlichkeit nimmt ihren Platz in diesem Proto-Raum in Form jener Bewegung ein, durch welche die Zeit versucht, die ur-ereignishafte Spaltung zu überwinden, die ihre ruhige Ewigkeit des Lebens beendet hat, durch die sie versucht, sich zu sammeln. (Barbaras 2013, 328)

Weshalb kommt es vom Ereignis des permanenten Ausbruchs zu seiner Umsetzung ins Ereignis des Erscheinens als solchem, in eine Bewegung, die zugleich eine „Situiertheit in der Welt und Offenheit für die Welt", also Verleibkörperlichung und Phänomenalisierung hervorbringt? Nur dadurch, so könnte ein Vorschlag lauten, dass es sich dabei um dasselbe Ereignis handelt, jedoch von zwei Standpunkten aus betrachtet: dem kosmologischen als Ausbruch des Einen in die Mannigfaltigkeit des weltlich Seienden, und aus dem phänomenologischen Standpunkt, der sozusagen mit der situierten Phänomenalisierung ‚mitgeht'. Man kann schon verstehen und nachvollziehen, dass der Prozess der Individuierung von allem Seienden „Welt" genannt werden kann. Die Welt besteht dann darin, dass es immer schon zu solcher Individuierung gekommen ist, und wenn man diese Ur-Faktizität noch auf deren Ursprung kosmologisch befragt, gelangt man zu dem genannten Ausbruch, der ewig – noch diesseits der Zeit, in der uns dann Einzelnes erscheint – als eine Übermacht der Welt geschieht. Doch dies kann nur von einer kosmologischen Perspektive aus, gewissermaßen aus einem Überflug, nachvollzogen werden, der sich aus der gegebenen Mitte des Erscheinens als solcher gelöst hat, um auf ihre Grenzen und Bedingungen zu schließen.

Eine solche Dualität der Perspektiven lässt sich auf eine gewisse Weise in die folgende Stelle aus dem letzten Buch von Barbaras hineinlesen: „Wenn es wahr ist, dass das Erscheinen als ein Ereignis gedacht werden soll" – wir ergänzen: in der Phänomenologie –, „dann muss daraus folgen" – wohlbemerkt in einer phänomenologischen Kosmologie –, „dass, wo es um das Verhältnis der Übermacht zu ihren Werken geht, dieses Ereignis in einem Urereignis sein Gegenüber hat". Mit dieser Übermacht werde Natur im Sinne der *physis* gedacht, in einem Schritt über die Phänomenologie hinaus in Richtung auf eine Kosmologie hin. (Barbaras 2019a, 64)

Bei Barbaras geht es also nicht um eine Dualität der möglichen Perspektiven, sondern darum, das Phänomenologische aus seinem kosmologischen Grund her zu denken.[8]

Das neue Ereignismodell dient so der Einheit, dem noch radikaler zu fassenden Monismus der Welt, der allerdings nach wie vor mehrere Dimensionen aufweist.[9] Barbaras kommt hier auf seine Idee der Dreiheit der Welten zurück, deren frühere Formulierung wir schon oben zitiert haben. Jetzt werden sie alle in folgender Weise auf das Urereignis bezogen:

> Es gibt die Welt als absolute Quelle, ursprünglichen Ausbruch (*déflagration*), von der alles Seiende herkommt; es gibt die Welt als ontische Mannigfaltigkeit, die sich aus diesem Urereignis ergibt; zuletzt gibt es die Welt als Form, d. h. Sedimentation des Ursprungs im Schoße des Mannigfaltigen, wobei sie produziert, d. h. vermittelt wird durch Bewegungen, die sich aus dem ursprünglichen Ereignis ergeben. (Ebd.)

Daraus folgt die ursprüngliche Verräumlichung des Weltereignisses als „des Bodens (*le sol*), des Sitzes (*le site*) und des Ortes (*le lieu*)" (ebd.), die jedoch *einen* Ursprung haben:

> einen undifferenzierten Grund, der aus sich selbst herausgeht, reine Exteriorität, die diesem Ereignis entspringt, und schließlich die Versammlung der Seienden, d. h. die durch Subjekte (die Seienden) und durch sie hindurch durch den ursprünglichen Ausbruch verräumlichte Räumlichkeit. (Ebd.)

In diesem Prozess, als einem der Sedimente des Ursprungs, gilt es nun auch die Leib-Körperlichkeit des Erscheinens zu situieren. Dieses Motiv wollen wir kurz noch im abschließenden Abschnitt verfolgen.

### *4. Ereignis des Erscheinens und Leib-Körper*

Die Frage, wie aus derselben Urbewegung, der jetzt das Urereignis der *déflagration* zugrunde liegt, die genannte Offenheit des Subjekts der Welt gegenüber herkommt, wird bei Barbaras nach wie vor damit beantwortet, dass es sich eigentlich um dieselbe Bewegung handelt. Darauf zielte ja, wie wir bereits oben erwähnt haben, die kosmologische Wende bereits in den früheren Werken Barbaras'. Jetzt, und darauf lässt sich gewissermaßen

---

[8] So lesen wir z. B.: „Es geht darum zu zeigen, dass eine Einheit das Prinzip der Phänomenalisierung bildet und dass diese Einheit genau die Weise ist, wie die Seienden, die aus dem Urereignis hergekommen sind, zurück zu ihrer Quelle aufsteigen." (Ebd. 83)

[9] Nicht nur von mehreren Dimensionen der einen Welt kann bei Barbaras die Rede sein: „Sobald die Welt zu einem anderen Namen für das Prinzip der Einheit wird, ist jede Erscheinung Erscheinung im Schoße einer Welt, und es gibt so viele Welten wie die einheitlichen Felder, in deren Schoß sich die Erscheinungen einschreiben." (Ebd. 90)

sein neues Buch ein, stellt sich aber die Frage: Wie hängt diese Bewegung genauer mit der bereits individuierten Situiertheit des Subjekts in einem Sitz (*site*) einerseits und mit dem Ort (*lieu*) andererseits zusammen, der durch den Leib-Körper eingenommen wird, in einem Geschehen des phänomenalisierenden, auf den Nullpunkt der Orientierung zentrierten leibkörperlichen Stattfindens (*avoir lieu*)? Barbaras' Antwort lautet, dass sich dieses Geschehen – kosmologisch gedeutet – lediglich aus der Spannung zwischen dem Sitz und dem Boden (*le sol*) ergeben kann, weil die permanente Aus- und Auflösung dieser Spannung sozusagen ohne jedes subjektive Zutun durch die Welt selbst hervorgebracht wird. Es gibt Welt mitsamt den Sitzen des weltlich Seienden und ihrem gemeinsamen Boden völlig unabhängig von der Subjektivität des Bewusstseins und seiner Intentionalität. Diese letzteren sollen daher erst aus der Spannung zwischen „Sitz" und „Boden", aus dem Begehren des im Sitz angesetzten Einzelnen nach seinem Ursprung stammen. Subjektivität und Intentionalität partizipieren lediglich an diesem kosmologischen Geschehen, ihre Bewegung ist keine spontane oder autonome Selbstbewegung, da sie nur die Urbewegung, die sich von sich selbst abgespalten hat, erneut auf sich bezieht. Durch die Bewegung der Phänomenalisierung von den Orten der leibkörperlichen Verwurzelung aus kehrt die Übermacht der Welt zu sich selbst zurück.

Bei Merleau-Ponty koinzidierten diese beiden gegenläufigen Bewegungen noch nicht – und gerade von diesem Mangel (aus kosmologischer Aussicht auf eine Überwindung des Dualismus gesehen) nimmt das letzte Buch von Barbaras seinen Ausgang: „Die Bewegung, durch die mein Leib weltlich wird, die Verleib-körperung, und die Bewegung, durch die die Welt zur Leib-Körperlichkeit (*chair*), leiblich wird, dadurch, dass sie leibhaft gegeben, empfunden wird, sollen als *eine* Bewegung angesehen werden, in der die Verweltlichung des Leibes die Rückseite des Subjekt-Werdens der Welt ist." (Ebd. 11) Bei Merleau-Ponty aber kann, so Barbaras hier kritisch, „der Ausgangspunkt der ersten Bewegung, das Empfindende, nicht der Ankunftspunkt der zweiten Bewegung sein; die Einsenkung (*immersion*) meines Leib-Körpers in die Welt erlaubt es, dem Zugang der Welt zur Phänomenalisierung Rechnung zu tragen, nie aber dem zur Subjektivität" (ebd. 10). Das wahrnehmende Subjekt, der Leib-Körper, ist laut Merleau-Ponty aus demselben Stoff wie die Leib-Körperlichkeit der Welt, darauf haben wir oben schon hingewiesen. Diese ontologische Verwandtschaft des Sinnlichen der Welt – ihre Empfindbarkeit – und des Sinnlichen der Leib-Körper in ihr, die sie aus genau diesem Grund empfinden können, macht eine Seite der ontologischen Bedingung der Phänomenalisierung der Welt aus. Aber nur eine, denn Barbaras geht über Merleau-Ponty hinaus mit dem Anspruch, diesem Geschehen der Welt – bzw. der Natur im Sinne der *physis* – eine Art Subjektivität einzuschreiben, von der die menschliche Subjektivität Zeugnis ablegt. Aber welche Art von Subjektivität kann der Welt eigen sein? Wohl kaum Subjektivität im Sinne einer Selbstbezüglichkeit des Erscheinens in dessen Erleben. Eine solche Selbstbezüglichkeit scheint bei Barbaras irrelevant zu sein. Sie spielt jedenfalls, soweit wir sehen, in seiner Auffassung von Subjektivität keine Rolle.

Geht es aber eben dennoch darum, zu etablieren, dass die Welt zum Subjekt werden kann, weil sich nur dadurch der letzte Dualismus beheben ließe? So kann man fragen, denn Barbaras will ja auf diese Weise auch erklären, woher die Subjektivität überhaupt stammt, d. h. wie sie der Welt entspringt – denn letztlich gibt es ja nichts anderes als die Welt.[10] Das altneue Mittel dafür ist die Auffassung von der Natur als Leib-Körperlichkeit, als *chair du monde* Merleau-Pontys, also einer Leib-Körperlichkeit, die letztlich als Zugehörigkeit verstanden werden soll, als Verhältnis des Ineinander von weltlichem Seienden und der Natur, welches sich so aus der Übermacht der Welt ereignet. Was uns dabei interessiert, ist die Rolle des Ortes des Leib-Körpers darin.

Gehen wir also abschließend auf das Motiv der Leib-Körperlichkeit ein, denn Renaud Barbaras hat der Rolle des Leib-Körpers und seines Ortes im Ereignis des Erscheinens einen bedeutenden Teil seines letzten Buchs gewidmet, womit er zugleich einen wichtigen Faden seiner früheren Arbeiten wieder aufnimmt. Eine frühe, prägnante Formulierung dieser Problematik finden wir in Barbaras' Buch *Le mouvement de l'existence* [*Bewegung der Existenz*]:

> Prinzipielle Zugehörigkeit des Subjekts zur Welt zu postulieren heißt, sich den Boden vorzubereiten für die Aufklärung der Bewegung, durch die das Subjekt sein subjektives Sein erhält, d. h. durch die das Subjekt seine Weltzugehörigkeit in eine Offenheit der Welt gegenüber verwandelt. Und da diese Bewegung nichts anderes ist als das, wovon die Stätte eben der Körper ist, geht es darum, den Seins-Sinn des Körpers zu denken, vom Körper zur Bedingung seiner eigenen Möglichkeit hinunterzusteigen, nämlich zu der Bewegung, die ihn als wahrnehmenden Leib-Körper gebärt. Kurz gesagt ist zu verstehen, wie sich aus einem Bezirk der Welt ein Wahrnehmen der Welt ergibt, wie sich der Körper in den Leib transformiert. Es sei Folgendes hinzugefügt: Wenn der Körper nur als ein in der Welt situierter Körper existieren kann, dann konsequent gedacht nur, insofern es da eine Welt gibt. Die Situiertheit des Körpers, die ihn als diesen Körper qualifiziert, und die also für seine Körperlichkeit konstitutiv ist, prägt auch seine Subjektivierung als Bedingung der Erscheinung der Welt, in der er situiert wird. Dieselbe Bewegung macht es also aus, dass das Subjekt die Welt und sich selbst als in der Welt situiertes Subjekt zum Erscheinen bringt: Die Körperlichkeit und die

10 „Sein heißt der Welt zugehören, das gilt für das Sein von allem Seienden." (Barbaras 2019a, 18)

> Subjektivität des Leib-Körpers, seine Situiertheit und seine Offenheit der Welt gegenüber werden aus einer ursprünglicheren Situation zusammen geboren. (Barbaras 2007, 88)

Es soll also dieselbe Bewegung sein, die einerseits die Zugehörigkeit der Körper zur Welt (*appartenance*) realisiert und andererseits das Weltliche von der nun leib-körperlichen Perspektive aus erscheinen lässt. Dieses Denkmotiv entwickelt Barbaras' letztes Buch *Appartenance* konsequent aus einer kosmologischen Perspektive, und zwar auf folgende Weise: Es gibt eine Bewegung, durch die alle Körper ursprünglich situiert werden, einen Sitz auf dem Boden der Welt erhalten. Diese kosmologische Ursprünglichkeit bedeutet – von einer Phänomenologie der Leib-Körperlichkeit aus gesehen – eine Enteignung, eine *dépossession* des subjektiven Leib-Körpers durch die Welt. Doch entstehen nach Barbaras zugleich durch eben dieselbe Bewegung der Welt, in der Spannung zwischen ihr als dem Boden und den Sitzen der Körper, auch die subjektiven Leib-Körper. Diese werden – um es diesmal in der Perspektive Husserls auszudrücken, gegen die sich ja die Rede von der Enteignung richtet – dadurch in Leib-Körper als Zentren transformiert, um die herum sich die darauf als auf einen Nullpunkt der Orientierung (in Barbaras Terminologie: um die Stätte der Leib-Körper herum) bezogenen Erscheinungen gruppieren. Dadurch kommt es in derselben Bewegung, die die Individuierung alles Seienden hervorbringt, im Falle des menschlichen Lebewesens zur Inbesitznahme (*possession*) der Welt, zu ihrer Einschließung in das inkarnierte Subjekt des Erscheinens, mit anderen Worten zur Phänomenalisierung. Doch die Pointe dabei ist, dass es sich um dieselbe Bewegung handeln soll: „In diesem Punkt werden die Enteignung durch die Welt und die Inbesitznahme der Welt, Inkarnation und Wahrnehmung, strickt äquivalent, in diesem Punkt wird aus den zwei Ineinander ein einziges Ineinander." (Barbaras 2019a, 30f.)

Die Rede von einem *Punkt* diesseits der universalen Korrelation des Erscheinens wird uns später interessieren.[11] Jene „ursprünglichere Situati-

---

[11] Wir werden im Schlusskapitel darauf zu sprechen kommen, dass schon bei Husserl mit dem Nullpunkt der Orientierung auf eine Art Urtatsache hingewiesen wird, die man als eine unhintergehbare Bedingung des Erscheinens (zumindest in der wahrgenommenen Welt) betrachten kann. Rudolf Bernet spricht diesbezüglich sogar vom „metaphysischen Punkt" der Individuation, in dem ja das Hier auf die basalste Weise die Meinigkeit des Körpers markiert und auf die körperlichste Weise die Subjektivität ausmacht. Wir werden im letzten Kapitel versuchen, mit Levinas und Sepp dieses „Hier" auch noch als Grenze der Subjektivität und Korrelation des Erscheinens als solchen zu situieren, wofür Schritte über die Phänomenologie hinaus nötig waren. Nun macht auch die kosmologische Philosophie solche Schritte, nur geht sie sozusagen in umgekehrter Richtung vor, um das subjekt-bedingte, leib-körperlich zentrierte Hier von seiner Einbettung in die Welt aus der und von der Welt her als weltlich zu fassen.

on“, von der das vorletzte Zitat spricht (Barbaras 2007, 88), wird nämlich durch die Erscheinungen nicht zum Ausdruck gebracht, und auch das Subjekt dieser Erscheinungen – der husserlsche Nullpunkt der Orientierung –, das sich von diesem Nullpunkt aus in Korrelation zur zentrierten Umwelt bewegende begehrende Subjekt, ist für die kosmologische Perspektive bei Barbaras sicherlich nicht das letzte, was aufseiten des subjektiven Pols der universalen Korrelation des Erscheinens gefunden werden kann. Der Grund dafür ist die Annahme der kosmologischen Differenz, also die Annahme, dass es noch eine andere Weise geben muss, wie sich die Welt selbst ereignet, sich gibt, ja sich manifestiert, ohne dass dieses Geben, diese Manifestation, einen Adressaten hätte – und diesem Adressaten dennoch eine Stätte gibt. Was geschieht, ist gerade ein solches verräumlichendes Stattgeben: die Manifestation, also die Bewegung der Welt selbst, soll zugleich ihre Adressaten hervorbringen. So heißt es in einer Formulierung aus dem Jahre 2007:

> Die Geburt des Subjekts fällt nicht in eins mit der Geburt seiner Erscheinungen, das Subjekt beginnt nicht mit der Phänomenalität, die von ihm bedingt wird. Wenn es wahr ist, dass die Zugehörigkeit der Welt das Gesetz alles Seienden ist, dann muss anerkannt werden, dass das phänomenalisierende Subjekt im Schoße der Welt sich selbst vorangeht. (Barbaras 2007, 88)

Heißt dies, dass das Subjekt sich selbst als Körper vorangeht, dass die ursprüngliche Situiertheit des Körpers – seine Position – der Korrelation zwischen dem Leib-Körper und seiner Umwelt vorangeht?[12] Eigentlich nicht, denn Barbaras bleibt bei einer solchen Position nicht stehen. Ganz wie Husserl, aber doch in umgekehrter Richtung (nämlich vom Geschehen der Welt selbst her), integriert er die Position des leib-körperlichen Nullpunktes in einen ursprünglicheren Rahmen und löst sie darin auf. Bei Husserl ist es das Leben des Bewusstseins, das unendlich diesseits der Einverkörperung/Verleiblichung vor sich zu gehen scheint, das also diesen letzten Rahmen ausmacht, von dem aus es zur Verweltlichung und zugleich zur Verleibkörperlichung kommt. Bei Barbaras und Fink dagegen ist es die Welt selbst, die diesen Rahmen gibt, und zwar in einer Art Urbewegung.

Aber wie tut sie das? Bei Fink primär von einer Weltzeit aus, die auch den Raum gibt, also von einer „Raum-Zeit-Bewegung“ aus, wie er formuliert, bei Barbaras dagegen von einer Bewegung des Welt-Einräumens aus, die jetzt noch näher zu charakterisieren ist. Das Primat des Raumes gegenüber der Zeit hat Barbaras, wie schon angedeutet, bereits in der *Dynamik der Manifestation* behauptet. Jetzt geht es darum, den Bezug dieser

---

12 So etwa werden wir im Schlusskapitel einige Gedanken mit Blick auf Levinas und Sepp interpretieren.

Dynamik zum Ort oder der Stätte der Leib-Körperlichkeit zu verstehen, der durch diesen Primat des Raumes bei Barbaras ebenfalls eine prominente Stellung erhält, ähnlich wie die Leib-Körperlichkeit bei Merleau-Ponty, von dem ja das Projekt bei Barbaras „historisch" seinen Ausgang nahm.

Wir haben gesehen, dass die Subjektivität nach dem systematischen Projekt der *Dynamik der Manifestation* auf das Urereignis zurückgehen soll, das nicht aus der Urbewegung der Welt selbst herkommt, sondern als Ereignis meta-physisch ihr gegenüber hinzukommt, insofern die Subjektivität nicht aus der Welt, also nicht *physei* ist. Jetzt scheint dieses Urereignis – die Emergenz der Subjektivität – im Gegenteil insofern der Welt selbst zugeschrieben werden zu müssen, als es durch die Emergenz einer ihr noch tiefer zugrundeliegenden Subjektivität bedingt sein soll, nämlich durch die Emergenz der Subjektivität *der Welt selbst*, der von Anfang an sozusagen alle Subjektivitäten eingeschrieben sind.[13] Genauer gesagt: graduell eingeschrieben, wobei sich die menschliche Subjektivität der Subjektivität der Welt am tiefsten einschreibt und die der leblosen Dinge am flüchtigsten.[14] Dadurch wäre das monistische Projekt einer Kosmologie vollendet, während das vorherige Projekt der *Dynamik der Manifestation* noch den Rest einer gewissen Dualität zwischen der kosmologischen Ur-Bewegung der Welt und dem metaphysisch zu fassenden Ur-Ereignis der Subjektivität beibehalten hätte.[15]

In diesem neuen Rahmen kehrt der Autor vom kosmologischen Gipfel beim Urereignis des Ausbruchs (*déflagration*) wieder zur Phänomenalisierung zurück und zeigt, wie sich der Ort der phänomenalisierenden Instanzen, der Leib-Körper, vom bloßen Sitz im Boden der Welt abhebt und

---

13 „Aus der Zugehörigkeit den ursprünglichen Seinsmodus zu machen heißt, die (Welt)Zugehörigkeit als Bedingung und nicht nur als Situiertheit der Ipseität zu verstehen. Wenn die Zugehörigkeit eine Urtatsache ist, dann ist sie nicht etwas, was dem Subjekt zustößt, sondern im Grunde genommen viel eher etwas, aus dem das Subjekt selbst herkommt." (Barbaras 2019a, 16)

14 „Mag es sich um einen Stein, ein Tier oder ein Bewusstsein handeln, wir haben es in allen Fällen mit derselben Seinsmodalität zu tun, mit der Zugehörigkeit, die sich in sich selbst nur so differenziert, dass das Bewusstsein tiefer der Welt zugehört als ein Stein oder ein Tier, insofern, wie wir sehen werden, diese Zugehörigkeit des Bewusstseins zur Welt die Kehrseite und Bedingung einer Phänomenalisierung ist, insofern das Sein der Welt mit einer Welthabe und die Einwurzelung in die Welt sodann mit der Kosmophanie synonym ist." (Ebd. 19)

15 Vgl. dazu die ausdrückliche Bemerkung Barbaras': „Wir kommen also dazu, vermittels des Konzepts der *déflagration* die Urbewegung und das Urereignis schlicht und einfach zu identifizieren, die wir bisher unterschieden haben und deren Differenz sogar im Zentrum der vorhergehenden Werke stand. Wir glauben, den Dualismus definitiv überwunden zu haben, der dieser Unterscheidung inhärent blieb und der nicht zuletzt zu einer unaufhebbaren Differenz zwischen Lebendigem und Nicht-Lebendigem geführt hat." (Barbaras 2019a, 73, Anm. 35)

als Nullpunkt der intentionalen Orientierung in die Welt hineingenommen wird. Die ursprüngliche Räumlichkeit dieser Prozesse, die phänomenologisch betrachtet auf die Leib-Körperlichkeit der Phänomenalisierung verweist, spiegelt sich auch in Barbaras' neuem Vokabular wider: Das Stattgeben durch die Welt (*donner lieu*) ist die kosmologisch betrachtete Seite des phänomenalisierenden Statthabens (*avoir lieu*), wobei diese Orte (*lieus*) im Boden der Welt durch ihre Sitze ursprünglich situiert werden, da sie sich ja nicht selbst verorten können. Aber, und darin kommt der kosmologische Primat vor dem phänomenologischen Ausgangspunkt beim Leib-Körper der phänomenalisierenden Subjekte zum Ausdruck: Die Phänomenalisierung als Bewegung vom Ort zum Boden, in die Welt hinein, ist keine autonome Bewegung, keine Selbstbewegung der Seele der Leib-Körper. Denn alle Bewegtheit geht letztlich aus der Übermacht der Welt selbst hervor; die subjektive Bewegung der Leib-Körper ist nur eine Umsetzung jener Bewegung, durch die der ewige Ursprung über seine Zersplitterung in die Individuen in sich selbst zurückkehrt. Diese Kreisbewegung umgreift die Korrelation und wird von Barbaras im Grunde als ihr neues Gesicht beschrieben. Wenn auch auf eine andere Weise, hält somit das Metaphysische erneut Einzug und wird zugleich auf die traditionelle Terminologie zurückbezogen:

> [...] die Bewegung des Lebens ist genau der Punkt, an dem sich die dispersive Macht des Urereignisses zur zentripetalen Kraft wandelt, wo das Leben als Macht des Ursprungs zur Bewegung des Lebens und daher zur Bewegung der Phänomenalisierung wird. Von hierher stammt die Möglichkeit, ja eigentlich Notwendigkeit für alles Seiende, von seinem Sitz zu seinem Boden zu streben, oder, um es mit anderen Worten auszudrücken: zu begehren [...]. Die Intentionalität, durch die ein Seiendes von seinem Sitz aus seinen Ort öffnet oder durch die es zur Phänomenalisierung via Verräumlichung (*qui phénoménalise en spatialisant*) kommt, ist in diesem Sinne nur die phänomenologische Version einer ersten kosmologischen Situation, die Situation der Einschreibung und Wiederkehr des durch Ontifizierung Seienden zurück zu seinem explosiven Ursprung [...]. Der Ort ist so das, was die kosmologische Zerstückelung wieder vernäht; er ist die phänomenologische Gegenwärtigung der ontologischen Kontinuität, die der Separation notwendig zugrunde liegt. (Barbaras 2019a, 80)

So wird die Frage nach dem Ursprung der Phänomenalität als Frage nach dem Übergang vom Sitz des Seienden im Boden der Welt zum Ort ihrer Phänomenalisierung gefasst, die als Gabevorgang durch Abschattungen auf einen Nullpunkt der Orientierung im Leib-Körper verweist. Vom kosmologischen Standpunkt aus wird somit die ‚alte' Frage, von der wir ausgegangen sind – „wie sich aus einem Bezirk der Welt ein Wahrnehmen der Welt ergibt, wie sich der Körper in den Leib transformiert?"[16] –, in den folgenden neuen Begriffen wieder aufgenommen: „[W]ie kann sich das ursprüngliche Ereignis, die *déflagration*, in ein Auftauchen des Erscheinens verwandeln?" Das heißt, „wie können die disparaten Momente, die sich aus der *déflagration* ergeben, einen Ort eröffnen und dadurch auf gewisse Weise zu Subjekten werden?" (Ebd. 83) Die Antwort liegt in der Notwendigkeit des Begehrens der Welt, welches durch die Welt selbst geboren wird, indem sie das Mannigfaltige der in den Sitzen vom Boden getrennten Körper hervorbringt.

Aus der phänomenologischen Perspektive der Mitte des Erscheinens als solchem, die man der Kosmologie Finks und Barbaras' entgegensetzen könnte, wäre die Erde als Boden aller Körperlichkeit ständig da, verbliebe dabei aber doch am Rande der Korrelation von Welt und Leib-Körper, diesseits jeder (auch der primären) Manifestation. Wenn sich die Erde dem Erscheinen entzieht und doch zugleich der Manifestation der Welt zugrunde liegt, die sich von der Korrelation von Welt und Leib-Körper nicht so trennen ließe, wie es die kosmologische Differenz verlangt, wenn also die Erde der Manifestation der Welt auf diese Weise zugrunde liegt, ohne ihr Produkt zu werden, dann gilt etwas ähnliches auch für die Subjektivität. Auch sie würde sich dann dem Ereignis der *déflagration* entziehen, nicht nur im Moment ihrer Selbstreflexivität, sondern auch aufgrund ihrer irreduziblen Leib-Körperlichkeit. Denn beide erscheinen nur vermittelt, vermittelt nämlich durch den Widerstand der Dinge und der sie und alle Leib-Körper tragenden Erde. Diese steht hier als Paradigma für das, was den Rand der Korrelation markieren mag. Auch die Setzung des Leib-Körpers als Nullpunkt der Orientierung scheint sich am Rande der Dynamik und der Bewegung der Manifestation zu vollziehen und das Ereignis des Erscheinens oder Erhellens der Welt nun faktisch zu bedingen.

### *Schluss*

In der metaphysischen Kosmologie von Barbaras wird somit alles, was auf dem subjektiven Pol leibkörperlich lebt, restlos in eine neue Korrelation einbezogen. Den „Rand" gibt es also in der kosmologischen Sichtweise Barbaras' nicht – es gibt nur einen Abstand zwischen Körper und Leib, in den Worten Barbaras': zwischen dem „Sitz" des Körpers im „Boden" der Welt und dem „Ort" des Leibes, von dem aus er – aus dem Begehren nach Koinzidenz mit der Welt – seine Umwelt entwirft. Dieses Begehren entzündet sich wiederum nicht aus der eigenen Seele des Leib-Körpers, sondern ist streng genommen der ewige Ursprung selbst, die Welt, die durch das Begehren der Leib-Körper zu sich selbst strebt, ohne sich je erreichen zu können. Was sich somit aber der übergreifenden Korrelation von

[16] Siehe oben das Zitat aus Barbaras 2007.

Welt-Boden und weltlichen Leib-Körpern zu entziehen scheint, ist jenes Prinzip der Einheit, welches ihre gemeinsame ontologische Verwandtschaft und damit die umgreifende Korrelation gründet. Der einzige Rand der Korrelation, der in sie selbst nicht aufgenommen werden kann, ist ihr Ursprung, ihre Quelle selbst.

# II. Teil:

# Transzendentale Welt-Phänomenologien

# 3. Kapitel: Der „asubjektive Transzendentalismus“ der Welt

*Einleitung*

In einem Gespräch erinnert sich Jan Patočka im Jahre 1967, damals 60 Jahre alt, an seine Freiburger Jahre als an die philosophisch intensivste Zeit seines Lebens (vgl. Zumr 1991). Er kam Anfang 1933 als Stipendiat der Alexander von Humboldt-Stiftung aus Berlin nach Freiburg, auf Einladung Edmund Husserls, der ihn als einen begabten jungen Mann aus seinem Heimatland empfing und als Adepten der Phänomenologie an seinen Assistenten Eugen Fink weiterverwies. Fink bekam den Auftrag, Patočka in die Lehre des Meisters einzuweihen, so wie er das wohl auch für andere Adepten der Phänomenologie tat. Und man kann sich lebendig vorstellen, wie sehr Patočka die Gespräche mit Edmund Husserl und Eugen Fink schätzte. Sie waren in der Tat entscheidend für die Ausrichtung und Gestaltung seines Denkweges, der jedoch schon vor dem entscheidenden Freiburger Aufenthalt in einer entschlossenen Aneignung und Nähe zur Philosophie Husserls seinen Anfang genommen hatte.[1] Trotz allem kritischen Abstand, den er sich – wie andere Phänomenologen in ihren eigenen Projekten auch – mit der Zeit erarbeitet hat, blieb er dem philosophischen Anliegen Husserls nah. Dabei war die Begegnung mit Finks Texten für die frühe und spätere Auseinandersetzung mit Husserl von größtem Gewicht. Auch in Briefen, die sich im Nachlass von Fink und Patočka erhalten haben, finden wir dafür ein Zeugnis (vgl. Fink und Patočka 1999, 125).

So schreibt Patočka am 13. September 1933, bereits zurück in Prag, einen Brief an Fink, in dem er sich vor allem einer Frage widmet, die ihn,

[1] Patočka hörte vor Ort die berühmten Pariser Vorträge Husserls, die sein lebendiges Interesse für diesen Philosophen weckten, und hat bereits 1931 in seiner Doktorarbeit den husserlschen Ansatz – in Konfrontation mit dem lebensphilosophischen Ansatz vor allem bei Henri Bergson in Bezug auf die Frage nach der Genesis und Evidenz des Erkennens – systematisch ausgelegt und verteidigt; vgl. Patočka 2008. Vgl. mehr zu diesem Ansatz bei der transzendentalen Phänomenologie und Lebensphilosophie weiter unten im letzten Abschnitt des fünften Kapitels. Zur frühen Entwicklung dieses Ansatzes bei Patočka vgl. Novotný 2020.

wie er schreibt, „seit einiger Zeit fast ausschließlich beschäftigt“ und die auf Finks „Anregung zurückgeht“. Was Patočka so intensiv interessiert, ist das „natürliche Weltbild“, genauer „die zur natürlichen Einstellung gehörige eigenartige Auslegung des Seienden“ (ebd. 31).

Von dieser Auslegung gilt, dass sie keine ausdrückliche, keine thematische, beabsichtigte ist, insofern sie „unreflektiert und unreflexiv vor sich geht“. Sie prägt insofern die Natürlichkeit unserer Einstellung zum Seienden, als sie „sozusagen eine gegebene Auslegung, ein gegebenes Begreifen“ ist, in dem man sich immer schon – Patočka schreibt sogar „ursprünglich schon“ – bewegt. (Ebd.) Doch ist sie gerade nicht die einzige Vorgegebenheit und vor allem nicht die einzige Ursprünglichkeit, die im Weltbezug fungiert, im Gegenteil. Daher müsse es sich dabei, so Patočka, um eine besondere Apperzeption handeln. Zur Eigenart der gegebenen Auslegung des Seienden in der natürlichen Einstellung gehöre es nämlich, dass dabei „ein Wissen oder Begreifen *eines* Seienden beim [...] Gegebensein eines anderen so mächtig wird“, dass es dieses andere in eine ihm äußere „Bahn hineinzwingt, [ja es] eventuell ganz überschattet“. Sie sei aus diesem Grunde kein absolutes Apriori, sondern eben ein bedingtes, besonderes, das einen „ganz bestimmten Ursprung“ habe und abkünftig sei, und zwar „eine Ausbreitung des Gegebenheitsmodus des dinglich Begegnenden“: „Die Selbstverständlichkeit *dieses* Gegebenen wird zum Ausgangspunkt einer ‚Interpretation‘ des Seins.“ (Ebd. 32) Anders formuliert und an derselben Stelle heißt es: „Das engste Telos, der Endpunkt der intentionalen Leistung wird zum absoluten Ausgangspunkt des Seinsverständnisses gemacht.“ (Ebd.)

Das philosophische Anliegen besteht dann darin, den Fragen nachzugehen, was an Welt eigentlich ursprünglich gegeben ist, wie es dies ist und wie es, wenn überhaupt, eruiert werden kann, also Fragen nach der natürlichen Welt als philosophischem Problem, um auf den Titel von Patočkas drei Jahre später publizierter Habilitationsschrift anzuspielen, deren Fragestellung sich hier abzuzeichnen beginnt.[2]

Doch die Formulierung des Problems in diesem Brief zeigt vielleicht bereits die Nähe und Distanz zu Husserl und Fink (von Heidegger her) in den phänomenologischen Projekten Patočkas an. Um sie etwas genauer zu konturieren, gehen wir noch auf eine weitere Stelle in diesem Brief kurz ein: All das, woraus das einzelne dinglich Gegebene herausgerissen ist, wird durch diese Objektivierung der sich natürlich einstellenden Auslegung im gleichen Zuge verdrängt, überschattet, so wie uns, um Patočkas Beispiel aufzugreifen, „das Wissen davon, dass die Schatten ‚dunkel‘ sind“, daran hindert, „die wirklich gegebene Farbe der Schatten zu *sehen*“ (Fink und Patočka 1999, 32).

---

2 Vgl. Patočka 2008; deutsche Übersetzung: Patočka 1990.

Das automatische Wirken jener gängigen Auslegung, die sich vom Dinglichen ableitet und leiten lässt, nennt Patočka hier das „Umkehren der eigentlichen Situation“. Wie kommt es zu dieser Umkehrung gegenüber der eigentlichen Vorgegebenheit der Welt, wo die Welt zwar nicht „gesehen“ wird, von der aus jedoch allein alles Einzelne begegnet? Zunächst sind es die *horizontalen* intentionalen Leistungen, die da verdrängt werden, schreibt Patočka, der Horizont werde dadurch „zur Summe der Einzelobjekte“ und infolge dieser Verdrängung entstehe „ein summatives Weltbild“. Mit anderen Worten, und hier zitiert Patočka offensichtlich einen Ausdruck und Gedanken von Fink: „Der ‚reine Enthalt‘, die Welt, verwandelt sich in eine unendliche Reihe.“[3]

Das weist auf Finks meontische Auffassung der Differenz von Binnenweltlichem und der Welt selbst hin, die er schon damals, Anfang der 1930er Jahre, entworfen hatte und die später zur kosmologischen Differenz der Welt selbst und des Horizontes aller Horizonte radikalisiert werden wird. Diese Horizonte bilden sich um die Dingerfahrung herum, und zwar, den husserlschen Analysen zufolge, von objektivierenden Apperzeptionen aus, durch ihre „Übertragung“ auf etwas, was sich ihnen jedoch nach Finks Überzeugung entzieht – und so überdecken also die Horizonte das sich Entziehende, den reinen Enthalt, die Welt selbst, durch eine, so Fink, „schlechte Unendlichkeit“.

In dem, was bislang aus dem Umkreis der frühen „Hefte“ Finks, die Patočka in seinem Brief erwähnt, publiziert wurde, findet man diesen Ausdruck in einem Text aus dem Jahre 1931 wieder, der bereits die Problematik der Kosmologie anspielt, und zwar in Verbindung mit dem Motiv des „Weltgefühls“. Dieses wird dem Horizont entgegengesetzt, wie er als Weltvorgegebenheit bei Husserl konzipiert wird, nämlich als eine „Ausweitung des binnenweltlichen Erfahrungsbereiches“, nach dem Modell der „Intentionalität der Zonenbildung“, die endlos und unabschließbar weiterläuft. Dagegen ist die eigenartige „Intentionalität“ des „Weltgefühls“ durch einen reinen Enthalt charakterisiert:

> In der erkenntnistheoretischen Analyse des Welthorizontbewusstseins ist die Verschiedenheit dieses „reinen Horizontes“, reinen Enthaltes, der zwar Seiendes impliziert, aber durch das Implikat nicht ausgefüllt wird und so nicht einlösbar ist, von jedem anderen Horizontbewusstsein klargestellt: jeder sonstige Horizont ist „Potenzialität der Erfahrung“. Horizont in diesem üblichen, bei Husserl allein analysierten Sinne ist streng genommen etwas bloß „Subjektives“, etwa eine Fernanschauung, eine Abwandlungsform gerader Thematik, eine Anti-

[3] Ebd. Die Annahme, Patočka zitiere hier Fink, stützt sich auf die Tatsache, dass Patočka sich von Fink Hefte ausgeliehen hatte, die er, wie im selben Brief vermerkt ist, erst nach einer kleinen „Weile“ zurückzuschicken verspricht. Vgl. Fink und Patočka 1999, 31 und die Anm. 2 der Herausgeber dazu auf S. 34.

> zipation, und hat selbst keine ontische Wirklichkeit. […] vielmehr ist er nur ein Modus der Gegebenheit, des Gegenständlichseins des Seienden. Er ist also ein „Bezugsphänomen" […]. Problematisch ist schon, ob die von Husserl ausgebildete Methode intentionaler Analyse das Bewusstsein von Welt, das menschliche Verhalten zu Welt als dem Enthalt alles Seienden, überhaupt in den Griff bekommen kann […]. (Fink 2006, 416f.)

Das ist einer der Punkte, an dem sich Patočka Finks Kritik an Husserl zu eigen macht. Der Welt selbst wird eine scheinbare Vorgegebenheit sozusagen unmerklich untergeschoben, und zwar so, dass aus der ursprünglichen Vorgegebenheit der Welt lediglich eine summative, eine schlechte Unendlichkeit wird. Durch eine solche automatische Objektivierung geht folglich die ursprüngliche Situation verloren, sie wird überschattet und verdrängt. Patočka jedoch schreibt der husserlschen Deutung der Weltvorgegebenheit eine solche Substruktion, die die Welt zum Korrelat dieser von der vereinzelten, abstrakten Ding-Gegebenheit abgeleiteten „besonderen Auslegung" machen würde, *nicht zu*. Ganz im Gegenteil verteidigt und betont er den Horizontcharakter dieser Vorgegebenheit, den auch Fink beibehält, wenngleich er die so gefasste Vorgegebenheit der soeben erwähnten Kritik unterzieht. Die Abweichung von Fink scheint uns hier darin zu bestehen, dass für Patočka jene Umkehrung von der ursprünglichen Situation im „natürlichen Weltbild" insofern nie völlig vollzogen wird, als diese Situation (der Zusammenhang, aus dem Einzelnes herausgerissen wird, um Objekt zu werden – also das Weltganze, in dem Dinge allein begegnen) eben auch *als Horizont ursprünglich vorgegeben* ist. Der Welthorizont mit seiner eigenen Unendlichkeit unterliegt somit in Patočkas Augen der radikalen Kritik Finks – von der Dingapperzeption abgeleitet zu sein – gerade *nicht*. Übrigens verwirft auch Fink den Begriff des Horizontes noch nicht, wenn er vom reinen Enthalt der Welt selbst spricht, wie an folgender Stelle seiner Notizen deutlich wird: „Infolge der intuitionistischen Auslegung der Intentionalität gibt es bei Husserl weder den nur subjektiven Horizont (mit der zugehörigen Meinung von der an sich bestehenden Ausgefülltheit der Welt), noch den Begriff eines an sich bestehenden Horizontes (eines an sich bestehenden reinen Enthaltes)." (Ebd. 418)

Später, in seiner Kosmologie der Nachkriegszeit, wird Fink in Bezug auf die Welt selbst den Begriff des Horizontes nicht mehr verwenden, wie wir es bereits im ersten Kapitel angedeutet haben, während Patočka uns eher der Charakteristik des husserlschen Intuitionismus treu zu bleiben scheint, insofern seine „asubjektive" Phänomenologie die Welt zwar nicht als „den nur subjektiven Horizont" auffasst, sie aber auch nicht etwa im Sinne eines „an sich bestehenden Horizontes" umkonstruiert. Patočka bleibt der Phänomenologie auch da treu, wo Fink spekulativ über sie hinausgeht.

Jedenfalls ist hier bereits die im ersten Kapitel angerührte große Frage nach dem Rätsel aller Rätsel zu spüren, die Fink, Patočka und anderen zu denken geben wird: Wo und wie ist dieser Ursprung der Weltvorgegebenheit zu suchen?

Die Welt als Horizont ist für Patočka weder hier noch später in seiner Phänomenologie ein bloß abkünftiger Modus der Gegebenheit, Produkt der Objektivierung, sondern ein ursprünglicher, originärer Modus der Gegebenheit des Ganzen, der aller Objektivierung notwendig zugrunde liegt und für ihre Leistung unerlässlich ist, eben ganz wie bei Husserl. Das scheint uns zumindest aus dem folgenden Satz hervorzugehen, mit dem Patočka seine soweit angedeuteten damaligen Ideen in diesem Briefteil schließt:

> Dass diese Interpretation [die der schlechten Unendlichkeit des summativen Weltbildes zugrunde liegt] sich überhaupt halten kann, ist darin begründet, dass sie im Bereiche des „physischen" Seins (des Zuhandenen und der nicht[organisch]en Natur) sich mit der ursprünglichen Vorgegebenheit der Dinge als in Perspektiven sich gleichbleibender deckt.[4]

Dieser Stelle kann zweifellos entnommen werden, dass den Dingen die Perspektivität der ursprünglichen Vorgegebenheit eigen ist. Heißt es aber nicht zugleich, dass sie damit auch der Vorgegebenheit der Welt selbst eignet, da ja die erstere durch die letztere bedingt wird, die Dinge also in ihrer horizonthaften Gegebenheit durch Einbettung in Horizonte vom letzten Rahmen der Welt ursprünglich so umgriffen werden, dass dieses Umfassende dabei nicht nur reiner Enthalt (also kein Dinghaftes, kein Objekt), sondern zugleich auch ein Horizont ist, der ja ebenfalls kein Dinghaftes, kein Objekt ist? Wir wollen diese Briefstelle daher versuchen so zu lesen, dass Patočka zwar einerseits die Kritik Finks nachvollzieht, wonach das natürliche Weltbild kein Leitfaden sein dürfe für die Entdeckung der ursprünglichen Vorgegebenheit der Welt selbst. So das Problem bei Husserl, der so vorgeht, dass er der angeblich rein deskriptiv erfassbaren Unendlichkeit der Erfahrungshorizonte auf der Spur ist, wobei und wodurch er jedoch in den Augen Finks das Problem der Ursprünglichkeit übersieht bzw. überspringt und dann mit seinen Abbaustrategien aufgrund der Reduktion auf die selbstgegebenen transzendentalen Strukturen der Subjektivität nie mehr einholen kann. Wenn die ursprüngliche Weltvorgegebenheit mit dem Einzelding so, wie es in der intentionalen Apperzeption durch die Objektivierung hindurch gegeben ist, gar nichts zu tun hat, dann dürfen die aus diesem Gegebenheitsmodus abgeleiteten

[4] Fink und Patočka 1999, 33. Im Druck heißt es „nichtorganisierten Natur".

Charaktere (darunter die korrelativen noematisch-noetischen Wahrnehmungshorizonte wie der Raum oder die Zeit) nicht der Welt selbst zugeschrieben werden. Andererseits aber – und da scheint uns Patočka (sowohl hier als auch in seinem Spätwerk) Husserl zu verteidigen – ist die Vorgegebenheit der als „in Perspektiven sich gleichbleibenden“ Dinge der Welt selbst nicht fremd, Patočka bezeichnet sie ja im Gegenteil sogar als „ursprünglich“. Diese Ursprünglichkeit scheint der natürlichen Welt selbst zuzugehören, trotz ihres „echten Enthalts“, mit dem Fink offenbar die Welt vom dinghaft Gegebenen fernhalten will. Mit anderen Worten: Es gibt nach Patočka im dinghaft Gegebenen eine horizonthafte Struktur, die durchaus ursprünglich ist und die die eigentliche Situation der Welt, in der wir leben, mitprägt. Das heißt allerdings nicht, dass sich diese natürliche Lebenswelt allein aus jenen Wahrnehmungshorizonten ableiten ließe, die von Dingapperzeptionen aus durch apperzeptive Übertragung vorentworfen sind.

Natürlich ist der Weg von dieser Reflexion Patočkas im Brief an Fink vom 13. September 1933 bis hin zu den Aufsätzen Anfang der 1970er Jahre, in denen sich Patočka dann ausdrücklich mit der Kosmologie Finks auseinandersetzt, überaus lang und komplex.

Zunächst gilt es, von seinen publizierten Bezugnahmen auf die Kosmologie Finks auszugehen, wofür es eigentlich nur eine unmittelbare Textquelle gibt, nämlich den Aufsatz „Weltganzes und Menschenwelt“ aus dem Jahre 1972, in dem sich Patočka gezielt mit dem „kosmologischen Ansatz Finks“ beschäftigt. Darauf werden wir im ersten Abschnitt dieses Kapitels kurz eingehen. Im zweiten soll dann eine Darstellung von Patočkas eigenem Projekt einer „asubjektiven Phänomenologie“ folgen, wie sie in den publizierten Texten sowie in Manuskripten dargelegt wird.

Die Menge der handschriftlichen Entwürfe zu diesem Projekt zeugt von seinem systematischen Gewicht für Patočka. Im Ausgang von den Grenzen dieses Vorhabens, das ausschließlich auf die Form bzw. Struktur fokussiert, wollen wir dann in einem selbstständigen fünften Kapitel das andere berühmte Projekt Patočkas vorstellen: seine Phänomenologie und Metaphysik der Bewegung. Um sie besser zu verstehen, weisen wir kurz auf ihren lebensphilosophischen Hintergrund hin, um noch einmal, von einer anderen, genetisch-phänomenologischen und entsprechend metaphysischen Perspektive aus, die Nähe und Distanz von Patočka zu Husserl und Fink auszuloten.

### *1. Weltganzes und Menschenwelt durchdringen einander im Erscheinen als solchem*

Das Projekt einer „asubjektiven Phänomenologie“ hat Patočka in seinen vor allem auf Deutsch publizierten Aufsätzen in systematischen Zusammenhängen zum Ausdruck gebracht. Wir finden Ansätze zu diesem Vorhaben in den Aufsätzen „Der Subjektivismus der Husserlschen und die Möglichkeit einer ‚asubjektiven' Phänomenologie" (Patočka 1970) und „Der Subjektivismus der Husserlschen und die Forderung einer asubjektiven Phänomenologie" (Patočka 1971). Darauf folgen einige handschriftliche Ausarbeitungen, die sich im Nachlass erhalten haben (Patočka 2000). Eine kurze Zusammenfassung der Resultate dieser Ausarbeitungen bringt vor allem der Aufsatz „Epoché und Reduktion" (Patočka 1975). Dazwischen liegt die Publikation des Aufsatzes „Weltganzes und Menschenwelt. Bemerkungen zu einem zeitgenössischen kosmologischen Ansatz" (1972)[5], in dem sich Patočka ausdrücklich mit Eugen Fink auseinandersetzt und der daher jetzt für uns die wichtigste Quelle ist.

Patočka lässt sein Projekt mit einer Kritik der Reduktion der Welt auf das Korrelat der transzendentalen Subjektivität bei Husserl beginnen. Er stellt allerdings zugleich die „Ichunabhängigkeit der Welt" infrage und zeigt damit, dass er keineswegs auf jeden transzendentalphänomenologischen Ansatz zur Weltproblematik verzichtet. Er wendet sie allerdings auf Kants Gedanken der Vorgegebenheit des Raumganzen an, um davon ausgehend eine im Blick auf Finks kosmologische Ideen „etwas unterschiedliche Systematik" zu entwickeln. Die Vorgegebenheit des Ganzen ist notwendig, jedoch nicht an sich, sondern in Bezug auf die Zufälligkeit seiner Einschränkungen, der einzelnen Raumgestalten. So ist nicht nur die Vorgegebenheit des Ganzen notwendig, sondern auch die Urtatsache seiner Einschränkung: „Das Raumganze zeigt in den faktischen Einschränkungen Zufälligkeiten, denen gegenüber es selbst und die Einschränkung überhaupt notwendige Fugen bedeuten, die ineinander eindringen und sich gegenseitig stützen." (Patočka 1991, 258)

Der Akzent auf dieser Gegenseitigkeit wird die „asubjektive" Phänomenologie von der Kosmologie unterscheiden, wenn nicht in ihrer Gestalt bei Fink, so doch sicherlich in ihrer Gestalt bei Barbaras. Patočka skizziert hier sein Projekt sehr bündig in seiner „statischen" Perspektive, d. h. ausgehend vom „Abstraktum" eines „Momentanschnitts" des Raumganzen, wofür die kantische apriorische Anschauungsform das Muster bildet, die Vorgegebenheit als „eine sozusagen fertige und deshalb wirkliche Ganzheit". Die Strategie ist hier, deren „statische" Analyse – unter Absicht von der „genetischen" Zugangsweise zum Weltganzen – separat zu realisieren. Es genügt in dieser Zugangsweise, „falls man zum Ganzen keinen direkten erfahrungsmäßigen Zugang hat, von ihm als solchem zu wissen und das Recht einer subjektunabhängigen Bedeutung eines Teils zu besitzen". Denn wenn „man einen Teil der zufälligen Welterscheinung, der ‚Einschränkung' des Weltganzen, als subjektunabhängig zu

[5] Wir zitieren diesen Aufsatz im Folgenden nach Patočka 1991.

setzen berechtigt ist, dann gilt es auch für diese weltumfassende Einschränkung und so auch für das Eingeschränkte selbst." (Ebd. 259)

Die Konsequenz dieser von Fink abweichenden Strategie ist dann, wie Patočka hier gleich hinzufügt, dass man eigentlich *nicht* sagen sollte, „die Welt als solche, wenigstens als das aktuell-zufällige Ganze, sei der wahrnehmenden Erfahrung nicht zugänglich" (ebd.). Diese Welt ist wirklich, sie umfasst den als wirklich wahrgenommenen Teil, das Ding, und beides „stützt sich gegeneinander", wie wir bereits gelesen haben, und wir könnten hier auch ein Anknüpfen an Patočkas frühe Reflexionen zur Ursprünglichkeit der Welterfahrung aus dem Brief an Fink vom September 1933 erkennen. Dem Weltganzen wird dadurch sein Enthalt abgesprochen – denn auch, wenn es nicht direkt wahrgenommen werden kann, ist es trotzdem sinnlich präsent.

Am kosmologischen Projekt Finks scheint das, was Patočka hier mit Hinweis auf seine eigene „asubjektive" Phänomenologie der Wahrnehmung alternativ zum Aufweis der Wirklichkeit des Weltganzen beiträgt, nichts zu ändern. Denn Patočka knüpft in seinem Gedankengang auf folgende Weise an: „Steht nun die Wirklichkeit des zufälligen faktischen Weltganzen fest, dann eröffnet die Finksche Modalisierungsbetrachtung erst den Weg zu dem einen, unbeschränkt in allem waltenden, über zufällige Existenz und Erscheinung erhabenen Weltfug [...][,] dunkel im Grund seiner Fügung, bringt er alles und jedes ins Licht des Erscheinens." (Ebd. 260)

Wenn also diese kosmologische Sichtweise nicht abgelehnt wird, worin genau liegt dann die Differenz zwischen Patočka und Fink? Auch Patočka spricht in diesem Aufsatz ja von „einseitigen Fundierungen" der Weltteile durch den Weltgrund, auch er spricht von den „unzentrierten Erscheinungen", ja vom „ersten Erscheinen", in dem „das zweite ein merkwürdiges, pulsierendes Innenreich", d. h. das auf Zentren bezogene „Mir-Erscheinen" bildet. Das Weltganze braucht diese Zentren nicht, um zu erscheinen, auch das gesteht Patočka zu.

Nun geht es aber um den Zugang zu ihr, und genau da setzt die „asubjektive Phänomenologie der Wahrnehmung" an, auf die Patočka hier hinweist:[6] „Die Welt braucht sie [d. h. solche Zentren] nicht zu ihrer Wirklichkeit. Und doch besteht faktisch ein bis ins letzte durchgestalteter

---

6 Das Recht zur Behauptung der subjektunabhängigen Bedeutung eines Weltteils, von dem schon oben die Rede war, scheint Patočka „in einer ‚asubjektiven' Phänomenologie der Wahrnehmung erweisbar, welche [...] den Wahrnehmungssinn als auf verschlungenen, nicht unmittelbar einsichtigen Wegen in den Welterscheinungen selbst, den nichtsubjektiven, gegründet ansieht. Dies weiter auszuführen ist hier nicht der Ort [...]" (ebd. 259). Als er diesen Aufsatz verfasste, waren Patočkas diesbezügliche Publikationen offenbar noch nicht erschienen, die entsprechenden Texte jedoch bereits geschrieben. Wir werden auf sein Projekt im nächsten Abschnitt zu sprechen kommen.

Bezug des Mir-Erscheinens zur Welt und dem Weltgrund." (Ebd.) Wenn Patočka hier wiederholt auf einer Phänomenologie des Weltganzen insistiert, zeigt er doch eine Abweichung von Fink an, der ja mit seinem Weltdenken die Phänomenologie insgesamt hinter sich lassen wollte. Bei Patočka lesen wir dagegen,

> dass entgegen der gängigen Meinung eine Art Phänomenologie des Weltganzen möglich ist, welche nicht der kontingenten Weltgestalt und zufälligen Weltmannigfaltigkeit, sondern demjenigen zugewandt ist, was sie zur Welt, d. h. zum universalen, unüberholbaren, alle faktischen Wirklichkeiten und Möglichkeiten in sich enthaltenden einen Ganzen macht. Diese Phänomenologie geht der ermöglichenden Wurzel der Erscheinungen nach, indem sie die Weltfuge entdeckt, in welcher Weltteilganzheiten sich ineinanderfügen und das notwendige Wirkliche mit dem notwendig Zufälligen zur Einheit des Erscheinens wirken. (Ebd. 260f.)

Uns scheint an seiner Auffassung der geheimnisvollen Weltfuge, die in allem Erscheinen waltet, auch der Akzent auf deren Einheit wichtig. Wenn er in seinem eigenen Projekt darauf insistiert, dass die Phänomenologie „das Erscheinen selbst zur Erscheinung"[7] bringen soll und kann, muss sich Patočka mit der Phänomenologiekritik Finks auseinandersetzen, nach der „die Phänomenalität der Phänomene [...] nie selber eine phänomenale Gegebenheit", sondern immer und notwendig „ein Thema der spekulativen Bestimmung" ist.[8] Im letzten Satz von Patočkas Aufsatz lesen wir dagegen:

> Die Phänomenologie des Weltganzen, welcher dies [d. h. der Weg von der Menschenwelt ‚zum Weltganzen selber in seinem Grundgefüge'] vorschwebt, ist keine Metaphysik, welche hinter den Erscheinungen eine ‚wahre Welt' zu entdecken strebt, sondern der Versuch, die Erscheinungen selber auf die in ihnen selbst gegenwärtige eine Ganzheit durchsichtig zu machen. (Patočka 1991, 264)

Man kann sich die Nichtexistenz der Menschenwelt und des „Mir-Erscheinens" in ihr vorstellen. In diesem Aufsatz „Weltganzes und Menschenwelt", dessen Absicht uns also darin zu bestehen scheint, das Ineinander des Weltganzen und der Menschenwelt und entsprechend auch der beiden Erscheinungsbegriffe Finks („Anschein" und „Vorschein") aufzuweisen, erkennt Patočka auch die Möglichkeit an, das „Mir-Erscheinen" als eine Weltdimension, als eine Weltbestimmtheit im einseitigen Fundierungsverhältnis zum Sein der Welt zu denken. Es ist auch die Welt ohne die Zentren denkbar, denen gegenüber sie erscheinen würde. Und doch stößt in seinem phänomenologischen Ansatz die Trennung der

---

7 Patočka 1991, 421; wir zitieren auch diesen Aufsatz aus dem Band *Die Bewegung der menschlichen Existenz* (Patočka 1991).

8 Vgl. Fink 1976, 139–157, hier S. 148: „Das Erscheinen des Seienden ist nicht etwas, was selbst erscheint."

beiden Erscheinungsbegriffe bei Fink erneut auf die Urtatsache des Erscheinens als solchem. Wir zitieren aus dem Manuskript „Weltform der Erfahrung und Welterfahrung", das der Problematik unseres Aufsatzes „Weltganzes und Menschenwelt" nah ist, eine unmissverständliche Stellungnahme zur spekulativen kosmologischen Dualität der Erscheinungsmodi: „Die Welt soll ichunabhängig sein; ist das aber nicht dasjenige, was das Faktum, daß es Erscheinung gibt, doch erschüttert? [...] [D]a sie erscheint, ist die *Erscheinung als solche* nicht ichunabhängig." (Patočka 2000, 114) Anstatt zwei Modi des Erscheinens zu trennen, sie jeweils einer Instanz zuschreibend, spricht Patočka von der Einheit des Erscheinens, und zwar nicht nur an der gerade zitierten, sondern auch an anderen Stellen.[9] Die universale Struktur des Mir-Erscheinens trennt uns nicht vom Weltganzen, sie legt sich nicht dem Hervorgehen der Dinge in den Weg, sie ist für Patočka nichts Heterogenes, von diesem ersten Geschehen als zweiter, bloß subjektiver Abglanz trennbar. Woran Patočka denkt, offenbart die Überlegung, von der der ganze Aufsatz „Weltganzes und Menschenwelt" seinen Ausgang nahm, nämlich: „Das Raumganze zeigt in den faktischen Einschränkungen Zufälligkeiten, denen gegenüber es selbst und die Einschränkung überhaupt notwendige Fugen bedeuten, die ineinander eindringen und sich gegenseitig stützen." (Patočka 1991, 258) Im Fragment „Weltform der Erfahrung und Welterfahrung" schreibt er entsprechend: „So *ist* das Ganze nichts von der Erscheinung Verschiedenes, sondern die Erscheinung selbst." (Patočka 2000, 114) Damit scheint er – vom Faktum des Erscheinens ausgehend –[10] die kosmologische Differenz zwischen der Menschenwelt und dem Weltganzen, zwischen dem Vorschein und dem Anschein, zugunsten der Urtatsache des Erscheinens[11] zu relativieren.

Das Problem, dass der Rahmen der phänomenologischen Analyse überstiegen werden, dass die Phänomenologie radikalisiert, ja verlassen

---

9 In der Nachschrift des Vorlesungszyklus' *Platon und Europa* lesen wir z. B.: „Es gibt offensichtlich nur ein Erscheinen" (Patočka 1999, 178). Etwas ausführlicher: „Die eigentlichste Wende muss darin bestehen, dass sich gerade die Subjektivität selbst als etwas Erscheinendes, als ein Teil einer tieferen Struktur, als eine Möglichkeit zeigt, die in der erwähnten Struktur umrissen und angedeutet ist als eine ihrer Teilkomponenten. Das bedeutet keineswegs, dass ein Erscheinen möglich wäre, welches niemandem erscheint. Es ist aber nicht so, dass dieser jemand oder etwas, dem Erscheinen erscheint, der Urheber und Träger des Erscheinens wäre, sondern der Träger ist die Struktur; und dieser jemand oder etwas, dem das erscheint, was erscheint (das Seiende), ist ein Moment und Teil dieser fundamentalsten Struktur." (Ebd. 184) Vgl. dazu auch ebd. 266, 276f.

10 Vom Faktum des Erscheinens spricht er auch in der Vorlesung *Platon und Europa* (Patočka 1999, 176, 309).

11 Vgl. den Ausdruck „Ur-Tatsache des Erscheinens" bei Fink (in „Phänomenologie und Dialektik") 1976, 234: „Die Tatsache aller Tatsachen, die Ur-Tatsache ist, dass Erscheinen geschieht."

werden muss, wenn das Erscheinen als solches, und damit die Vorgegebenheit der natürlichen Welt thematisiert werden soll, wird bei Fink klar formuliert. Patočka scheint diese Einsicht insofern aufzunehmen, als er sein eigenes Konzept der transzendentalen Phänomenologie auf das Erscheinen in dessen „fertig-apriorischer Gestalt“ beschränkt. Daher würden wir hier von einer „statischen“ Perspektive der „asubjektiven“ Phänomenologie Patočkas sprechen. Das Erscheinen selbst als Geschehen und die Komponenten dieses Geschehens können sich auch Patočka zufolge nicht als Phänomen zeigen. So heißt es an einer Stelle: „Nie kann hier ein Zur-Erscheinung-Werden, deshalb auch nicht seine Bestandteile, erscheinen.“ (Ebd. 94) Das Beispiel von der Erscheinung des Raumes, das wir zur Illustrierung heranziehen könnten, deutet jedoch auch die Differenz Patočkas zu Fink an, der eindeutig die Möglichkeit bestreitet, das Erscheinen selbst zur Erscheinung bringen zu können.

Dazu kann noch einmal auf das Fragment „Weltform der Erfahrung und Welterfahrung“ hingewiesen werden, in dem sich Patočka mit Fink auseinandersetzt. Es heißt hier, der Raum sei das, was beides – die apriorische Form der Erfahrung und die Erfahrung der wirklichen Welt selbst – verbinde. Patočka fasst dabei den Raum „als das erscheinende Ganze, als das Ganze in seiner Erscheinung“. Dieses Ganze ist einerseits nie empirisch zu erfahren, denn es ist „kein Seiendes, sondern Sein“, das als ein solches „Nicht-Ding [...] auch als ein Nichts bezeichnet werden kann“. Hier ließe sich eine Brücke schlagen zu dem früheren Hinweis auf die Welt als „reinen Enthalt“. Das Ganze ist andererseits keine bloße Vorstellung, die als subjektive Leistung von der wirklichen Welt abgetrennt wäre, „sondern vielmehr eine ‚Form‘ jeder Vorstellung, die auf Äußeres geht, d. h. ein *Begreifen*, daß *es* ein ‚darüber hinaus‘ *gibt*“ (Patočka 2000, 111). Die Vorgegebenheit des Raum- und Weltganzen, so wie sie „faktisch“ als „ein bis ins letzte durchgestalteter Bezug des Mir-Erscheinens zur Welt und dem Weltgrund“ besteht, muss also keine schlechte Unendlichkeit sein, in der ein ursprüngliches Seinsverständnis verloren ginge, sofern sie die *sinnliche* Vorgegebenheit des Unendlichen zum phänomenalen Ausdruck bringt. Diesen Hinweis auf die Sinnlichkeit und Leiblichkeit des Erscheinens gilt es aber in einem anderen Zusammenhang zu verfolgen, in einem, den wir als genetische Perspektive von der statischen unterscheiden würden. Dieser Perspektive, die im nächsten Abschnitt genauer charakterisiert werden soll, werden wir uns jetzt widmen.

## *2. Der „asubjektive Transzendentalismus“ der Weltform*

Mit dem Ausdruck „asubjektiver Transzendentalismus“ charakterisiert Patočka in einem Brief vom August 1969 seine aktuelle Arbeit am Aufsatz „Der Subjektivismus der Husserlschen und die Möglichkeit einer ‚asubjektiven‘ Phänomenologie“, deren Grundgedanke hier zum ersten Mal ausführlich konzipiert wurde.[12] Im darauffolgenden Jahr publizierte er, ebenfalls auf Deutsch, unter dem Titel „Der Subjektivismus der Husserlschen und die Forderung einer asubjektiven Phänomenologie“ eine neue, kürzere Variante davon.[13] Damit wurde also ein Projekt angezeigt, mit dem Patočka, wie sein Nachlass aus dieser Zeit zeigt, intensiv beschäftigt war.[14] Das Projekt ist dann mit dem dritten auf Deutsch verfassten Aufsatz „Epoché und Reduktion“ zu einer fertigen Gestalt gelangt. Hier wird die leitende Idee des Vorhabens – die Auffassung der Welt als eines asubjektiven Apriori der Erfahrung – zu einer Klarheit gebracht, die wohl als Zusammenfassung einiger Resultate der erwähnten Forschungsmanuskripte gelesen werden kann.[15] Damit ist die Textbasis des Projektes umrissen, das sich somit auf die Jahre 1970 bis 1975 beziehen lässt.

Patočka hat Fink gegenüber auf seinen eigenen Ansatz einer „asubjektiven Phänomenologie der Wahrnehmung“ hingewiesen, wie wir es oben anhand seines Aufsatzes „Weltganzes und Menschenwelt“ gesehen haben, der bereits aus dem Standpunkt dieses Ansatzes verfasst wurde. Das Unterfangen ist seine originäre Stellungnahme zum Problem der natürlichen Welt, die Patočka (wie wir noch sehen werden) in Gestalt einer transzendentalen Lehre vom Erscheinen als solchem entwirft, was erneut die bereits eingangs angedeutete Nähe und Distanz zu Husserl und Fink zum Ausdruck bringt. Denn Patočka hat zwar mit Fink durchaus die Grenzen der husserlschen Weltauffassung eingesehen und in seinem Spätwerk die Welt gegen den Subjektivismus des husserlschen Ansatzes,

---

12 Der Aufsatz wurde ursprünglich für eine Festschrift zum Geburtstag seines Freundes Václav Richter verfasst; vgl. Patočka 2001, 198f. An diesem Aufsatz arbeitete Patočka noch im Jahre 1970, wie aus einem der darauffolgenden Briefe klar wird. So schreibt er am 10./11. Januar 1970: „Was mich jetzt am meisten beschäftigt, ist die Vorbereitung des großen Beitrags für Deine Festschrift, erst jetzt [...] kam ich auf die Ideen, die da sein sollten und dem ganzen Aufsatz erst den Boden unter die Füße und auch ein Skelett geben...“ (ebd. 202). Da die Festschrift letztlich nicht realisiert wurde, publizierte Patočka diesen ersten, programmatischen Aufsatz zur „asubjektiven“ Phänomenologie in den *Philosophischen Perspektiven*, einem Jahrbuch, das von Rudolf Berlinger und Eugen Fink herausgegeben wurde. Vgl. Patočka 1970.

13 Als Ersatz für die nicht realisierte Festschrift für seinen Freund, der im April 1970 verstorben war, wurden einige Beiträge im Publikationsorgan der Masaryk Universität Brno abgedruckt, wo Václav Richter als Professor der Kunstgeschichte tätig war. Vgl. Patočka 1971.

14 Die meisten diesbezüglichen Nachlasstexte sind in Patočka 2000 publiziert. Die vollständige Edition erfolgte dann im Rahmen der Gesamtausgabe der Werke Patočkas in Band VII/2, wo auch Nachlasstexte zu anderen Projekten Patočkas, nicht nur zur „asubjektiven“ Phänomenologie im engeren Sinne, versammelt sind. Die deutsche Edition *Vom Erscheinen als solchem* (Patočka 2000) beschränkt sich auf diesen Schwerpunkt aus dem Grund, weil diese Nachlasstexte von Patočka vorwiegend auf Deutsch verfasst wurden.

15 Vgl. Patočka 1975; wir zitieren den Aufsatz nach Patočka 1991.

der aus der Weltvorgegebenheit immer nur ein Korrelat der Weltapperzeption zu machen vermag, betont. Diese Kritik klingt schon unmissverständlich in den Titeln der programmatischen Aufsätze an und wird in den Manuskripten ausbuchstabiert. Andererseits ist die Welt auch für Patočka als Autor einer „asubjektiven“ Phänomenologie, trotz seiner eindeutigen Ablehnung des Gedankens der Konstitution, ein phänomenologisch ausweisbares Strukturganzes, das am und im Erscheinen des Binnenweltlichen selber miterscheint. Und zwar nicht als Abglanz oder deformiertes Spiegelbild eines anderen Modus der Manifestation, der dem irgendwie dahinterstehenden oder sich darunter verbergenden Kosmos selbst eigen wäre, sondern als vom Erscheinen den leiblichen Subjekten gegenüber nicht zu trennende Ganzheit. Denn schließlich gibt es nach Patočka nur *ein* Erscheinen, das, wie er deutlich sagt, nicht durch das menschliche Bewusstsein via Konstitution hervorgebracht wird, so dass das transzendental fungierende Leben dieses Bewusstseins – falls es überhaupt reflexiv phänomenologisch nachweisbar wäre, was Patočka in seinem Projekt eindeutig ablehnt – der ausschließliche Ursprung des Erscheinens wäre. Das ist das Erscheinen *als solches* gerade nicht, aber die Offenheit dieses Erscheinens, seinen Überschuss jeder menschlichen Apperzeption gegenüber deutet Patočka nicht so, als habe sie ihren Grund in einem Kosmos, der dem Geschehen der Horizonte unserer Welt entzogen wäre.[16] Das Risiko, dass mit der Annahme eines solchen Kosmos als Grund des Erscheinens (und sei er auch als Abgrund konzipiert) lediglich eine andere „metaphysische Klausur“ gesetzt würde, in die das Erscheinen eingesperrt bliebe, ist ihm zu hoch.[17] Die Motive dafür, einen der ordnenden Horizonthaftigkeit vorausgehenden Hinter- oder Untergrund, einen Weltgrund oder eine „Welt-Fuge“ gegenüber unserer sich offen ordnenden Menschenwelt zu unterscheiden, findet Patočka bei Fink. Aber er ist offensichtlich zunehmend nicht damit einverstanden, einen solchen Weltgrund als ein anderes Erscheinen zu hypostasieren, etwa als einen „Vorschein“ gegenüber dem „Anschein“, wie Fink selbst es formuliert. Patočka scheint eher auf die Offenheit des Erscheinens selbst zu fokussieren, wofür die Welt nur eine jeweils apriorische Form, nicht aber einen Grund im Sinne einer Quelle anbietet.

---

16 Patočka spricht diesbezüglich vom Geheimnis der Welt.; vgl. z. B. Patočka 1994, 273.

17 Fink hat mit seiner Idee des reinen Enthaltes der Welt genau wie Heidegger mit seiner Idee des Entzugs des Gebenden mit diesem Risiko gerungen, daher auch die Idee des Grundes als Ab-Grund. Inwiefern es ihnen jeweils gelungen ist, das Ereignis des Erscheinens in seiner Ungegründetheit zu fassen, wäre ein Thema für eigene Untersuchungen, zu denen ihre Werke einladen. Ich kann sie hier nicht weiter verfolgen.

Unser Vorgehen hier besteht wie im letzten Abschnitt darin, die Position Patočkas zunächst vor dem Hintergrund der von ihm publizierten Texte vorzustellen und anschließend Texte aus dem Nachlass heranzuziehen.

Patočkas Würdigung der Phänomenologie Edmund Husserls fängt mit den *Logischen Untersuchungen* an, beschränkt sich aber nicht auf die sogenannte vortranszendentale Phänomenologie. Den Durchbruch, durch den die Phänomenologie gestiftet wurde und sich immer wieder neu stiften kann, erkennt Patočka bereits in den *Logischen Untersuchungen* in der Entdeckung des Zwischenbereiches der Gegebenheitsweisen durch Husserl. In diesem wird der Dualismus gesprengt, der das Objektive, d. h. die Sachen, ihre Eigenschaften und Verhältnisse, und das Subjektive, das im Inneren des Bewusstseins statthat, voneinander trennt (vgl. dazu Held 1981, 186). Innerhalb dieses Bereiches gibt es mannigfache Weisen, wie eine Sache gegeben wird, wie sie erscheint. Die Modi, durch die sie sich als identische manifestiert, können nun wie bei Husserl in ihren statischen und dynamischen Verhältnissen, die sich von den objektiven Gesetzlichkeiten der Physik, Biologie, Psychologie usw. unterscheiden, für sich thematisiert und erforscht werden. Der besondere Zugang der Phänomenologie rechtfertigt sich durch eine gewisse Autonomie der Sphäre der Erscheinungsweisen der Sachen, eine Sphäre, die Patočka auch „Erscheinungsfeld“ nennt. Von dieser Autonomie des Erscheinungsfeldes aus führt nach Patočka bereits bei Husserl ein Weg zur Konzeption der Phänomenologie als Lehre vom Erscheinen als solchem. Das Erscheinungsfeld wird nämlich als Medium des Zugangs zu allem entdeckt, was es gibt. Das Studium der Art und Weise, *wie* sich alles gibt, erhält daher einen Primat vor der Thematisierung dessen, *was* es gibt, was man als Thematisierung bezeichnen könnte, die die Gesetzlichkeit des Erscheinungsfeldes bereits voraussetzt. Alles und jedes muss erscheinen, damit es zum Gegenstand dieser oder jeder Form der ausdrücklichen Thematisierung oder einfach Benutzung werden kann. Die Frage ist nun aber, inwieweit und wie sich das Erscheinen als solches verselbstständigen und vom Erscheinenden unabhängig machen kann. Bei Husserl wird zwar die Autonomie des Erscheinungsfeldes in Bezug auf die sich in ihm konstituierenden Gegenständlichkeiten entdeckt, insofern die Idee ihrer Konstitution durch ihre mannigfachen Erscheinungsweisen und die Korrelation zwischen beiden eingesehen wurde. Doch diese Autonomie des Erscheinens konnte sich bei ihm im Blick auf die Spontaneität der Bewusstseinsakte nicht halten.

Die Kritik der Motive, die Husserl dazu führen, jene Autonomie des Sich-von-sich-selbst-her-Zeigens durch die Autonomie des Bewusstseins zu ersetzen, womit er in den erwähnten Dualismus zurückfällt, der das Erscheinungsfeld in eine noetische und eine noematische Seite aufspaltet, bildet den Ausgangspunkt der Exposition der Möglichkeit einer „asubjektiven" Phänomenologie, die Patočka Anfang der 1970er Jahre in Angriff nimmt.

In der Kritik an der husserlschen Scheidung zwischen gegenständlichem Erscheinen und ungegenständlichem Erleben geht Patočka von der evidenten Tatsache der Gegebenheit des Selben, eines identischen Gegenstandes aus, um daraus zu schließen, dass die *cogitationes* in all ihren Komponenten als solche Erscheinungsweisen des Gegenständlichen sind. Beide Elemente des Erlebnisses, so wie sie bei Husserl unterschieden werden, nämlich Empfindung und Auffassung, sind demzufolge nach Patočka als gegenständliche Erscheinungsweisen zu verstehen, denn beide sind nur „gegenständlich und im direkten Zugehen auf die Dinge präsent". Der reelle Inhalt des Erlebnisses „rot" ist – so seine Argumentation – von der Auffassung „rote Schachtel" nicht zu trennen; das „rot" funktioniert einmal (normalerweise) als ein „Gegenstandsvermittler" in der Wahrnehmung, „der sich selbst zurückzieht", es kann aber auch selber thematisch werden und wird „dann [...] eben zu einem Gegenstand, der sich als selbständig vordrängt" (Patočka 1991, 227). Nach Patočka fundieren sich beide genannten Erscheinungsweisen des Gegenstandes wechselseitig – eine Sichtweise, nach der die Empfindungen von auffassenden Akten belebt würden, lehnt Patočka somit eindeutig ab. Soweit der erste Schritt, in dem Patočka vom Muster der gegenständlichen Gegebenheit ausgeht und ihrer Auflösung in die Immanenz der die „Daten" belebenden Akte eine Alternative zur Seite stellt, welche die Subjektivierung der Erscheinungssphäre, die weder ihre eigene Gegebenheit (Selbstgegebenheit der *cogitationes*) noch die Gegebenheit der Sachen wirklich erklären kann, vermeiden soll.

Die Erscheinungssphäre wird damit von Patočka aus der angeblich immanent zugänglichen Sphäre des Bewusstseins hinaus in einem zunächst ontologisch unbestimmten Zwischenfeld situiert, das sich selbst dadurch ausweist, dass es die Sachen so erscheinen lässt (transzendentale Bedingung der Möglichkeit), dass es dabei auch selber mit erscheint.[18] Nun geht Patočka einerseits so weit, dass er die „Gesetzlichkeit" bzw. die Struktur des Erscheinens als solchen, das an diesem Erscheinungsfeld studiert werden kann, vom Erscheinenden, von dem, was erscheint, unterscheidet, eben als die Bedingung der Möglichkeit dafür, dass Erscheinendes auftreten kann. Das Sichzeigen dieser Sphäre der Erscheinungsweisen bleibt andererseits aber für ihn natürlich daran gebunden, *dass* etwas erscheint. In dieser Gebundenheit verbirgt sich die Angewiesenheit auf das Seiende: „Es sind Dinge, die erscheinen", aber damit eben auch mehr: Das Ding kann von sich allein aus nicht erscheinen, daher muss das Wunder,

---

[18] Ein „Evidenzcharakter" eignet „der Erscheinungssphäre in ihrem Zeigen und Sichzeigen" (Patočka 1991, 277).

dass Dinge nicht nur sind, sondern auch erscheinen, noch von etwas anderem als nur von den Dingen selbst her angegangen werden.

Die erste Befreiung der phänomenalen Sphäre bei Husserl kann als Eröffnung einer phänomenologischen Differenz von Erscheinen und Erscheinendem gefasst werden. In der Formulierung Patočkas:

> Ich kann nicht auf das Erscheinende rekurrieren, um die Erscheinung in ihrem Erscheinen zu erklären, denn das Verständnis des Erscheinens ist bei jeder These über das erscheinend Seiende schon vorausgesetzt. Es ist also eine gesunde methodische Maxime, will man das Erscheinen als solches entdecken, in seinem Eigenwesen sichern und erforschen, alle Thesen über das Erscheinende in seinem Eigensein im breitesten Ausmaß auszuschalten, sie nicht zu benutzen, sie außer Kraft zu setzen ... Die Absicht geht also auf das Erscheinen als solches, auf die phänomenale Sphäre. (Patočka 1991, 278f.)

Soweit sei der Ansatz Husserls fruchtbar. Seine Grenze sei ihm jedoch von Anfang an eingeschrieben: „Die Absicht wird aber mit Termini umrissen, die aus der Sphäre des Subjektiven stammen: es wird von einer Reduktion auf reine Immanenz statt vom Herausstellen des Erscheinungsfeldes als solchem gesprochen." (Patočka 1970, 328) Die Aufgabe der *zweiten*, weitergehenden Befreiung, die Patočka der „asubjektiven" Phänomenologie stellt, erfordert daher eine radikalisierte bzw. „universalisierte" phänomenologische Epoché, die sich somit auf das Bewusstseinsfeld ausbreitet und auch die dieses betreffende Seinsgewissheit als Setzung des reflexiv als es selbst gegebenen Erlebens suspendiert. Diese radikalisierte Epoché bleibt jedoch mit der Reduktion auf die Immanenz im Sinne Husserls, die sie ablehnt, insofern verbunden, als sie sich gerade gegen diese auf einem Cartesianismus beruhende Prozedur richtet. Die Radikalisierung der Epoché bei Patočka und ihre Trennung von der Reduktion gewinnt ihren Sinn aus dem Gegenzug zur Reduktion Husserls. Das folgende Hauptargument scheint dabei auf eine bestimmte Deutung des husserlschen Prinzips aller Prinzipien hinzuweisen:

> Wie [...] das Erlebnis das anfängt, in sich selbst Ursprung des Erscheinens des Transzendenten zu sein, ist grundsätzlich unverständlich, auch nicht gegeben und kann nicht gegeben werden. Hier besteht die Gefahr, daß die Phänomenologie sich selbst, ihre Entdeckungen auf dem Gebiet der Erscheinung, der Gegebenheitsweisen, aufgibt und sich auf das Terrain der subjektiven Konstruktion begibt. (Patočka 1991, 301)

Patočka bezieht sich kritisch auf Husserls Prinzip aller Prinzipien in einem gleichzeitig mit den zitierten Aufsätzen verfassten Manuskript, das als Konzept zu einer Vorlesung an der Karls-Universität Prag von 1969/70 diente. Er zweifelt dabei nicht an der Anschauung als einem legitimen Zugang zu dem, was sich darbietet. Er bezweifelt lediglich die Bindung dieser Anschauung an eine Erfüllung. Selbstgegeben ist für ihn nicht nur das zur anschaulichen Erfüllung Gelangte, sondern auch das implizierte aktuell Unerfüllte, Leere.

> Es zeigt sich, dass das Prinzip aller Prinzipien: „Jede originär gebende Anschauung ist eine Rechtsquelle der Erkenntnis, dass alles, was sich uns in der ‚Intuition' originär (sozusagen in seiner leibhaften Wirklichkeit) darbietet, einfach hinzunehmen sei, als was es sich gibt, aber auch nur in den Schranken, in denen es sich da gibt" [Husserl 1976, 51] eine Unterscheidung erfordert, die Husserl selber nicht durchgehalten hat: eine Unterscheidung zwischen dem Darbieten und der Gegebenheit im Sinne der Intentionserfüllung, denn etwas kann leibhaft präsent sein und sich in diesem Sinne darbieten, ohne Objekt einer Intention zu sein, und zwar aus verschiedenen Gründen [...]." (Patočka 2000, 73)

Dass Patočka trotz seiner Husserlkritik dessen Prinzip aller Prinzipien (nach einer Revision)[19] dennoch treu bleiben will, die Gegebenheit im Sinne des sich nicht-intentional Darbietens also weiterhin als Rechtsquelle der legitimen phänomenologischen Erkenntnis annimmt – die demnach keine bloße Konstruktion oder Spekulation sein soll, wenn sie das Erscheinen selbst (und nicht bloß das Erscheinende) als gegeben phänomenologisch erfassen will –, bestätigt die folgende Passage des Aufsatzes „Zur Forderung der asubjektiven Phänomenologie", von der wir hier nur den Schluss anführen: „Das Erscheinen, d. h. das Durchschauen der Perspektiven auf das in ihnen sich darstellende eine Ding, ist gegeben; eine ‚datenbelebende Intention' ist nicht erfassbar, nicht aufweisbar, nicht gegeben." (Patočka 1991, 301)

Das hat aber zugleich gewisse Konsequenzen dafür, als was das Erscheinen selbst phänomenologisch im Sinne Patočkas erfassbar sein wird. Patočka gelangt von einer bestimmten Seite aus zum Erscheinen, nämlich ausgehend von dem Nachweis, dass das Selbsterfassen des Erlebens aus dem Grunde nicht möglich sei, weil das Erleben sich selbst nicht gegeben wird,[20] und dass also auch das Erscheinen selbst nicht als Leben des Bewusstseins zu erfassen und aufzufassen sei. Ganz im Gegenteil wird in dem zuletzt zitierten Aufsatz im Gegenzug zu Husserls Reduktion der Ursprung des Erscheinens in die Dinge selbst gelegt: „Das Ursprüngliche sind die Dinge und dingliche Charaktere, die aufgrund und mit anderen nichtdinglichen, aber genauso gegenständlichen, ‚mir gegenüber' befindli-

---

19 „Die Transzendentalphilosophie Husserl nach der Revision" ist der Titel von Patočkas Vorlesungsmanuskript, in dem er sich ausführlich mit der Revision des Prinzips aller Prinzipien beschäftigt hat. Vgl. Patočka 2000, 52–87, bes. 53 und 57–63. Hier, im Herbst 1969, wird die Idee eines asubjektiven Transzendentalismus zum ersten Mal ausdrücklich konzipiert; vgl. die erste Seite des Manuskripts (ebd. 52) sowie das Zitierte. Vgl. auch die Vorlesungsnachschrift der Zuhörer der Vorlesung Patočkas von 1969/70 in Patočka 1993.

20 Hier verweist Patočka auf Ernst Tugendhats Kritik an Husserl (Tugendhat 1967).

chen erscheinen. Dasjenige, aufgrund dessen die Sache erscheint, ist selbst sachlich und nicht subjektiv da [...]." (Ebd. 300)

An solchen Stellen scheint die den Autor leitende Hauptmotivation am klarsten hervorzutreten: Das Phänomen darf nicht in die Immanenz des Erlebens eingeschlossen werden, denn damit kommt man phänomenologisch nie zu einer Gegebenheit der Welt selbst als eines Ganzen, das sich als ein sich dem Bewusstsein darbietender Überschuss nicht auf ein Korrelat des intentionalen Bewusstseins reduzieren lässt.

Der Aufsatz „Epoché und Reduktion" fast dann diese Ideen zusammen. Indem die Epoché radikalisiert und universalisiert wird und nicht beim angeblich selbstgegebenen subjektiven „Seienden oder Vor-Seienden" Halt macht, wie die Reduktion bei Husserl, bleibt sie nicht beim Erscheinenden, sondern bringt „das Erscheinen selbst zur Erscheinung" (Patočka 1991, 420f.). Die „Welt als Urhorizont (und nicht als Realitätenall)" stellt sich der radikalisierten Epoché als „die Bedingung der Möglichkeit des Erscheinens des Selbst" dar, so wie sich für Husserl durch seine Epoché und Reduktion das Selbst als die Bedingung der Möglichkeit des Erscheinens des Weltlichen dargestellt hatte. In Patočkas Projekt „führt die Epoché mit einem Schlag zum universalen Apriori, welches sowohl für das Reale als auch für das Erlebende den Ort des Erscheinens eröffnet" (ebd. 421), zum Apriori, „welches in keiner Weise als seiend angesprochen werden kann", das jedoch „seine Funktion darin entfaltet, dass es ein Selbstverhältnis ermöglicht, eine Seinsstruktur, ohne welche kein Erscheinen möglich ist" (ebd. 422). Die Welt ist dieses Apriori, was die Frage nach ihrem „subjektiven" Charakter nach sich zieht, und die Welt ist Patočka zufolge in der Tat in einem gewissen Sinne subjektiv, aber als das, „wozu das Subjekt sich als zum Horizont seines Verständnisses verhält", und nicht als das, „was zum strukturellen Bestand des Subjekts gehört" (ebd. 423).

Wie nun auf dem Boden der so gefassten radikalisierten Epoché vorzugehen wäre, zeigt Patočka in diesem Aufsatz nicht, wohl aber tut er das in vielen Manuskripten aus dieser Zeit. Immerhin weist er in diesem Aufsatz auf die Richtung seiner Überlegungen hin: „Phänomenologie als Lehre vom Erscheinen als solchem (ein Problem, das [...] der Philosophie als ihr Eigentum nie streitig gemacht werden kann) [...] ist nicht anders möglich als dadurch, dass das Weltapriori, welches ursprünglich anonym fungiert, zum Phänomen gemacht wird." (Ebd. 422) In diesem Vorhaben, so wie wir es anhand der publizierten Aufsätze präsentiert haben, eine Art kosmologische Wende zu suchen, findet keine Stütze, und dasselbe gilt auch, wie wir jetzt kurz zeigen werden, für die Manuskripte aus dem Nachlass.

### *3. Texte aus dem Nachlass zur asubjektiven Phänomenologie des Weltganzen*

Wie verträgt sich in Patočkas Projekt die scharfe Kritik am Subjektivismus der transzendentalen Philosophie Husserls mit der Grundlegung des Erscheinens durch einen Welthorizont, das als Weltform dennoch apriori fungiert? Wie kann ein Apriori asubjektiv fungieren? Wie kann die Welt einerseits kein bloßes Noema sein – das letztlich als ein Korrelat des es konstituierenden Bewusstseins von diesem abhängig wäre – und zugleich ein diese ganze Korrelation umfassendes und ermöglichendes Ganzes? Konkret und mit Patočkas Worten gefragt:

> Was für einen Sinn hat aber überhaupt die Behauptung: die Welt, die Weltdinge, der Weltinhalt offenbart sich originär, ist selbst da? Was ich sehe, taste usw. sind nicht *meine* „Empfindungen", sind nichts *von mir*, kein Bestandteil *meines* Lebens, sondern es sind Dinge und die Dinge sind von dem, was da erscheint, nicht verschieden – nur sind es *offenbare*, *mir* verständliche Dinge, in sich selbst sind sie ohne Verständnis; und doch sind sie es *selbst*, kein Bild, kein Symbol, keine Andeutung; deren Verständnis fügt ihnen nichts bei und schafft sie nicht. Dinge können so sie selbst bleiben, selbst wenn sie in die Offenheitssphäre eingehen, wenn sie geoffenbart werden, sie bleiben sie selbst im Sein für ein anderes. (Patočka 2000, 147)

Versuchen wir, die einzelnen Elemente dieses phänomenologischen Ansatzes zu differenzieren: erstens das direkt anschauliche Erfassen des phänomenalen Feldes im Gefolge Husserls, zweitens die Tendenz Patočkas, durch dieses phänomenale Feld hindurch das aufscheinende Weltganze – mit Fink und doch zugleich in einem gewissen Gegenzug zu ihm, nämlich noch phänomenologisch – zu erblicken.

„Selbstgegeben und ursprünglich" gegeben sind die „Dinge in Perspektiven und Erscheinungscharakteren, in Nähe und Ferne, im Optimum der Fülle oder der schwindenden Fülle bis zum Verdecktsein und Verschwinden im Leerhorizont, der gar nicht so leer ist." (Ebd. 121) Der Begriff des Erscheinens als solchen, den Patočka an einem so strukturierten Erscheinungsfeld abheben will, ist daher immer an das Erscheinende gebunden. Es sind Dinge, die erscheinen, aber sie erscheinen dank einem Horizont bzw. einem offenen System der Horizonte. Von der Gegebenheit der Sache scheint sich ein bestimmtes, ins Unbestimmte des Leerhorizontes übergehendes Feld zu entfalten, das phänomenologisch erfassbar ist. Den Horizont der Gegebenheit, der sowohl die Gegebenheit der Sachen als auch die Präsenz desjenigen, dem diese gegeben sind, umfasst, nennt Patočka nach Husserl die Welt. Die Welt als Rahmen für ein Einzelnes scheint vorausgesetzt zu sein, sie ist vorgegeben – wie ein vorentworfener Raum als ein anschaulich vorgegebenes Ganzes bei Kant –

und daher ebenfalls gefasst als ein Apriori, in dem sich alles Erfahren der Sachen abspielt.

Ein Beispiel des anschaulichen Apriori der Gegebenheitsweisen, deren Zusammenhang die phänomenologische Welt, den Welthorizont ausmacht, bildet die Raumanschauung: „In Antizipationen der Raumanschauung wird etwas gegeben, was mit dem zweifellos Selbstgegebenen in Kontinuität steht." In was für einer Kontinuität? fragt sich Patočka: „Ist Identifizierung des Antizipierten mit dem Gegebenen (also die Erfahrung des Dinges als eines Identischen) Grund der einheitlichen Raumanschauung oder ist im Gegenteil die gegebene Identität des einen Raumes Grund dieser Identifizierbarkeit?" (Ebd. 130) Von dieser Fragestellung ausgehend, versucht Patočka zu zeigen, dass der Raum als ein Erscheinungscharakter aufzufassen ist, der nicht bloß antizipiert, leer gemeint ist, sondern *gegeben* wird als eine Form, die von den zufälligen tatsächlichen Erfüllungen bzw. von bloßen Leerantizipationen unabhängig ist. Ähnlich lassen sich nach Patočka „auch andere apriorische Betrachtungen über den Weltinhalt" anstellen, die zur feststellenden Schau anderer „formeller Gegebenheitsweisen" führen. Diese „formellen Gegebenheitsweisen" zeigen sich selbst bei einem entsprechenden Blickwechsel von der direkten Ausgerichtetheit auf Sachen zurück zu den Weisen ihres Gegebensein. Dabei richtet sich der Blick, der die „formellen Gegebenheitsweisen" erfassen soll, keineswegs nach innen, in die Immanenz des erlebenden Bewusstseins – er bleibt auf das Außen gerichtet, in dem und durch das sich Sachen zeigen.

Der „ursprüngliche Raum" selbst sowie andere Erscheinungscharaktere sind, bei aller strukturellen Independenz, also doch an das Erscheinende gebunden. Ohne das Erscheinende gibt es ja kein Erscheinen. Die Welt ist erstens das, was erscheint: Das wäre der „ontische" Weltbegriff, „das Universum des Seienden". Zweitens wird aber „Welt" auch dasjenige genannt, was das Seiende erscheinen lässt und was sich in dieser Funktion des „Manifestieren-Lassens", wie eben der Raum, selbst zeigt. Das, was bei Patočka Erscheinen als solches heißt, hängt bei ihm innigst mit der Erscheinung des Ganzen zusammen.

Die Erfassung dieses Ganzen erfordert jedoch eine spezifische Leistung aufseiten des Subjekts, nämlich die Epoché. Diese sei, so Patočka,

> unter einem besonderen Gesichtspunkt, der zwar nicht dem Phänomenologisieren, aber der phänomenologischen Philosophie eigen ist, eine Bestätigung der Weltthese, vielleicht die radikalste oder sogar die einzige, welche sie wirklich empfangen kann, weil die als seiend erscheinende Welt, obwohl für natürliche Erkenntnis ausgeschaltet, für Anschauung doch da ist. (Ebd. 140)

Auch die Erscheinungssphäre selbst wird dabei erst zum Phänomen gebracht. Es geht in dieser Phänomenologie also darum, zu zeigen, dass „jeder spezifische Weltbegriff, wie z. B. der einer Kosmologie im physikalischen Sinne", der physikalische Objekte zu identifizieren erlaubt, sowie entsprechend auch jeder andere „spezifische oder spezielle Weltbegriff [...] schon die vorgängige Struktur und Gesetzmäßigkeit des Erscheinens voraussetzt" (ebd. 129). Diese Struktur und Gesetzmäßigkeit will Patočka in seinem Projekt eben als phänomenologische Welt erfassen. Kein Wunder, dass er selbst dieses Konzept einen „formalen Transzendentalismus des Erscheinens als solchen" nennt, in dem das Transzendentale die Welt, so wie sie als Ganzes vorgegeben wird, und kein Subjekt oder Kosmos ist, insofern sie diese Vorgegebenheit voraussetzen (vgl. ebd. 163). Doch das, was sich in einer als „fertig-apriorischen" Form angeschauten Struktur kundgibt, sind nicht nur einzelne Sachen, sondern eben auch das Strukturganze selbst, in dessen Rahmen sie auftreten, ja es drängt sich sogar der Gedanke auf, dass sich dadurch auch das Weltganze zeigt, aus dem die Dinge sowie wir selbst hervorgegangen, in Erscheinung getreten sind.

Bereits für Husserl habe die Phänomenologie „mit dem Apriori in der Sphäre der absoluten Gegebenheiten zu tun, es ist der erste Begriff des Apriori, ein unmittelbar schaubares." Die eine Welt sei „ein apriorisches Datum, denn es kann weder auf Einzelerfahrung noch auf Operationen mit solcher zurückgeführt werden. Die Welt ist kein Allgemeines, sondern ein Ganzes und aus *diesem* Grunde apriori." Dieses Apriori soll genauso wie der Raum vorhin, der ebenso auf einmal als ein Ganzes eingesehen werden kann, nicht als das „Subjektive", sondern als „das auf das vorgängige Ganze Gehende" aufgefasst werden (ebd. 133f.). Die Vorgegebenheit der Welt als eines nicht-intentional erscheinenden, sich darbietenden Ganzen, das es von dem in ihm Erscheinenden nicht zu trennen, aber doch zu unterscheiden gilt, ist die letzte Einsicht auch in den Manuskripten Patočkas.

Das Erscheinen hat eine Struktur, die Patočka „Weltapriori" oder auch einfach „Welt" nennt. Welt in diesem Sinne wird allerdings vom Universum des Seienden, und die Gesetzlichkeiten des Erscheinens selbst werden von den realen, z. B. kausalen Gesetzlichkeiten des Erscheinenden unterschieden. Patočka bemüht sich zunächst darum, die bei Husserl entdeckte autonome Erscheinungssphäre von jener immer noch psychologisierenden Deutung zu befreien, die das Erscheinen auf die „Noesis" zurückzuführen und darin festzulegen sucht. Daran knüpft ein positiver Versuch Patočkas an, dem cartesianistischen Ansatz Husserls einen „formalen Transzendentalismus des Erscheinens als solchen" gegenüberzustellen. Man kann hier von einem phänomenologischen Weg zum Weltapriori sprechen, der in dem umfangreichen Manuskript aus dem Jahr 1973 sowie in dem bereits erwähnten, diesem Forschungsmanuskript am nächsten stehenden Aufsatz „Epoché und Reduktion" (der etwa im selben Jahre verfasst worden sein dürfte) am klarsten zum Ausdruck gebracht wird.

Zur Struktur des Erscheinens gehören für Patočka im Wesentlichen drei Momente: das All des Erscheinenden, das oder der, dem es sich zeigt, und das Wie des Erscheinens. Patočka versucht nun, die Selbstgegebenheit der Erscheinungsstruktur am Beispiel der Räumlichkeit der Erfahrung aufzuweisen. Er geht dabei von einem anderen Element aus, das zu den Erscheinungsweisen zählt, nämlich von der Polarität Erfüllung – Entleerung. Diese Polarität verweist ihrerseits auf die Möglichkeit der leeren Intentionen, die er als eine Konstruktion zurückweisen möchte. Patočka erinnert uns jedoch daran, dass im Falle der räumlichen Antizipation, die „als bloße Intention" auf das Leere hinweist, etwas darüber hinaus, in einem gewissen Überschuss jeder Intention gegenüber gegeben ist, was mit dem zweifellos Selbstgegebenen, dem Erfüllenden, in einer Kontinuität steht und damit ebenso als ein Element der Selbstgegebenheit auftritt. Auf diese Weise anschaulich wird nämlich das Ganze des Raumes als eine Form selbstgegeben, da es ja eigentlich nicht anders zugänglich ist. Es ist eine Gegebenheit, die für das Erscheinen der Dinge unerlässlich und zugleich von der zufälligen, empirischen Erfüllung oder Nichterfüllung unabhängig ist.

Die Antizipationen sind vielleicht nur dadurch möglich, dass sich das Ganze des Raumes nicht bloß in vereinzelten Anschauungen des Ausgedehnten expliziert, sondern dass hier ein Element der realen Gegebenheit, d. h. der Selbstgegebenheit besteht. Dies macht sich darin geltend, dass die Form der Fortsetzung immer dieselbe bleibt, dass diese Fortsetzung also ebenso gut ein Stehen im allumfassenden Einen ist (vgl. Patočka 2000, 130).

Auf diese Konstanz, auf dieses Invariable, die vom Erscheinenden unabhängig ist, will Patočka hinaus, wenn er von der Autonomie des Erscheinungsfeldes spricht. Sowohl der Raum als allumfassende Einheit als auch die anderen Erscheinungscharaktere sind kein „unmittelbar Gegebenes" wie die empirischen Realitäten. Das „wahre Unmittelbare", sagt er, „ist erst zu eruieren". Diese Art von Zugänglichkeit eignet auch dem Erscheinungsfeld selbst, welches die aufeinander verweisenden Erscheinungscharaktere ausmachen. Mit Husserl behauptet Patočka somit die anschauliche Selbstgegebenheit der transzendentalen Struktur: „Das wahre ‚Unmittelbare' ist das Erscheinungsfeld als solches, und es ist nicht unmittelbar im Sinne eines ersten Gegebenen, sondern in dem Sinne, dass es nur durch Schauen zu erreichen ist, und zwar nach Abbau des Scheinunmittelbaren. Darin hat Husserl also recht." (Ebd. 146)

Nun ist aber Patočka mit Husserl nicht einig in der Bestimmung des Erscheinungsfeldes als eines absoluten Seinsbodens der transzendentalsubjektiven Noesis, wie wir es schon angedeutet haben. Wenn es keine subjektive, noetische Seite des Erscheinens gibt, wie Patočka behauptet, wie kann er dann die Vielfalt der verschiedenen Vorzeichnungen, Einseitigkeiten, die als das „Subjektiv-Relative“ der adäquaten Erfassung der Dinge immer im Wege zu stehen scheinen, fassen? Seine Antwort lautet: Auch diese Einseitigkeiten sind Erscheinungsweisen. Es gehört zu den autonomen Gesetzlichkeiten des Erscheinens, dass sich dasselbe nur unter verschiedenen Aspekten in Kontrastierung zeigt. Und diese Gesetzlichkeit ist einer ursprünglichen Anschauung zugänglich, wie zum Beispiel die Form der Perspektivität, der Nähe und der Ferne, der Modi der Gegenwart usw. Die Erscheinungsweisen sind nämlich – durch einen Blickwechsel – dem Erscheinen der Dinge abgeschaut.

Patočka formt das phänomenologische Verfahren um, indem er sich in einem gewissen Sinne an die Methode der gegenständlichen Leitfäden hält. Nun lehnt er aber mit der Idee der Konstitution auch die rein noematische Analyse ab, denn auch sie weist schließlich auf ein Subjektives hin, welches sie „nicht als und im Feld, sondern sozusagen vor ihm und parallel zu ihm auffasst“ (ebd. 151). Es soll also die auf ein solches Subjektives hinweisende Rede von der intentionalen Struktur des Feldes vermieden werden. Ähnlich wie Merleau-Ponty spricht Patočka allenfalls von „Kraftlinien“ im Erscheinungsfeld selbst oder von „Innerfeldbeziehungen“ (ebd. 124).

Anders als im Bewusstsein soll sich damit die Identifikation an den Gegenständen selbst, im Erscheinungsfeld vollziehen. So formuliert Patočka beispielsweise im Fragment zur „Konstitution der gegenständlichen Einheit“: „Objekt als solches, als das, was entgegensteht, ist Bedeutung, die nicht erst durch die Synthese der Identifizierung entsteht, sondern die durch einen Kontrast, einen Unterschied, eine Unterscheidung gegeben ist, die ganz primär ist, Identifizierung setzt diese Objektivität voraus.“ (Patočka 2016a, 570; Übers. K. N.) Auch diese Stelle erinnert an Merleau-Ponty, dessen „diakritische Methode“ vor allem László Tengelyi weiterentwickelt hat.[21]

In dem hier vorrangig zitierten Manuskript möchten wir vor allem auf folgende Passage hinweisen, die den besonderen Standpunkt der formalen Transzendentalphilosophie des Erscheinens als solchen charakterisiert: „Was man also in der Erscheinungssphäre als solcher zu analysieren hat, ist keineswegs die ‚Konstitution‘ z. B. eines Dinges, sondern die Erscheinungskorrespondenz, die gegenseitigen Hinweise der Seiten des Erscheinenden nicht in subjektiv-werdender, sondern in fertig-apriorischer Gestalt.“ (Patočka 2000, 126f.)

Dies hängt vor allem mit dem statischen Ansatz dieses Transzendentalismus der Weltform der Erfahrung zusammen. Er hat darin seine Grenze, dass er nicht nur das „subjektive Werden“ der Erscheinungscharaktere im Sinne der intentionalen Akte des Bewusstseins und ihrer Inhalte wie

---

21 Vgl. zuletzt Tengelyi 2014, ein Werk, dem das nächste Kapitel gewidmet ist.

bei Husserl nur in fertig-apriorischer Gestalt der entsprechenden Wesen (Eide) erfassen kann, sondern auch das, was die Kosmologie als die Bewegung der Individuierung des Seienden als das Werk der Physis und des Werdens der Welt selbst denkt.

### *Schlussbemerkung zur Nähe und Distanz Patočkas zu Fink und Heidegger*

Jan Patočkas originaler Beitrag zur Philosophie phänomenologischer Prägung pflegt in zwei Konzepten gesehen zu werden. Erstens in der Auffassung der menschlichen Existenz als einer Einheit von drei Grundbewegungen.[22] Zweitens – und hier handelt es sich um ein Konzept, in dem die Bewegung unmittelbar keine Rolle spielt – ist Patočka Autor des Entwurfs einer „asubjektiven" Phänomenologie, in der eine nichtreduzierbare, unhintergehbare, phänomenologisch ausweisbare Struktur der Welt entdeckt wird, eine Weltform der Erfahrung, die jedoch auf keine Apperzeption, also auf keine konstitutive Leistung einer Subjektivität im Sinne Husserls, zurückzuführen ist.

Wir haben bei der Darstellung der „asubjektiven Phänomenologie" bislang das Verhältnis Patočkas zu Heidegger generell ausgelassen. Das wäre ein Thema für eine eigene Abhandlung. Am Rande dieser Problematik sei nur Folgendes erwähnt: Patočka scheint auf jeden Fall eher durch das Motiv der ontologischen als das der kosmologischen Differenz inspiriert worden zu sein, zumindest, wo es ihm um die Formulierung eines „asubjektiven Transzendentalismus" ging.[23] Doch auch hier bleibt der Abstand zu Heidegger, wie in anderen Gebieten seiner Philosophie, grundsätzlich bestehen. Das möchten wir hier zum Schluss noch kurz umreißen.

Die Idee, die phänomenologische Reduktion Husserls konsequent als „Transzensus jenseits des Bereichs alles Seienden" durchzuführen, dem auch das subjektive „Vor-sein" unterzogen wäre, hat Patočka bereits Ende der 1940er Jahren als das Verdienst Heideggers hervorgehoben.[24] Wenn

---

22 Vgl. dazu das fünfte Kapitel des vorliegenden Bandes.

23 Ebenso, und vielleicht noch deutlicher, erkennt man die Inspiration durch Heidegger etwa in der Geschichtsphilosophie, die bei Patočka, wie die Phänomenologie der natürlichen Welt im engeren Sinne, die uns hier ausschließlich interessiert hat, eine wichtige Stelle einnimmt. Vgl. mehr dazu bei Karfík 2008, Novotný 2012, Mensch 2016 u. a.

24 Zur Annahme der phänomenologischen Reduktion bei Heidegger vgl. die im Nachlass aufgefundene Abhandlung „Ewigkeit und Geschichtlichkeit" aus dem Jahre 1947 (Patočka 1996, 194f.). In einem Brief Patočkas an Robert Campbell vom 3. Mai 1947 lesen wir: „Die Idee der Angst [...] hat bei Heidegger die Funktion der phänomenologischen Reduktion." Bereits in einem vorausgegangenen Brief im April erwähnt Patočka einen Aufsatz von Jean Beaufret, den er Campbell noch einmal in einem Brief vom 25. Januar 1948 mit den Worten ans Herz legt:

wir also in den Texten Mitte der 1970er Jahre bei Patočka den Versuch finden, den Primat des Erscheinens explizit auch gegen den Primat des Seinsverständnisses bei Heidegger auszuspielen, muss dies im Lichte seiner Interpretation der Entwicklung Heideggers gelesen werden. Die phänomenologische Epoché findet er bei Heidegger gegen Ende der 1920er Jahre als eng mit dem transzendentalen Problem des Seinsverständnisses verbunden. Da aber Heidegger nach der „Wende […] das Thema ‚Erscheinung als solche' ausschließlich im Zusammenhang mit der Erneuerung der Seinsproblematik zu behandeln gestattete", das heißt seinen früheren phänomenologischen Ansatz verließ, will Patočka mit anderen Mitteln die Problematik Husserls erneuern, die ihm „eigentlich nicht einfach abgetan und überwunden zu sein scheint" (Patočka 1991, 267f.).

Mit diesem phänomenologischen Konzept, dessen Entwurf wir hier präsentiert haben, versuchte sich Patočka also an den Stellen, an denen er auf den Primat des Erscheinens insistieren wird, auch in Bezug auf Heidegger selbst zu profilieren. Nun muss man aber, wenn es um das Erscheinen als solches geht, grundsätzlich zwei Standpunkte auseinanderhalten: Erstens den Standpunkt des formalen Transzendentalismus des Erscheinens, zweitens den Gesichtspunkt, der die hermeneutische Bedingtheit des Erscheinens durch ein je bestimmtes Seinsverständnis ins Spiel bringt. So heißt es einerseits: „Heideggers ‚Seinsverständnis' ist aber auch solange eine Metapher, als nicht gezeigt wird, wie dieses Verständnis bewirkt, dass sich mir *die Sache* aufgrund des Seinsverständnisses zeigt." (Patočka 2000, 266) Von da her erklärt sich der phänomenologische Versuch Patočkas, „anders als bei Heidegger" vorzugehen (ebd. 263). Er fragt sich: „Ist das Sein ein Moment des Erscheinens oder umgekehrt? Wovon muss man ausgehen?" (ebd.), und versucht in manchen Texten, die erste Alternative zu erwägen.[25] Die letzte Seite des Manuskripts „Phänomeno-

---

Dieser Aufsatz „est d'une justesse absolue quant au point de vue récent de Heidegger […]. La lettre de Heidegger est aussi remarquable." Patočka kommt auf diese Quelle noch in den 1970er Jahren in einem Manuskript zurück, in dem es heißt, es sei „angemessen, eine Reduktion ebenso bei Heidegger wie bei Husserl anzuerkennen, wie es gegen Waelhens Beaufret aufstellte (J. Beaufret, *Heidegger et le problème de la vérité*, 766) […] [B]ei Heidegger werden im phänomenologischen Zugang zum Transzendentalen Seinsstrukturen (d. h. Strukturen [sowohl] des Seinsverständnisses als auch des Seienden selber) aufgedeckt, während bei Husserl das Transzendentale Strukturen des konstituierenden transzendentalen, absoluten Bewusstseins bedeutet." (Patočka 2000, 237)

25 So behauptet er in der Vorlesung *Platon und Europa* aus dem Jahre 1973 das Primat des „Problems des Erscheinens als die Basis, auf der sich erst das Seinsproblem orientieren muss". Das Studium des Erscheinens gehöre zwar untrennbar zum Problem des Seins, da sich im Erscheinen eben etwas Tieferes als die erscheinenden Dinge manifestiere: unser Seinsverständnis. Dennoch insistiert Patočka auf „einer gewissen eigenen Autonomie" des Studiums des Erscheinens gegenüber dem Seinsdenken. Das Studium der Gegebenheitscharaktere sei „doch

logie als Lehre vom Erscheinen als solchem" fasst diesen Gesichtspunkt prägnant zusammen:

> Wir glauben, das Erscheinungsproblem als primär[es] ist die natürliche Konsequenz einer Umformung der Husserlschen Lehre zu einem formalen Transzendentalismus des Erscheinens als solchen. Falls die Epoché nichts anderes bedeutet als den Rückgang von der angeblich vorgegebenen Welt, der Weltkonstruktion und natürlichen Erkenntnis zur Erscheinungsebene, d. h. [zu] den Erscheinungscharakteren, welche nichts sind als Seinsverständnischaraktere des begegnenden Weltseins, welche selber nicht mehr vom sich zeigenden, erfahrenen Seienden abhängig sind, dann ist der Primat des Erscheinens über das Sein greifbar. (Patočka 2000, 162f.)

Dabei gab aber noch der wohl ein wenig früher verfasste Aufsatz „Der Subjektivismus der Husserlschen Phänomenologie und die Forderung der ‚asubjektiven' Phänomenologie" dem späten Heidegger in seinem Ausgang vom Seinsverständnis recht: „Nicht wir bzw. unser Dasein sind es, die uns im Weltentwurf zu bedeuten geben, zu welchen Seienden und wie wir uns zu ihm verhalten können, sondern das Seinsverständnis, das Phänomen als solches ist es, dem dies zu verdanken ist, und mehr ist weder zu erreichen möglich noch nötig." (Patočka 1991, 309) Die Gleichstellung von „Seinsverständnis" und „Phänomen als solchem" im Aufsatz über die „Forderung der asubjektiven Phänomenologie" von 1971 mag auf eine gewisse Ambiguität, in der sich Patočka möglicherweise befand, hinweisen.[26] Dass sich Erscheinen und Seinsverständnis im Menschen berühren, kann nicht ihren Unterschied verdecken. Hier stößt die Forderung einer asubjektiven Phänomenologie, alles vom Erscheinen aus anzugehen, auf ein Verstehen, das seinerseits das Erscheinen selbst bedingt. Andererseits jedoch geben sich die Seinscharaktere in den Erscheinungscharakteren.

Die Ambivalenz des Verhältnisses von Erscheinen und Seinsverständnis spiegelt sich auch im Doppelwesen der Welt wider. Die Welt ist die Wirklichkeit selbst, die in der Erscheinung gegeben, selbst da ist. Die Welt selbst erscheint durch ihr Erscheinungsfeld – sie *ist* und ist nicht transzendent.

---

etwas Primäres, was uns über das Sein im eigentlichen Sinne des Wortes und über seine Erscheinungsmöglichkeiten erst belehrt." (Patočka 1999, 161–177, 265–267, 291–309, hier S. 300).

26 Auch in seinem Aufsatz „Epoché und Reduktion" notiert Patočka, die Erscheinung impliziere einen „Seinsunterschied" (vgl. Patočka 1991, 423). Was Patočka offenbar bei dem späten Heidegger, der den residuellen Subjektivismus im Gedanken des Weltentwurfs in *Sein und Zeit* überwunden hat, findet, ist die Möglichkeit, für die Phänomenologie aus dem Gedanken der ontologischen Differenz transzendentalphilosophisch zu schöpfen, um das Erscheinen als solches und nicht das Walten des Seins oder des Kosmos in ihm zu fassen.

Die Welt muss – so Patočka in einem anderen Forschungsmanuskript der frühen 1970er Jahre, dem Fragment „A-subjektive Transzendentalphilosophie“ (Patočka 2000, 286f.) – sowohl die Wirklichkeit selbst als auch etwas Entworfenes, Transzendentales, „ein Imaginarium“ sein, soll sie unter anderem als letzter Horizont unseres Verstehens und Nichtverstehens fungieren. Die „Welt in ihrer Transzendenz, in ihrem Charakter ganzheitlicher Erscheinung“ heißt für Patočka die Welt „in ihrem Charakter des Ganzen von einem Gesichtspunkt“ aus. Sie ist „daseinsrelativ und unrelativ, unrelativ in Daseinsrelativität“. Sie ist hiermit keineswegs eine bloße Vorstellung, „sondern [...] Struktur von jenem *ist*, das unerlässlich dazu ist, dass Dinge sich kundgeben“. Die Welt ist kein „Bestandteil des Lebensprozesses“, keine Existenz, sondern die transzendentale Struktur des *ist* „selbst an sich“ (ebd. 287). Die Welt, und nicht die Subjektivität oder das Sein, ist das Transzendentale. Die Welt ist aber auch nur das Transzendentale, keine letzte All-Wirklichkeit, wie für die philosophische Kosmologie.

Auch in einem Brief an Fink vom Dezember 1974 bringt Patočka seine Position, die wir in diesem Kapitel verfolgt haben, unmissverständlich zum Ausdruck, wenn er schreibt:

> Ich versuche mich in den letzten Jahren in Heidegger tiefer einzuarbeiten. Dabei habe ich aber die *Phänomenologie* im Sinn, und versuche auch aus der Husserlschen dasjenige herauszuarbeiten, was für eine *asubjektive* Phänomenologie geeignet ist. Ich strebe danach, rein Phänomenologisches bei Husserl und Heidegger (Antwort auf die Frage, warum das Sich-Zeigende sich so zeigt, wie es sich zeigt) bei beiden Denkern auszuarbeiten in verschiedenen Hinsichten [...] und spreche von mir nur, damit Du siehst, ich sei der Phänomenologie und den Traditionen, welche sie fortführt, nicht untreu geworden.“ (Fink und Patočka 1999, 117)

# 4. Kapitel: Die Urtatsache der Welthabe

Auch in einem gegenwärtigen Projekt ist die Weltvorgegebenheit zum leitenden Thema eines transzendentalphänomenologischen Ansatzes geworden, der die Lebenswelttheorie Husserls im neuen Rahmen einer phänomenologischen Metaphysik wieder starkmacht.

László Tengelyi hat dieses Projekt in seinem letzten Buch *Welt und Unendlichkeit. Zum Problem phänomenologischer Metaphysik* vorgelegt, auf dessen Lektüre wir uns in diesem Kapitel beschränken werden. Auch Tengelyi stützt sich weitgehend auf das uns bereits begegnete Argument bei Husserl selbst, dass „jede unserer Erfahrungen die Erfahrung einer Dingwelt in sich, und zwar als eine gar nicht modalisierbare Komponente" einschließt. Doch macht er dabei auf den besonderen Status dieser Erfahrung, „die auf einer gewissen Notwendigkeit beruht" (Tengelyi 2014, 326), aufmerksam.

Das Argument der Nichtmodalisierbarkeit der Welt stellt so einen gemeinsamen phänomenologischen Ausgangspunkt für die unterschiedlichen Ansätze zur Weltproblematik, wie wir sie bei Husserl, Fink und Patočka betrachtet haben, dar. Nun muss nach Tengelyi der besondere Status der in der Unmodalisierbarkeit der Welterfahrung implizierten Notwendigkeit präzisiert werden. In Bezug auf das im vorigen Kapitel skizzierte Projekt Patočkas gilt es als erste Annäherung zu bemerken, dass Tengelyi im Unterschied zu Patočka von keiner „apriorischen Notwendigkeit", sondern von „einer faktischen" Notwendigkeit spricht. (Ebd.) Damit sind wir bei dem ersten Unterschied, der nicht nur den „formalen Transzendentalismus" des Welt-Apriori bei Patočka berührt, sondern auch das Weltdenken bei Fink, insofern Fink die Welt im starken Sinne seiner kosmologischen Differenz für „unbedingt notwendig" erklären würde. Tengelyi weist dabei auf eine Überlegung Finks in *Alles und Nichts* hin (Tengelyi 2014, 197), in der dieser von „einem ‚notwendigen Wesen' (*ens necessarium*) im Sinne eines unbedingten Seienden" der Welt (Fink 1959, 239) spricht.

Das Besondere der Position Tengelyis ist, dass sie sich statt auf ein „anschaulich gegebenes Apriori", wie Patočka es im Blick auf das Raumganze tat, auf sogenannte Urtatsachen der Erfahrung als eine Art phänomenal noch ausweisbare, jedoch weiter unableitbare phänomenologisch-metaphysische Basis stützen will. Dabei ist Tengelyis Position unmissverständlich mit einem „Transzendentalismus“ verbunden, der sich der Kosmologie Finks entgegengesetzt. Aufgrund ihrer Nähe zum methodologischen Transzendentalismus Husserls verbinden wir die beiden Projekte – den „asubjektiven Transzendentalismus“ Patočkas und den „metontologischen Transzendentalismus“ – in diesem Teil unseres Buches.[1]

Wir möchten uns hier also auf zwei Beispiele einer Erneuerung der husserlschen Phänomenologie beschränken, insofern sie sich als Transzendentalismus gegenüber der philosophischen Kosmologie profilieren. Bei László Tengelyi besteht die Besonderheit seiner transzendentalphilosophischen Argumentation unter anderem darin, dass er letztlich auf die Anerkennung nicht weiter reduzierbarer und in diesem Sinne notwendiger Fakta rekurriert, was aus unserer Sicht in einem gewissen Sinne erneut eine Art metaphysischen „Rand“ der universalen Korrelation von Erleben und Erlebtem andeutet. Bei Tengelyi würde dieser Status der an der Grenze der Phänomenalität angenommenen oder ausgewiesenen Faktizität einem Übergriff der Phänomenologie in die Metaphysik entsprechen, insofern der Ansatz bei der Notwendigkeit des Faktums eben eine These der vorgeschlagenen phänomenologischen *Metaphysik* bildet:

> Man kann [...] behaupten, dass transzendentale Argumente die eigentlichen Pfeiler phänomenologischer Experientialanalyse sind. Denn diese Analyse hat zu zeigen, dass die einzelnen Erfahrungskategorien notwendige Bedingungen der Möglichkeit für die Existenz der Welt sind. Ein transzendentales Argument, das zu diesem Zweck ausgearbeitet wird, ist ein regelrechter Beweis, der seine Verbindlichkeit hat. Nur dass dabei die Notwendigkeit des Beweises – ebenso wie die Existenz der Welt – letztlich von der zufälligen (kontingenten) Tatsache einstimmiger Erfahrung abhängig bleibt. Gleichwohl können die transzendentalen Argumente der phänomenologischen Metaphysik deutlich machen, dass die Erfahrungskategorien als Ausdrücke von Einstimmigkeitstendenzen der Erfahrung keineswegs aus bloß empirischen Verallgemeinerungen erwachsen, sondern von einer faktischen Notwendigkeit, der Notwendigkeit eines Faktums, durchdrungen sind. (Tengelyi 2014, 327)

Diesen Ansatz Tengelyis gilt es nun etwas näher zu betrachten. Auch die Einstimmigkeit der Erfahrung, ohne die keine Welt vorgegeben wäre, also auch die Korrelation selbst und ihre ur-tatsächlichen Bedingungen, haben keine unbedingte Notwendigkeit, sondern nur eine faktische. Somit hat diese Notwendigkeit des Faktums eine spezifische Gestalt, es ist nur bedingt oder, wie Inga Römer präzisiert, „hypothetisch“ notwendig: „Das

---

1 Wir lassen hier die Darstellung anderer Projekte beiseite, die es zweifellos verdienen würden, in einem systematisch umfangreicheren Rahmen als dem, den wir hier anbieten, eigens behandelt zu werden. Ich denke hier einerseits vor allem an Klaus Held, andererseits an Maurice Merleau-Ponty.

Hypothetische in der Notwendigkeit der Urtatsachen liegt darin, dass sie nur notwendig sind, wenn sie aktuell vollzogen werden; dieser Vollzug selbst ist jedoch keineswegs absolut notwendig." (Römer [i. V.], 190)

Aktuell vollzogen werden können die Urtatsachen, darunter die unmodalisierbare Generalthese der Welt, nämlich nur durch ein aktuelles Bewusstsein, und sie sind darin insofern „hypothetisch", als das Bewusstsein seinerseits keinen Status des unbedingt notwendigen, absoluten Seins mehr hat.[2]

Zu den vier Urtatsachen, mit denen das Buch Tengelyis beginnt, gehört so die Subjektivität des „jeweiligen Ich" eben als „Urfaktum", aber ebenso das „intentionale Ineinandersein" der Subjektivitäten und ihre intersubjektive „Geschichtsteleologie". Und dazu kommt das Hauptthema des Buches, die auf diese drei erwähnten Urfakta nicht zurückführbare Welthabe, insofern diese eine notwendige Bedingung jeder menschlichen Erfahrung ist, und zwar bereits bei Husserl, bei dem Tengelyi alle genannten Urtatsachen in ihrer gegenseitigen Unableitbarkeit auszuweisen sucht. Allerdings ist schon das Konzept der Erfahrung nicht das gleiche bei beiden Autoren: Während Erfahrung bei Husserl durch die intentionale Sinnstiftung vorgezeichnet bleibt, greift Tengelyi auf ein Konzept der spontanen Sinnbildung zurück, die von der Intentionalität des Bewusstseins noch zu unterscheiden ist. Tengelyi hat bereits in seinen früheren Werken dieses Motiv in seiner Entwicklung von Maurice Merleau-Ponty bis hin zu Marc Richir verfolgt und es nicht nur übernommen, sondern seinerseits (alteritätstheoretisch) geprägt und damit erweitert und modifiziert.

Das heißt also, dass Tengelyi nicht zu denselben Resultaten in Bezug auf die Phänomenologie und Metaphysik der Welt gelangt wie einerseits Husserl und andererseits seine kritischen Nachfolger Merleau-Ponty und Richir. Trotz des Abstands vom Idealismus Husserls gehört seine Position, wie sie in seinem Buch *Welt und Unendlichkeit* entworfen wird, noch auf die Seite der transzendentalphänomenologischen Philosophie der Welt, die sich, wie diejenige Patočkas, den kosmologischen Wenden gegenüber eigenständig profiliert.

---

2 Bei Fink dagegen scheint das Argument der Unmodalisierbarkeit noch über diese faktische Bedingung – nicht hypothetisch, sondern eben spekulativ – hinauszuzielen: „Das ‚Wegdenken' von bestimmten Seienden hat in unserem Zusammenhange die grundsätzliche Bedeutung, dass dadurch die jeweils dunkel und ungefähr verstandene ‚Zufälligkeit' der Dinge sich uns deutlicher akzentuiert. Wir wissen jedoch nicht nur um eine Zufälligkeit des Seienden, das als mannigfaltige Gegenstände der Erfahrung uns begegnet. Wir können nicht nur die faktische Wirklichkeit solcher Gegenstände ‚in Gedanken aufheben', sondern auch die faktische Wirklichkeit unseres Geistes, der solche fiktiven Aufhebungen vollzieht." (Fink 1959, 207)

Wir möchten dies an drei Bestimmungen der Welt andeuten, die Tengelyi im Ausgang von der Phänomenologie Husserls in sein eigenes Projekt einer phänomenologischen Metaphysik aufgenommen hat.

Erstens sei auf die Auffassung der Offenheit der Welt als ihres *Wesens* im Gegenzug zum Vorurteil der objektiven, d. h. an und für sich vollkommen bestimmten Welt des philosophischen Naturalismus hingewiesen. Das ist ein Motiv, das von Tengelyi in den gegenwärtigen Debatten situiert wird, aber eben auch, um den methodologischen Transzendentalismus gegen die Kosmologie starkzumachen. Damit knüpft er nicht nur an das negativ sich vom Objektivismus abhebende Vorgehen Merleau-Pontys an, der bereits in seiner *Phänomenologie der Wahrnehmung* zu einem eigenständigen phänomenologischen Weltdenken vorstieß, sondern vor allem an das sogenannte „diakritische" Denken in dessen spätem Werk. Tengelyi nimmt dabei allerdings auch explizit Abstand von Merleau-Pontys letztlich unscharfem Weltdenken, das – wie Tengelyi es formuliert – in Grauzonen verlaufe, und versucht stattdessen, mit den Mitteln der husserlschen Phänomenologie weiterzukommen.

Zweitens soll gezeigt werden, wie bei Tengelyi die Weltoffenheit zugleich in ein enges Verhältnis zum *Ereignis des Erscheinens* gesetzt wird. Und zwar in einem Kontext, in dem Tengelyi für seinen Ansatz der „Metaphysik zufälliger Faktizität" auch das Erscheinen als solches in die Urtatsachen der Erfahrung aufnimmt und dabei aus Grundintuitionen der neueren französischen Phänomenologie schöpft und diese wiederum auf Husserl anwendet. In diesem Kontext wird die Welthabe – wie die anderen oben genannten drei Urtatsachen der Erfahrung auch – auf das Ereignis des Erscheinens bezogen. Das Erscheinen des Erscheinenden ist eine Urtatsache, die Tengelyi nicht bei Husserl, sondern eben in der „neuen Phänomenologie in Frankreich" als ein zentrales Motiv entdeckt und seinem eigenen Projekt hinzufügt. So lehnt er sich eher an Levinas und Richir an als an Heidegger, mit dem man sonst wirkungsgeschichtlich den Begriff des „Ereignisses" verbindet. Doch auch Heidegger, als Autor eines „metontologischen Entwurfs"[3], spielt im Projekt Tengelyis eine Rolle, und zwar in seiner Suche nach einem methodischen Transzendentalismus, der sich vom Subjektivismus Husserls befreit hat.

Die Schlüsselrolle spielt somit, wie Inga Römer schreibt, das Erscheinen als eine fünfte und schließlich wohl die wichtigste Urtatsache:

---

3 Zu „Husserls Idee einer Metaphysik der Urtatsachen [...] zeichnen sich in der phänomenologischen Tradition gewisse Weiterführungsmöglichkeiten der ursprünglichen Idee ab. Zunächst bietet Heidegger – im Wesentlichen unabhängig von Husserl – gleichsam eine Parallele zu dieser Idee, indem er am Ende der 1920er Jahre seine Fundamentalontologie durch eine ‚Metontologie' zu ergänzen sucht." (Tengelyi 2014, 16)

> Dieser Gedanke [...] scheint jedoch von großer Tragweite zu sein, denn es handelt sich darum, „Husserls Ansatz zu einer Metaphysik der Faktizität auch auf die *metaphysica generalis* auszudehnen". Es handelt sich offenbar um den Grundgedanken einer Ersetzung der Metaphysik des Seienden als Seienden überhaupt durch eine reduzierte Metaphysik des Erscheinenden in seinem Erscheinen. Das Erscheinen selbst als Urtatsache zu bezeichnen deutet auf eine Brückenfunktion dieser Urtatsache zwischen der Metaphysik der Urtatsachen und dem auf sie gestützten methodologischen und metontologischen Transzendentalismus hin, in dem es um die Strukturen des Erscheinenden in seinem Erscheinen geht. (Römer [i. V.], 190f.)

Der dritte Aspekt, auf den wir kurz eingehen wollen, ist die Wirklichkeit der Welt. Das ist bereits in der Husserl-Forschung ein großes Thema, und wir möchten nur auf eine mögliche Interpretationsrichtung hinweisen, die im Zusammenhang der Fragestellungen, die wir in diesem Buch verfolgen, von Interesse ist. Mit der phänomenologischen Metaphysik der Welt wird nämlich auch bei Tengelyi eine Alternative zu Eugen Fink entworfen, der ja sowohl die Offenheit als auch die Ereignishaftigkeit des Erscheinens in einem spekulativen Weltentwurf zu denken suchte – und zwar ebenfalls kritisch von der Phänomenologie aus. Allerdings geht Fink anders vor als auf der Grundlage der noch phänomenologisch ausweisbaren Urtatsachen, worunter die der Welterfahrung nur eine ist, so wie sie Tengelyi stets von Husserl aus und mit Husserl als Korrelat der Einstimmigkeit der Erfahrung etabliert. Dort, wo Fink einen Bruch mit Husserl fordert, um in einer spekulativen Kosmologie die Welt selbst davon unableitbar wirken zu lassen und aus ihr heraus zu deuten, wie die Dinge und ihr Horizont der Sinnzusammenhänge des Bewusstseins ihren Wirklichkeitsstatus erlangen, geht es Tengelyi tendenziell eher darum, den husserlschen Ansatz bei den Urtatsachen des Bewusstseins so zu *erweitern*, dass gezeigt werden kann, wie in der phänomenologischen Erfahrungsanalyse und -deutung auch die Andersheit der Dinge und der Welt – gegenüber der Objektivierung durch das Bewusstsein – erreicht wird. Es gibt aber auch Grenzen, auf die eine solche Tendenz auf Erweiterung bei Husserl stößt. Eine davon besteht darin, bereits das Erscheinen vom Ereignis aus zu fassen, was nicht nur eine Erweiterung der Sinnstiftung als Grundmuster des Erscheinens, sondern, wie bereits erwähnt, eine Wende zur spontanen Sinnbildung impliziert, die sich diesem intentionalen Grundmuster gerade entzieht. Und auf eine weitere Grenze des husserlschen Ansatzes, den Tengelyi „diakritisch" erweitern wollte, soll ebenfalls hingewiesen werden: auf die Urtatsache der Leiblichkeit der Erfahrung, auf die wir erst zum Schluss dieses Kapitels als auf eine sechste Urtatsache kurz eingehen. Sie hängt mit etwas zusammen, auf das wir im Schlusskapitel des ganzen Buches als auf eine Grenze der Phänomenologie insgesamt aufmerksam machen wollen.

### *1. Welt: in sich geschlossene Natur oder eine die Natur einschließende Offenheit?*

Tengelyi stellt seine Untersuchungen in den Rahmen einer agonalen Opposition[4] zwischen „einem naturalistischen Autarkismus" der Natur einerseits und einem „metontologischen Transzendentalismus" der Welt andererseits. Für den letzteren setzt er sich mit folgendem Argument ein, das er in zwei Punkten zusammenfasst: 1) „Den Einzeldingen der Welt" kann „nur ein offenes Wesen zugeschrieben werden [...][,] das immer wieder ‚neue Eigenschaften annehmen kann' [...]", und „ebendeshalb" kann 2) „die Natur [...] keine in sich geschlossene Totalität, kein gleichartiges (homogenes) und selbstgenügsames (autarkes) Ganzes bilden [...][,] sondern bleibt notwendig Teil einer Gesamtwelt [...], die durch *offene Unendlichkeit* gekennzeichnet ist" (Tengelyi 2014, 430f.).

Offene Unendlichkeit der Welt bedeutet näher für Tengelyi: Das „Unendliche der Welt ist ein diesseitiges Unendliches", es ist dabei eben „nicht etwa das Weltall als geschlossenes Ganzes gemeint", sondern „die Offenheit der Welt für das Unendliche". Und zwar so, dass der Welt selbst „eine für das Unendliche offene Totalität" zukommt. Zwischen dieser Totalität und dem Unendlichen gibt es daher keinen Gegensatz, sondern „eben nur ein[en] Unterschied" (ebd. 299). Keine kosmologische Differenz, auch keine metaphysische Differenz von „Totalität und Unendlichkeit" im Sinne Levinas', sondern eine „diakritische" Differenz.

Soweit die einführenden Charakteristika Tengelyis zu Beginn des dritten Teils seines Buches, wo die Grunddualität von Welt und ihrem Unendlichen zum Thema einer phänomenologischen Metaphysik wird, welche die bereits erwähnte „diakritische" Methode anwendet. Phänomenologisch sei diese Methode, die vom Strukturalismus Ferdinand de Saussures inspiriert ist, bei dem sich Bedeutungen aus einem gegenseitigen Abgrenzen der Momente einer Struktur ergeben, bei Merleau-Ponty dahingehend, dass dieser „gegenüber einem reinen Strukturdenken in der Dritte-Person-Perspektive Distanz wahrt und nach *meine*[r] Einschaltung in ein universelles diakritisches System fragt" (ebd. 301; Herv. K. N.).

Die Nähe zu Husserls Idee der „Dingstruktur im unendlichen Welthorizont", der sich Tengelyi anschließt, wenn er von den Einstimmigkeitstendenzen der Erfahrung ausgeht, wie sie sich in den Horizontstrukturen der Erfahrung sedimentieren, ist dadurch beibehalten, dass bei Husserl eben auch „ein differentielles System möglicher Erfahrungen" in

---

[4] „Der Welt als Natur im Sinne eines in sich geschlossenen und selbstgenügsamen Ganzen steht die Idee der Transzendenz im Sinne eines Überstiegs über die Einzeldinge zur Welt hin gegenüber. Das sind die beiden Weltentwürfe, die in ihrem Wettstreit oder Wettkampf (ἀγών) das neuzeitliche Denken bis heute bestimmen." (Ebd. 427)

Anspruch genommen wird. Tengelyi stellt sich die Aufgabe, diesen Ansatz alteritätstheoretisch so weiterzuführen, dass „das Dingreale mit dieser Dingstruktur richtig zu verbinden" ist. Was daher nach Tengelyi bei Husserl fehlgeht, ist keineswegs sein Rekurs auf das „aktuelle Bewusstsein", auf das „Verhältnis des jeweiligen Ichsubjekts zu diesem System" (ebd. 538), auf „sein ichliches Können" (ebd. 540). Zu berichtigen sei vielmehr eine „Gleichsetzung [der Welt als] des Gesamthorizonts der Erfahrung mit einem bloßen Korrelat des Bewusstseins": „Als Könnenshorizont erweist sich die Gesamtwirklichkeit in Husserls Augen als ‚eine Korrelat-idee zur Idee einer vollkommenen Erfahrungsevidenz' [...]" (ebd.).

Es ist also das klassische Problem, wie man sagen könnte, das auch bei Eugen Fink und Jan Patočka im Zentrum ihrer Phänomenologiekritik steht: die Auffassung, die Welt sei letzten Endes ein bloßes Korrelat des Bewusstseins und sonst nichts bzw. nichts darüber hinaus. Tengelyi nimmt dies als Herausforderung für folgende Aufgabe: Wie kann man *mit* Husserl dahin kommen, die Welt nicht in ein bloßes Korrelat des Bewusstseins zu verwandeln? Was dem im Wege steht, wurde bereits erwähnt: Es muss auf seine Idee der Wirklichkeit des Dinges verzichtet werden, „der zufolge das Ding in der Welt an sich vollständig bestimmt ist": „Die diakritische Aufgabe, die Idee eines unendlichen Systems möglicher Erfahrungen von der Seinstotalität des Dinges und der Gesamtwirklichkeit der Welt zu unterscheiden, mutet uns tatsächlich einen Bruch mit dieser [Idee] zu" (ebd. 543).

Mit einem auf einem solchen Bruch gründenden Entwurf der diakritischen Differenz von Welt und Unendlichkeit wäre bereits viel gewonnen. Wir müssten uns dann nämlich weder zu einem deterministisch-naturalistisch noch einem spekulativ-kosmologisch gefassten Weltganzen als *ens necessarium* bekennen, zu dem seiner Meinung nach Fink gelangt ist. Allerdings stößt ein solcher Bruch zugleich auf Widerstände, und dies nicht nur vonseiten des naturwissenschaftlichen Naturalismus, dem Tengelyi sein Projekt entgegenhält. Gerade wenn wir uns in der Philosophie auf Tatsachen berufen wollen – und seien es Urtatsachen –, ist es keineswegs einfach, die natürliche, realistische oder naturalistische Überzeugung von an sich bestimmtem Sein oder einer Wirklichkeit der Welt und der Dinge in ihr zu verlassen.

Aber eben in Abwendung von einer solchen natürlichen Einstellung, vom Vorurteil der objektiv bestimmten Welt, in der Schwebe einer radikalen Epoché entstehen die echten philosophischen Fragen, worauf Husserl mit seiner transzendentalen Wende, Fink in den 1930er Jahren, Jan Patočka in den 1970er Jahren und Marc Richir heute mit seiner hyperbolischen Epoché nachdrücklich, wenn nicht gar pathetisch – sich auf das pathische Moment des Weltentzugs beziehend – insistieren. Im Vergleich zu ihnen bleibt Tengelyi, mehr noch als Merleau-Ponty, der ja die Vollendbarkeit der Epoché und nicht nur die der transzendentalen Reduktion infrage stellt, eher nüchtern und zurückhaltend und bezieht sich stets auf lebensweltliche Erfahrungen, wie auch Husserl sie zur Grundlage der Weltfrage immer zum Leitfaden genommen hat. So lehnt er sich bei Husserl als dem „echten Positivisten", wie man fast unterstellen möchte, an „eine phänomenologische Besinnung auf die Erfahrungsgegebenheit der Welt [an], die jeden Versuch, Urtatsachen auf erste Ursachen zurückzuführen, von vornherein in den Bereich metaphysischer Abenteuer und spekulativer Überschwänglichkeiten verweist" (ebd. 324). Zu diesem Husserl bekennt sich Tengelyi, und das soll zweifellos auch seine Distanz zu kosmologischen, aber auch seinsgeschichtlichen Wenden von Husserl weg zum Ausdruck bringen. „Der phänomenologische Charakter der Analyse ergibt sich hier [bei Husserl]", so Tengelyi, daraus, „dass die Erkenntniskontingenz der Welt mit der Beschreibung des Erfahrungsprozesses von vornherein in Verbindung gebracht wird" (ebd.). Diese Verbindung soll aufrechterhalten werden. Sie weist aber zugleich auf ein Motiv hin, in dem sich die Prozessualität in ihrer unmodalisierbaren Kontinuität und die brüchige Kontingenz der Welterfahrung begegnen, auf ein Motiv also diesseits der diakritischen, korrelativen Erfahrungsabläufe.

### 2. *Das Erscheinen selbst als Ereignis*

Die phänomenologische Herangehensweise an das Problem der Welthabe, die „ständig auf den Erfahrungsprozess zurückzubeziehen" ist, besteht bei Tengelyi darin, das „offene Wesen" der Dinge und der Welt aus diesem Rückbezug auf die Erfahrung – und nicht aus ihren angeblichen metaphysischen Ursachen oder Urgründen konstruierend – einzusehen und aufzuklären, ganz so, wie es auch Husserl immer wieder tut, wenn er die Weltvorgegebenheit aus den Einstimmigkeitstendenzen der Erfahrung und im Rückbezug auf sie aufzuklären bemüht ist. Doch worauf Tengelyi mit dem diesbezüglichen husserlschen Instrumentarium hinauswill, mündet in die Erfassung des Anderswerdens der Dinge und der Welt, ja in die bei Husserl letztlich immer abgeschobene Anerkennung ihrer Alterität als Erfahrungscharakter. Damit geht Tengelyi auch insofern über Husserl hinaus, als er darauf insistiert, dass ein solches Anderswerden auf das unendliche System ihrer möglichen einstimmigen Erfahrungen „störend einwirken, in ihm Spuren der Andersheit hinterlassen oder es sogar zu sprengen drohen" könne. Die Annahme des offenen Wesens der Dinge und der Welt rechnet so bei Tengelyi – anders als bei Husserl – „mit der Möglichkeit *unverfügbarer* Erfahrungen" (Tengelyi 2014, 546).[5]

---

5 Patočka notiert einmal, dass bei Landgrebe das Motiv „des Entgehens in der Sphäre des Zufälligen der Grund für das Bewusstsein der Natur als äußerer Natur" sei. (Patočka 2016a, 646) Das scheint mit dem Motiv der unverfügbaren Er-

Mit dieser Möglichkeit zu rechnen, schließt offensichtlich u. a. ein, dem Erscheinen selbst den Charakter der Unverfügbarkeit, des Ereignishaften zu verleihen. Wie hängt das mit der Welt und mit den Urtatsachen der Erfahrung zusammen? In dieser Frage verbinden sich die beiden anderen Aspekte, auf die wir abschließend kurz eingehen möchten, um Tengelyis Ansatz im Kontext der neuen Phänomenologie in Frankreich zu situieren, wo das Erscheinen als Ereignis nach Tengelyis Ansicht zum ersten Mal gefasst wurde.[6] Auch möchten wir wenigstens kurz andeuten, wodurch er sich von Fink abhebt, der ja ebenfalls von dem Urereignis des Erscheinens und der Weltaufgeschlossenheit des Menschen spricht, durch die dieser „dem Un-Endlichen aufgetan" (Fink 1992, 159) sei.

Ein Schritt über Husserl hinaus ist zweifellos notwendig. Tengelyi spricht in dieser Hinsicht allerdings nicht von einem Bruch mit Husserl, sondern von der *Erweiterung des Bereichs zufälliger Faktizität* als von einem Schluss, den Husserl selbst nicht mehr gezogen habe:

> Erst wenn deutlich verstanden wird, dass dem Erscheinen selbst der Charakter einer Urtatsache zukommt, die auf keine höheren Ursachen zurückgeführt werden kann, wird der eigentliche Sinn von Husserls Metaphysik zufälliger Faktizität voll greifbar. [...] Erst wenn das Erscheinen als Urtatsache betrachtet wird, wird es so fassbar, wie es sich *von selbst* einstellt. Dieses ‚von selbst' drückt dem Erscheinen das Gepräge eines *Ereignisses* auf, das dem Bewusstsein widerfährt und es dabei nicht selten überrascht. Dass dem Erscheinen der Charakter einer Urtatsache zukommt, schließt seine restlose Zurückführung auf eine Sinngebung durch das intentionale Bewusstsein von vornherein aus. Das Ereignis des Erscheinens bekundet sich in der *Erfahrung*. Mit diesem Wort ist hier mehr als ein bloßes Erlebnis gemeint. ‚Erlebnis' ist bei Husserl nur ein anderes Wort für das Bewusstsein; unter ‚Erfahrung' wird dagegen ein Vorgang verstanden, der sich der Verfügungs-

---

fahrungen zusammenzuhängen, die Tengelyi für seine These der Alteritätserfahrung in den Vordergrund stellt. Vgl. Landgrebe 1965.

6 Tengelyi weist konkret auf Levinas hin, und zwar auf dessen Aufsatz „La ruine de la représentation": „Was Levinas im Auge hat, ist das Erscheinen des Erscheinenden im Ganzen; was er dabei eigens hervorheben will, ist der unableitbare Gegebenheitscharakter der Phänomenalität als solcher. Deshalb behauptet er, dass die Phänomenologie zu einem Zusammenbruch der bloßen Vorstellung von der Welt (also zu einer *ruine de la représentation*) führt. Er deutet damit an, dass, bevor ich dazu komme, mir die Welt vorzustellen, in mir eine Vorstellung von ihr zu bilden, mir sich das Erscheinende in seinem Erscheinen bereits von selbst aufgedrängt hat. Zum ersten Mal wird damit das Erscheinen des Erscheinenden, die Phänomenalität in ihrem jeweiligen Ganzen, als ein Urfaktum begriffen, das alle Konstitution bedingt. Hier ist noch von der Welt die Rede, und es geht eindeutig um die Phänomenologie." (Tengelyi 2014, 279f.) Vgl. den erwähnten Aufsatz von Levinas aus dem Jahre 1959, wo die bei Tengelyi hier zitierte, etwas erstaunliche These formuliert wird: „Die Welt ist nicht allein konstituiert, sondern auch konstituierend." (Levinas 1988, 133)

gewalt des Bewusstseins – zumindest teilweise – entzieht. (Tengelyi 2014, 190f.)

Wir haben gesehen, dass die Lösung des Problems, wie die Erfahrungshorizonte mit dem Wirklichkeitscharakter des Erfahrenen zu verbinden sind, einerseits durch die Einsicht in die Offenheit dieser Horizonte vermittelt wird, andererseits durch die Einsicht in die Alterität, die im Erfahrenen und seiner Erfahrung ihre potenziell störenden Spuren hinterlässt. Nur in einer solchen Erfahrung kann sich das Erscheinen als Ereignis bekunden, was Husserl nicht mehr gesehen habe, auch da nicht, wo er die Weckungserlebnisse thematisiert,[7] durch die „erst überhaupt eine Intention entsteht" (ebd. 193). In diesem Zusammenhang, in dem die Frage nach der Wirklichkeit gestellt wird – so wie sie bei Husserl bereits „in ihrer faktischen Erkenntniskontingenz, nicht etwa aufgrund vorhergehender Möglichkeiten einsichtig wird" (ebd. 195) –, bezieht sich Tengelyi auf Fink.

## *3. Die Wirklichkeit der Welt*

### 3.1 Die Unmodalisierbarkeit der Welt und ihre Wirklichkeit

Man findet in Tengelyis Buch nur an einer Stelle eine Referenz auf Eugen Fink – immerhin unter anderem Autor des Buches *Welt und Endlichkeit* (Fink 1990) –, eine Stelle, an der Tengelyi zugleich andeutet, weshalb er in seinem Projekt nur marginal auf Finks Denken eingeht. Zunächst zitiert er zustimmend folgende Passage aus dem Buch *Alles und Nichts*, das Fink der Lektüre der Philosophie Kants gewidmet hat: „[…] Wirklichkeit ist primär eine Weltbestimmung, ist der Charakter des ‚Weltbodens', auf dem die Einzeldinge sich befinden – und kommt erst mittelbar und abgeleitet in gewisser Weise den Dingen zu." (Fink 1959, 220)

Tengelyi erläutert an dieser Stelle den husserlschen Ansatz, von dem auch Fink ausgeht, wonach

> jede Dingerfahrung vorgreifende Auffassungen in sich schließt, die über das in ihr leibhaftig Gegebene hinausgehen. In diesen vorgreifenden Auffassungen zeichnet sich ein Gesamthorizont ab, dem sich das Einzelding einfügt und der in der Phänomenologie ‚Welt' heißt. Die so verstandene Welt meldet sich in jeder Dingerfahrung gleichsam als unausdrücklich miterfahrener Überschuss an. Sie bekundet sich dabei als

---

7 So „beschreibt Husserl in seinen *Analysen zur passiven Synthesis* das Ereignis, in dem ein Gegenstand überhaupt erst eine auf ihn gerichtete Intention in uns weckt. Aber in der Analyse dieses Ereignisses folgt er dem Muster von Weckungsvorgängen, die intentionale Erlebnisse unter sich verbinden. Als paradigmatisch für alle Weckungsereignisse betrachtet er die Assoziation im Sinne der Weckung einer Erinnerung – oder auch einer Erwartung – durch eine Wahrnehmung, und er versucht, die ursprüngliche Weckung einer Intention in uns als ‚Urassoziation' zu begreifen." (Tengelyi 2014, 193)

> jeweils schon *vorgegeben*. Diese Vorgegebenheit der Welt, die […] von Husserl in den letzten Jahren seines […] Forscherlebens immer stärker betont wird [Hua VI, 112f. und 145f.], ermutigt Fink dazu, die Welt im Gegensatz zu den Einzeldingen als *das schlechthin Unmodalisierbare* zu bestimmen. [Fink 1959, 196] […] Jede Einzelerfahrung kann […] auf mehrfache Weisen *modalisiert* werden, aber die Welterfahrung als solche, die in jeder Einzelerfahrung mitgegeben ist, ist „nicht modalisierbar' (Hua XXXIX, 246). (Tengelyi 2014, 196)

Daraus zieht Tengelyi nun folgenden Schluss:

> Eigentlich drückt sich in der Unmodalisierbarkeit der Welt […] nur der notwendige Wirklichkeitsbezug aus, der ein Wesensmerkmal der Erfahrung ist. Jede Erfahrung ist eine *Begegnung und Berührung mit der Wirklichkeit*. […] Es handelt sich dabei jedoch um einen Wirklichkeitsbezug, der sich weniger auf die so oder auch so erfassten Dinge als vielmehr nur auf die Welt selbst richtet. (Ebd. 197)

Soweit die positive Bezugnahme auf Finks Überlegungen im Anschluss an den späten Husserl. Gleich aber kommt die erwähnte Distanznahme zum Ausdruck: „Allerdings geht Fink zu weit, wenn er die Welt deshalb als ein ‚notwendiges Wesen' (*ens necessarium*) im Sinne eines unbedingten Seienden kennzeichnet [vgl. Fink 1959, 239]. An diesem Punkt trennt er sich von Husserls phänomenologischer Methode, die darin besteht, die Kategorialanalyse ständig auf den Erfahrungsprozess zurückzubeziehen." (Ebd.) Das Letztere ist auch die Maxime, an die sich Tengelyi selbst, nicht nur in seinem letzten Buch, konsequent zu halten suchte.

Sie verspricht zugleich ein dynamisches Verhältnis von Philosophie und Welt: An die Stelle der spekulativen Denkweise Finks, in der die Philosophie in die Tiefe der Welt hereingeholt werden soll, tritt die Diakritik, eine diakritische Methode. Nach dieser kommt die Unendlichkeit *als* Unendlichkeit des Erscheinenden möglicherweise nicht erst durch die Subjektivität, für die es ein Erscheinen gibt, in die Welt. Sofern diese Unendlichkeit der Welt durch die *Offenheit* der Weltwirklichkeit selbst (von der ja die diakritische Methode ebenfalls spricht) ermöglicht ist, die sich durch jene Unverfügbarkeit kundgibt, die mit der Erfahrung von Welt verbunden ist und das aktuelle System der Unendlichkeit der möglichen Erfahrungen (also die Weltapperzeption) stört bzw. ihr gegenüber ein Element der Alterität einbringt, wird dieses zwar in die Erfahrung aufgenommen, als ihre Kontingenz erlebt, aber nie in ihr absorbiert oder aufgelöst. Die Offenheit der Welt schließt bei Tengelyi die Alterität, die als Kontingenz der Erfahrung erlebt wird, in sich, kann also noch von der Erfahrung aus phänomenologisch ausgewiesen werden. Eben dies scheint uns Tengelyis originärer Ansatz zu sein.

Trotzdem sei noch auf einen zweiten Punkt hingewiesen, der sich mit der Frage nach der Wirklichkeit der Welt verbindet. Dieser ist in die diakritische Beziehung zwischen Gesamtwirklichkeit und Offenheit der Welt nicht eingeschlossen, sondern hängt eher mit dem Verhältnis von Ding und Welt bei Husserl und auch in Tengelyis Auslegung der Idee im kantischen Sinne bei Husserl zusammen.

### 3. 2 Zur Urtatsache der Leiblichkeit, ohne die es den Dingen, aber auch der Dingwelt, an Wirklichkeit fehlt

Nicht nur durch den Weltbezug glauben wir an die Wirklichkeit, sondern auch durch das, was die Weltapperzeption als ein unendlich offenes System der möglichen Erfahrungen stört. Man kann noch eine Andeutung auf eine weitere Argumentationslinie bei Tengelyi verfolgen, welche die These von der Wirklichkeit der Welt sehr authentisch von *einer* Urtatsache aus phänomenologisch aufklärt. Denn die Wirklichkeit der Welt ist zwar ein Gesamtausdruck aller Einstimmigkeitstendenzen der Erfahrung, und die Strategie Tengelyis besteht ja gerade darin, „[...] die Wirklichkeit der Welt als Gesamtausdruck aller Einstimmigkeitstendenzen [zu] erfassen und die faktische Notwendigkeit, die diesen Einstimmigkeitstendenzen zukommt, aus der faktischen Notwendigkeit der Weltexistenz ab[zu]leiten" (ebd. 393). Aber der Glaube an die Weltexistenz ist bei Husserl zugleich mit der leibhaften Gegebenheit des Einzeldinges im faktischen Vollzug des sinnlichen Erscheinens verbunden, die wiederum nur dem leiblichen Subjekt zugeschrieben werden kann. Und so weist die Leibhaftigkeit der Dingwahrnehmung, von der sich der Glaube an die Wirklichkeit der Dingwelt nährt, auf die Urtatsache der Leiblichkeit hin. Zu dieser schreibt Tengelyi: „[So] gründet sich die faktische Notwendigkeit bei Husserl auf die Urtatsache des *Cogito*":

> Solange ich denke oder solange ich mir meiner selbst überhaupt bewusst bin, kommt meinem Sein eine Notwendigkeit zu, die in der Phänomenologie dann *zugleich auf meine Leiblichkeit und damit* auf die Existenz der Welt, auf das Dasein meiner Mitsubjekte, ja sogar auf das Geschehen der Geschichte ausgedehnt wird. Durch diese Erweiterung des Bereichs von Urtatsachen geht Husserl sicherlich weit über Descartes hinaus, aber er hält dabei doch am cartesianischen Ausgangspunkt des Cogito fest. (Ebd. 190; Herv. K. N.)

Damit wird auf „die faktische Notwendigkeit der Weltwirklichkeit" als auf eine „vollzugsbedingte, performative Notwendigkeit" rekurriert, der auf der einen Seite das Ereignis des Erscheinens zugrunde liegt, das in seinem Grunde jedoch ein „sinnliches Erscheinen" ist. Auf der anderen Seite liegt dieser Sinnlichkeit wiederum die Urtatsache der Leiblichkeit zugrunde, die sich weder vom Cogito, also vom Ereignis des Erscheinens selbst, noch vom Wesen der Welt ableiten lässt, egal wie naturalistisch oder spekulativ wir dieses Wesen der Welt auch fassen wollten.

> Der methodologische Transzendentalismus der Phänomenologie bringt den Ausgang vom *Cogito* mit sich, obwohl die Analyse der cartesischen Formel *videre videor* deutlich gezeigt hat, dass sich der Ausgang vom *Cogito* dabei als ein Rückgang auf den eigentlichen Anfang des Philosophierens, nämlich auf die Urtatsache sinnlichen Erscheinens, enthüllt. Dem Vollzug von Selbstbewusstsein und Selbstbesinnung kommt selbst dann eine grundlegende Rolle zu, wenn sich herausstellt, dass dieser Vollzug immer schon vom Widerfahrnis des Erscheinens getragen ist. (Ebd. 394)

Diesem Widerfahrnis als einem Kontakt mit der Wirklichkeit wohnt die Urtatsache der Leiblichkeit wesensnotwenig inne:

> Die Urtatsachen, die Husserl nunmehr im Auge hat, verweisen auf Faktizitätsstrukturen, die sich mit dem *Cogito* verbinden und ihm einen unverlierbaren Hinweis auf Welthabe, *Leiblichkeit,* Intersubjektivität und Geschichtlichkeit einprägen. In ihnen kommt das zum Ausdruck, was man mit Eugen Fink als eine „immanente Selbstüberschreitung der Egologie" bei Husserl bezeichnen könnte. (Ebd. 186; zweite Herv. K. N.)

Aus dem Gedanken Husserls, dass „nur eine wirkliche, faktisch gemachte Erfahrung […] ‚reale Motivationsmöglichkeiten' vor[zeichnet], aus denen ein unendliches Einstimmigkeitssystem erwachsen kann", lässt sich der Schluss ziehen, dass bei Husserl „das wirklich erfahrende Bewusstsein als ein *Urfaktum* herausgestellt [wird], das alle Realität bedingt" (ebd. 209). Dass damit Husserl letztlich auch „eine Realität ins Auge [fasst], die sich *im Bewusstsein selbst* als *bewusstseinsunabhängig* erweist", führt Tengelyi zu der folgenden Vermutung: „Alles hat den Anschein, als zeigte hier eine vertiefte Analyse des Urfaktums ‚Bewusstsein', wie das Bewusstsein über sich hinaus auf *Bewusstseinsunabhängiges* verweist. Man durfte dieses Ergebnis als eine gleichzeitige Überwindung von Idealismus und Realismus wie auch von Subjektivismus und Naturalismus verstehen." (Ebd. 212)[8]

Die Offenheit für die Welt wird ohne die Erfahrung der Einzeldinge in ihr bzw. ohne den aktuellen faktischen Vollzug der *sinnlichen* Erfahrung nicht realisiert. Diese Erfahrung, ohne die keine Welt wirklich ist, weist einerseits auf das Ereignis des Erscheinens, andererseits auf die Leiblichkeit oder Leib-Körperlichkeit, die in dieses Ereignis des Erscheinens selber nicht eingeht, aber seine faktische Bedingung bleibt. Dadurch, dass sich sowohl das Cogito als auch die Leiblichkeit dem Erscheinen

---

8 Tengelyi hebt dieses Motiv in seiner Diskussion mit dem Naturalismus und dem neuen Realismus hervor. Es geht um das husserlsche Argument der rückläufigen Konstitution, durch die das Bewusstsein auf eine Zeit vor dem Bewusstsein zurückzugelangen vermag. Wir danken Inga Römer für diesen Hinweis. Auch in unserem Kontext, wo es um den methodischen Ansatz des Transzendentalismus der Welt im Anschluss an Husserl geht, kann hieran die Distanz Tengelyis zur kosmologischen Weltthese bei Fink und Barbaras deutlich gemacht werden.

entziehen, entzieht sich möglicherweise auch ihr Verhältnis – trotz des *écart*, der Abweichung zwischen ihnen, die sie am engsten verbindet – der diakritischen Methode.

Die Leiblichkeit *als Urtatsache* wurde sowohl im Projekt Tengelyis als auch bei Husserl nicht für sich selbst entwickelt. Was Tengelyi jedoch im Anschluss an Husserl, nicht nur als Erweiterung seiner Einsichten in die Faktizität, sondern auch als ihre Transformation, anbietet, öffnet gerade durch den Akzent auf der Unableitbarkeit solcher Urtatsachen neue Perspektiven für eine solche Entwicklung.

# III. Teil:

# Die Fügung von Leib und Welt und ihre Ränder

# 5. Kapitel: Phänomenologie und Metaphysik der Lebensbewegung

*Einleitung*

Worum geht es in diesem Buch? Um die Phänomenologie, deren Sache selbst bereits bei ihrem Gründer, Edmund Husserl, die Welt ist, wie Klaus Held zu Recht betont. Das Rätsel der Weltvorgegebenheit, das schon Husserl beschäftigte, führte zu kosmologischen Wenden, von seiner Version der Phänomenologie weg, wie bei Eugen Fink, aber auch über sie hinaus zu neuen Varianten, wie bei vielen Autoren, die sich seitdem zur Phänomenologie bekannten und bekennen – bis heute. Das bedeutet aber keineswegs, dass sich um einer Rettung der Welt willen alle gleichermaßen zu einer kosmologischen Wende gezwungen sehen. Was spricht nun *in* der Phänomenologie gegen eine solche Kosmologie? Eine Antwort könnte lauten: die Einsicht, dass die Welt wohl nicht der letzte Rahmen des Sinngeschehens sein kann, da sie selbst noch ein Sinngebilde oder Sinngeschehen ist. Denn wie ein Horizont zieht doch auch die Welt selbst noch eine Grenze mit sich, auch wenn es eine ins Endlose sich erweiternde Grenze ist. Wir möchten in diesem Zusammenhang vor allem zwei Aspekte hervorheben, die, zumindest in der Phänomenologie, zweifellos mit der Leib-Körperlichkeit der Welterfahrung zusammenhängen.

Erstens: Aus diesen Horizonten der Weltvorgegebenheit kann nicht einfach ‚ausgestiegen' werden. Dies bezieht sich keineswegs nur auf die visuelle Erfahrung, wo die Welterfahrung mit dem Leib als Nullpunkt der Orientierung im sinnlichen Kontakt ansetzt und so einen Fortgang ins Endlose vorzeichnet. Einerseits ist also die Welterfahrung perspektivisch zentriert – so bei Husserl anhand der Grundpolarität von Heimat und Fremde, wobei diese als Pole der Welterfahrung allerdings nicht nur etwas mit den Sinnfeldern des Wahrnehmens, sondern auch mit Gefühlen und Werten zu tun haben. Andererseits aber, und das ist der zweite Aspekt, grenzt der Leib als Körper noch auf eine andere Weise an das Fremde und distanziert sich von ihm als dem Realen. Er grenzt an dieses Reale noch diesseits seiner Nullpunktfunktion im Sinngeschehen, und zwar nicht nur als an einen hypothetischen Anfang der Erfahrung, über den man nur spekulieren könnte, sondern das ganze Sinngeschehen lang und durch dieses Geschehen hindurch. Dieses Angrenzen oder Anstoßen zeichnet also in die kontinuierliche, „einstimmende“, horizonthafte Vorgegebenheit der Welt gewisse Lücken ein, durchbricht sie trotz ihrer Undurchstreichbarkeit und Unmodalisierbarkeit im Moment der radikalen Fremdheit oder lässt sie zumindest porös werden. Auch dieses Moment ist in der Leib-Körperlichkeit der Welterfahrung, die das Walten der Welt mitbestimmt, angesetzt. Das Ereignis des Aufgangs der Welt, das Ereignis des Erscheinens, ist somit durch das Moment der Leib-Körperlichkeit bedingt, die dabei selbst nicht erscheint und in dieses Ereignis wohl nicht ganz aufgenommen ist. Es gibt da einen Rand im leib-körperlichen Kontakt mit dem Realen, Widerständigen selbst – noch diesseits des Erscheinens –, und genau dies gilt es den kosmologischen Spekulationen gegenüber aufzuzeigen, die eine Urbewegung der Welt selbst hypostasieren, in der (wie im alten *apeiron* der *physis*) alles Einzelne auf- und untergeht. Die Phänomenologie versucht, die Physis von ihrem Ausdruck im Erscheinen her zu fassen, und was uns hier in diesem Buch interessiert – nachdem wir die kosmologische Wende als konstruktive Alternative zur Phänomenologie angedeutet haben –, ist eine andere Alternative, ist der Schritt, *von der Phänomenalität aus* an die Ränder des Phänomenalisierens zu gelangen, die es bedingen. Dieser Schritt gehört ausdrücklich noch zu den Grundmotiven der Phänomenologie – auch wenn er über ihre Grenzen hinausweist.

Wir haben zum Schluss der beiden Kapitel des zweiten Teils – sowohl an Patočkas „asubjektivem“ Transzendentalismus der Weltform als auch an Tengelyis Ansatz bei den transzendentalphilosophisch angesetzten Urtatsachen – gesehen, dass in ihnen die Rolle der Leib-Körperlichkeit zwar anerkannt, aber in diesem Rahmen nicht eigens entwickelt wird. Während dies bei Tengelyi in der Tat an der Sache selbst liegen mag, die er in seinem Werk verfolgt, wie die Themen und Schwerpunkte seiner Bücher zeigen, so gilt das sicher nicht für Patočka. Dieser fokussiert ganz im Gegenteil in seinen Arbeiten über die natürliche Welt zunehmend auf die Leib-Körperlichkeit, insofern er den Weltbegriff aus der Korrelation der Bewegungen des Lebens mit ihren Milieus konzipiert. Auf dieses Grundmotiv bei Patočka, mit dem er – bereits vor und parallel zu Maurice Merleau-Ponty – an die späte Phänomenologie der Lebenswelt bei Husserl anknüpft, wollen wir in diesem Kapitel etwas näher eingehen. Dieses Motiv, die Welt im Bezug auf die Leib-Körperlichkeit zu verankern, ist sicherlich eines der Grundmotive der Phänomenologie. Und auch wenn diese körperliche Verankerung des Bewusstseins zu einer legitimen Naturalisierung der Phänomenologie und entsprechenden Grenzüberschreitungen zwischen Philosophie und den Wissenschaften gute Anfangsgründe bietet – was heute ein riesiges Thema ist, das wir hier nicht eigens verfolgen können –, scheint sie uns doch auch einer der Gründe zu sein, die einer kosmologischen Wende, etwa in dem Sinne, von dem wir im zweiten Kapitel berichtet haben, sowohl bei Merleau-Ponty als auch bei Patočka im Wege stand. Denn diese Korrelation von leibkörperlichem Leben und Welt, die der husserlschen Korrelation von Erleben und Erlebtem noch zugrunde liegt, zeigt die Bedingtheit der Welt als des letzten Horizonts aller Erfahrung auf. Und von dieser Erfahrung geht ja auch jede Konstruktion der Übermacht des Kosmos aus. Die Übermacht des Spielraums des Erscheinens bei Fink und Barbaras besteht ja gerade in Bezug auf die Erfahrung darin, dass sich die Erfahrung immer schon in ihm bewegt. Wenn sie sich somit nicht auf Leistungen der Sinnbildung in der Erfahrung reduzieren lässt, heißt dies aber auch: Dieser Spielraum geht zwar der Erfahrung voraus, aber er geht zugleich ohne die Erfahrung verloren, läuft leer, verläuft ins Nichts. Ohne erfahren zu werden, bewirkt diese Übermacht nichts und verschwindet spurlos. Und dennoch hat der umgreifende Spielraum dank dieser Erfahrungsbedingtheit noch seine Ränder, die in ihm nicht erscheinen.

Vor dem Hintergrund dieser spekulativen Überlegungen kommen wir zurück auf die Interpretation der Philosophie Patočkas in diesem Kapitel. Auch wenn das Weltganze mit seinem – mit Fink gesprochen – die Zeit gebenden und den Ort lassenden Spielraum des Erscheinens auch bei Patočka als letzter Rahmen der Begegnung von Leben und diesem Außen denkbar ist, bleibt doch das Leben an den Grenzen der vorgegebenen Welt mit ihrer nicht erscheinenden Fremdheit konfrontiert, die sich diesem Rahmen des Weltganzen entzieht. Worauf in solchen Konfrontationen über diese Welt hinausgewiesen wird, sind jedoch unserer Meinung nach eher die Ränder des Weltganzen als die eines ordnenden Kosmos, den das Weltganze nur jeweils subjektiv-relativ widerspiegeln und der somit auch durch das Weltganze durchscheinen und es restlos in sich schließen würde. Denn mit der Konstruktion eines solchen ordnenden Kosmos würde nur in einer neuen, nun spekulativ gedachten Korrelation die Fremdheit des Außen aufgelöst.[1]

---

1 Man könnte hier eine Bemerkung aus einem Brief an Irena Krońska vom Oktober 1971 heranziehen, die den Abstand Patočkas zur Kosmologie Finks etwas schärfer zum Ausdruck bringt. Im Kontext heißt es: „Ainsi, je travaille intérieurement sur le ‚Continu de mythe', tout en poursuivant une discussion polémique, virtuelle puisqu'il ne répond pas, avec E. Fink qui soutient la thèse d'une fin de toute mythologie, comprenant par là celle qui est socialement sanctionnée et considérée universellement et tant que révélation divine. Mais son modèle Frédéric Nietzsche, que faisait-il pour se débarrasser des mythes transcendants? Il en fabriqua ‚immanent', et la théorie de Fink de jeu comme symbole cosmique, le cosmos étant un jeu sans joueur, qu'est-elle d'autre qu'un autre mythe immanent? Seulement, si le mythe de Nietzsche (d'un retour éternel) peut prétendre, comme les précédents, à réaliser la perfection de l'être, l'éternité, l'être-arrivé-à-sa-fin, le mythe de Fink n'est qu'une ‚oase du bonheur', île de l'oubli …". Zitiert

Auch Patočka versuchte jedenfalls von Anfang an, die Korrelation als Hauptthema der Phänomenologie Husserls tiefer als im Verhältnis der objektivierenden Erfahrung zu ihren Gegenständlichkeiten anzusetzen. Von der phänomenologischen Mitte ausgehend und der tieferen Korrelation auf der Spur, der ein „vorweltliches" Leben zugrunde liegt, konzipierte Patočka seine Weltbegriffe sowohl in seinen frühen Entwürfen zur revidierten transzendentalen Phänomenologie der natürlichen Welt als auch im Spätwerk. Ein wichtiges Zeugnis dafür finden wir in einem Brief an Ludwig Landgrebe, in dem Patočka seinem alten Freund schreibt:

> [Ich möchte zeigen,] wie der Begriff der Lebenswelt [...] aus dem Husserlschen Transzendentalismus herausgelöst werden könnte nach zwei Seiten hin, zum Begriff des Universums einerseits, zum ontologischen Weltbegriff andererseits, und zwar durch phänomenologische Mittel, freilich nach einiger Kritik der Husserlschen Prozeduren [...]. Ich möchte da weiter die Lebenswelt in die Mitte stellen zwischen Universum und ontologischen Weltbegriff und sie nicht zum reflexiv erfaßten Subjekt, sondern zu den Grundbewegungen des Menschenlebens in Beziehung setzen, woran dann erst die „Objektivierung" der Lebensweltbezüge in Handlung und Erkennen anknüpfen würde [...]. Ich glaube, daß die Bestimmung des Verhältnisses der Lebenswelt als ontischen Begriffs zum ontologischen Weltbegriff nie genau unternommen wurde [...].

Dieser Passage aus dem bislang unveröffentlichten Brief vom 4. April 1974 lässt sich unschwer ein Hinweis auf zwei Vorhaben entnehmen. Zum einen der auf das Projekt, mit *phänomenologischen* Mitteln den Lebensweltbegriff Husserls aus *seinem* Transzendentalismus herauszulösen, wobei drei Weltbegriffe in ihren wechselseitigen Verhältnissen zu unterscheiden sind – davon war bereits oben im dritten Kapitel die Rede, wo es um Patočkas Entwurf eines „asubjektiven" Transzendentalismus der Welt ging. Zum anderen aber möchte Patočka seinen zentralen Begriff – den der „in die Mitte zu stellenden" Lebenswelt – zur Bewegung des menschlichen Lebens in Beziehung setzen, um von dieser Beziehung aus die anderen Weltbegriffe als Korrelate des Lebens aufzuklären. Darin liegt aber auch, dass die „asubjektive" Phänomenologie als Lehre vom Erscheinen als solchem keineswegs strukturalistisch oder sonst in irgendeiner Weise „subjektlos" verfasst sein sollte: Wenn die Bewegungen des Lebens das klassische, reflexiv erfasste Bewusstsein als den subjektiven Pol der Korrelation ersetzen, bedeutet dies keineswegs, dass die Subjektivität des Lebens in subjekt-neutrale Bewegungen aufgelöst werden kann – weder im Sinne einer Naturalisierung des Bewusstseins noch in dem einer kosmologischen Reduktion aller Bewegungen im Medium des Erscheinens auf die

---

aus der Transkription der Korrespondenz, die wir dank Prof. Wojciech Starzynski einsehen durften. Die Publikation des Briefwechsels ist in Vorbereitung.

Bewegung der Welt selbst als primärer Manifestation. Die Bewegungen der Existenz im Sinne Patočkas sind nicht nur voneinander unableitbar, indem sie unterschiedliche Tendenzen des Lebens zum Ausdruck bringen, sie können trotz ihrer jeweils unterschiedlichen, notwendigen Bezugnahme auf das Ganze der Welt auch von diesem Ganzen nicht abgeleitet werden. Sie sind keine Bestandteile eines wie auch immer gefassten alles umgreifenden „subjektlosen“ Geschehens (oder der Bewegung von Kosmos, Physis, Natur, Sein usw.), sondern jeweils Ausdrucksformen eines lebendigen Inneren, das aufgrund dieser Ausdrucksformen im Kontakt und Verhältnis zu anderen lebendigen Ausdrucksformen steht.[2] Das Medium dieser Berührungen und Verhältnisse ist die Welt, und zwar vermittelst der Bewegungen in ihr, welche jedoch in den lebendigen Innenpolen ihre „vorweltliche“ Quelle haben.

Das Thema der meisten Publikationen Patočkas, in denen er seine Phänomenologie im engeren Sinne präsentiert, ist die Welt, und zwar nicht im Sinne eines von der Lebenswelt noch zu unterscheidenden Kosmos, sondern die natürliche Welt. Deren Natürlichkeit – also das, als was sie von sich aus vorgegeben ist – zu fassen, stellt die Herausforderung des phänomenologischen Denkens dar, und darauf konzentriert sich Patočka. Dabei erkennt er bereits in seinem frühen Werk die Bewegung als einen Ausdruck dessen, was von sich aus lebendig ist. Die Bewegung stellt somit für Patočka seit Anfang der 1940er Jahre einen Schlüssel dar, um sich dieser Herausforderung zu stellen, und diesen Ansatz entwickelt er auch in seinem späteren Werk weiter. Lapidar kommt sein Zugang zum Problem der natürlichen Welt etwa in folgendem Satz des Spätwerks zum Ausdruck: „Die natürliche Welt ist die Welt der Bewegung, ihr Schlüssel ist die Bewegung in der Welt, die Bewegung des Welt-Wesens.“[3] Sein Thema ist also nicht die Bewegung der Welt selbst, die Physis *als* Bewegung, sondern die Bewegung des Weltwesens, so vor allem die Bewegung der menschlichen Existenz, aber nicht nur. Eben dies wollen wir im vorliegenden Kapitel zeigen, sowohl an den publizierten Arbeiten als auch an Forschungsmanuskripten aus dem Nachlass.

Einen Teil dieser Publikationen haben wir bereits im dritten Kapitel kommentiert, sofern nämlich ihr Thema der „asubjektive Transzendenta-

---

2 „Das Menschenleben besteht in seiner wesentlichen Dimension aus dem Suchen und Entdecken des Anderen in sich selbst und seiner selbst im Anderen. Im ganzen Drama des Menschenlebens geht es darum, ob das, was bereits jener primäre, rein situationsbedingte Kontakt implizit enthält, entdeckt wird oder nicht: jenes Innere, das sich hinter alledem verbirgt, was erscheint.“ (Patočka 1991, 213; modifizierte Übers.) Dieses Innere, von dem Patočka hier Ende der 1960er Jahre schreibt, ist offensichtlich *nicht* die Welt. Das Konzept des Inneren weist vielmehr eindeutig auf ein frühes lebensphilosophisches Projekt hin, was wir im Schlussabschnitt dieses Kapitels belegen werden.

3 Patočka 1991, 227; modifizierte Übers.

lismus" der Welt als Form der Erfahrung war. Jetzt gehen wir zu einem anderen Teil seines Werkes über, und zwar zunächst zu publizierten Texten aus der letzten Dekade von Patočkas Leben, in denen das eben erwähnte Projekt im Zentrum steht: der Ansatz bei der Bewegung des Weltwesens, vor allem der menschlichen Existenz.

Der Aufsatz „Zur Vorgeschichte der Wissenschaft von der Bewegung: Welt, Erde, Himmel und die Bewegung des menschlichen Lebens" (1964) ist die erste Publikation, in der dieses neue Projekt Patočkas der Öffentlichkeit vorgestellt wurde. Dem folgten zwei umfangreichen Studien: „Natürliche Welt und Phänomenologie" (1965, publiziert 1967) und ein Nachwort zur Wiederauflage der im Jahre 1936 verfassten Habilitationsschrift, das im Jahre 1970 vollendet wurde. Was mit diesem Projekt vor allem gemeint ist, pflegt als Lehre von den drei Bewegungen der Existenz bezeichnet und als Patočkas originelle Leistung geschätzt zu werden. Sie wird so in den Werken Patočkas von 1964 bis zu seinem Tode 1977 trotz gewisser Abweichungen oder Nuancen im Grunde unverändert formuliert.[4] Uns geht es im Folgenden nicht darum, diese bekannte Lehre von den drei Bewegungen erneut als solche zu befragen, sondern vor allem um den Status der Welt, der sich aus dem Gedanken der Bewegung als Medium einer tieferen Korrelation ergibt. Auf diese Weise kommen wir wiederum auf das Verhältnis Patočkas zur Kosmologie Finks wie zur transzendentalen Phänomenologie Husserls zurück, ganz wie es bereits im dritten Kapitel in Bezug auf andere Quellen geschah. Gehen wir demnach jetzt zu einer dynamisch-genetischen Perspektive über, in die auch der „asubjektive Transzendentalismus" der Weltform der Erfahrung als „statisch-phänomenologische" Perspektive bei Patočka letztlich eingebettet ist.

### *1. Die Welt und die erste Bewegung des menschlichen Lebens*

Eine Stelle wird in den Lesarten Patočkas, die bei ihm eine Kosmologie suchen, besonders häufig zitiert, daher scheint es wichtig, von ihr auch in unserer Darstellung auszugehen. Es handelt sich um ein kurzes, nur wenige Absätze enthaltendes Referat über die philosophische Position Eugen Finks im zweiten Teil des Nachworts zur Neuauflage der Habilitationsschrift *Die natürliche Welt als philosophisches Problem*. In diesem Textstück, das Patočka der Darstellung seiner eigenen neuen Position vorausschickt (nämlich der bereits erwähnten Theorie der drei Bewegungen der menschlichen Existenz),[5] heißt es zu Beginn, Fink habe es mit einer noch

4 Einer der letzten Texte, in dem dieses Projekt zusammengefasst wird, ist Patočkas Nachwort zur französischen Übersetzung seiner Habilitationsschrift, das im Jahre 1976 verfasst wurde. Vgl. Patočka 1990, 268ff.

5 In zehn Abschnitten – von Descartes zu Heidegger – wird auf 40 Seiten die Vorgeschichte und Geschichte des Problems der natürlichen Welt geschildert. Vgl.

„größeren spekulativen Hartnäckigkeit" (Patočka 1990, 238) als Heidegger mit seinem Ereignis-Gedanken für möglich gehalten, „die Welt im starken Sinn des Wortes, die selbständig existierende Welt in den ontologischen Kontext einzuführen". Zugleich habe er sich gefragt, ob dadurch die in jedem Einzelnen herrschende „uralte Physis als Arche" nicht wiederherzustellen wäre (ebd. 239). In einer Reihe ähnlicher Fragen, die bereits eine Distanz anzeigen, skizziert Patočka die Position der philosophischen Kosmologie Finks, um sie gegenüber dem seinsgeschichtlichen Ansatz Heideggers zu konturieren. Erst am Ende dieser Textpassage, die wir gleich zitieren werden, spricht Patočka dann wohl von seinem eigenen Ansatz, mit dem er sich sowohl gegenüber der Kosmologie Finks als auch dem Seinsdenken Heideggers als zwei unterschiedlichen Grundpositionen verortet. Es heißt: „[D]ie Bewegung wäre hier das mittlere Glied zwischen den zwei grundlegenden Arten, wie das Sein das Seiende enthüllt und sich dadurch als sein Ursprung und seine Herrschaft erweist, als ἀρχή." (Ebd. 240)

Welches sind also nun die zwei Arten, von denen Patočkas Darstellung hier ausgeht, und wie wird darauf die Bewegung bezogen? Patočka kontrastiert sie auf folgende Weise: Was *für uns* das Sein des Seienden ist, nämlich der Grund, auf dem wir stehen, auf dem wir erst das Seiende sind, dessen Sein im Verstehen besteht (Heidegger), das ist *für die Dinge* der Zeit-Raum, der nicht individuierte, vorgängige, ganzheitliche Rahmen aller Individuation (Fink). Im Anschluss daran folgt das erwähnte Referat über die Charakteristika dieses kosmischen Rahmens bei Fink (nachdem Heidegger in diesem Nachwort das ganze vorangehende zehnte Kapitel gewidmet war). Dieser Rahmen sei selber kein seiendes Ding, sondern lediglich in den Verhältnissen thematisierbar, welche Dinge in diesem Rahmen eingehen. Die Manifestation der Dinge, die dieser allererst ermögliche, sei keine Manifestation *für* das Subjekt, sondern Manifestation *als* Entstehen, ein „Schritt in die Singularität". Es sei eine Manifestation, zu der sich die singularisierten Dinge selbst „innerlich gleichgültig" verhielten, eine sich selbst nicht offenbarende Manifestation, eine Manifestation, die in die nächtliche Dunkelheit des Ur-Seienden und Ur-Seins getaucht wäre. Soweit einführend zu Fink.

Auch wenn Patočka aus beiden Ansätzen ohne Zweifel ein hohes Maß an Inspiration im Blick auf die Formulierungen seines eigenen Projekts erhalten hat, schließt er sich weder dem einen noch dem anderen an,

---

Patočka 1990, 198–240. Zu Fink äußert sich Patočka am Schluss des elften Abschnitts, der die Zusammenfassung dieses zweiten Teils bringt (ebd. 238ff.). Neben dem bereits besprochen Aufsatz „Weltganzes und Menschwelt" ist dies die einzige von Patočka publizierte Textpassage, die den kosmologischen Ansatz referiert, ohne sich ihm anzuschließen, wie aus dem Kontext eindeutig ersichtlich wird.

wie wir es bereits im dritten Kapitel anhand der entsprechenden Publikationen aufzeigen konnten, die unmittelbar auf die Verfassung dieses Nachworts folgten.[6] Wir konnten bei Patočka keinerlei Tendenz finden, „die Welt im starken Sinne des Wortes, die selbständig existierende Welt in den ontologischen Kontext aufzunehmen", und entsprechend wurde auch der Gedanke der vom Erscheinen den Subjekten gegenüber unterschiedlichen Manifestation von ihm nicht aufgenommen.[7] Sein Abstand zu diesem Gedanken Finks drückt sich im Konditional des abschließenden Absatzes aus, in dem er von beiden Ansätzen – der Kosmologie und der Ontologie – berichtet, um, wie erwähnt, erst im Anschluss seine eigene Position darzustellen. Im Folgenden sei die Stelle zitiert:

> In dieses Universum ursprünglicher Individuation, die alles einschließt, was sich ohne innere Teilnahme am Sein, ohne ein Interesse für dieses Sein im bloßen Werden enthüllt, in Entstehung und Untergang, würde aber auch unsere eigene Individuation gehören. Wir selbst wären in der besonderen Weise, in der wir uns von der Welt durch innere Bezugnahme auf sie absondern, Teilnehmer an ihr. Wie bei allen übrigen Dingen auch, wäre auch unser Seiendes eine Bewegung von der Entstehung bis zum Untergang, vom eigenen Anfang bis zum eigenen Ende. Die Charakteristik dieser unserer uns spezifischen Bewegung wäre dann aber die Nicht-Gleichgültigkeit gegenüber dem Sein, und im Zusammenhang damit am Sein des Seienden überhaupt, und dies auf der Grundlage einer neuen Weise, wie Sein das Seiende bedingt – nicht mehr in seiner bloßen Entstehung und in seinem Untergang, sondern als Helle, die das Universum in seinem Zusammenhang mit dem Leben enthüllt. (Ebd. 240)

Weder den Anfang dieser Passage – zu Finks Idee der Individuation – noch ihr letzter Satz zur ‚enthüllenden Helle' bringen Einsichten zum Ausdruck, die Patočka ablehnen würde. Weder das Erstere noch das Letztere trifft jedoch das, was Patočka im kritischen Anschluss daran seinerseits zum Ausdruck bringen will. Mit seinem deutlichen Nachdruck auf dem leibkörperlichen Leben setzt er sich von Heidegger ab, den er aber zugleich gegen die Kosmologie mobilisiert, wenn es darum geht, die Indi-

6 Vgl. dazu etwa den Brief an Václav Richter vom 10./11. Januar1970 (Patočka 2001, 201f.), oder die Briefe an Irena Krońska vom 18. November 1969 oder auch vom 4. März oder 30. September 1970.

7 Er berichtet hier zum ersten Mal in seinen publizierten Schriften von diesem Ansatz. In einer Vorlesung hatte er jedoch schon kurz davor (1968) darauf Bezug genommen; vgl. im entsprechenden Vorlesungsmanuskript die Notiz über „Fink: doppeltes Erscheinen": „1) das objektive, sachliche – die Antike: das Austreten der Dinge aus dem Chaos, aus dem vorgängigen Ganzen, Individuation [;] 2) das subjektive, bewusste – die Moderne: Dinge werden vorgestellt, von unserem Geist erhellt […]." (Patočka 2016a, 249)

viduierung des Seienden auf das Seinsverständnis zu gründen.[8] Erst das letzte Wort der soeben zitierten Passage – „Leben" – enthält somit den Schlüssel zum eigenen Ansatz Patočkas bei der Bewegung. Und die Leib-Körperlichkeit des Lebens, die das Urfaktum der Pluralisierung in „abgetrennte Lebenszentren" und ihre jeweils besonderen Weisen der Individuierung zum Ausdruck bringt, bedeutet nicht nur, als Leib-*Körper* ein Vehikel der Teilnahme an der universalen „Bewegung von der Entstehung bis zum Untergang" zu sein, der alle Dinge unterworfen sind, also eine Zugehörigkeit. Der *Leib*-Körper bedeutet zugleich ein Abweichen von einer solchen Bewegung der Welt, eine Differenz ihr gegenüber – und um genau diese Differenz geht es, wenn wir von der Abweichung vom Kosmologismus bei Patočka sprechen.

Es geht Patočka in diesem Nachwort somit darum, die Problematik der natürlichen Welt neu aufzugreifen, seine aktuelle Position zu einem alten Thema zu klären.[9] Sein Interesse gilt nach wie vor der Aufklärung des Zusammenhangs von Welt und Leben, von dem hier im letzten Zitat – wenngleich im Kontext einer Zusammenfassung anderer Positionen – die Rede war. Er wird folglich auf die Bewegung als Mittelglied, Mitte, Vermittlung oder Medium der Korrelation von Welt und Leben eingehen. Die philosophischen Errungenschaften Husserls, Heideggers, Finks oder anderer Denker sind damit nicht verworfen; ihr jeweiliger Beitrag findet vielmehr im Zusammenhang dessen Berücksichtigung, was Patočka nun seinerseits zeigen will.[10]

So heißt es zu Beginn des dritten Teils des Nachworts, er wende sich der natürlichen Welt zu, um „das Leben in seiner Ursprünglichkeit [zu] suchen". Darin fühle er sich der ursprünglichen Intention der Phänomenologie Husserls verbunden, wobei er sowohl aus Heidegger schöpfe,

---

8 Explizit im eben zitierten Vorlesungsmanuskript, in dem man unmittelbar nach der oben zitierten Stelle über das doppelte Erscheinen bei Fink lesen kann: „Unsere Weise des Aussonderns dagegen: in jedem Moment ist ein Bezug auf alles enthalten. Wir grenzen uns ab nicht gegenüber einzelnen Dingen, sondern gegenüber der Weise, wie das Universum in dem jeweiligen Moment uns anblickt, wie wir uns in ihm ‚befinden'. Daher ist unsere Bewegung – unsere Individuation, unser Leben – eine Bewegung in Bezug auf das Sein, das uns die Einzelheiten des Universums und damit das Universum im Ganzen vermittelt […]. Der Mensch wird in dem Augenblick zum Menschen, wo sich ihm dieses ganzheitliche Verständnis eröffnet, er ist mit ihm gleichzeitig. Der Mensch entsteht, sobald die Welt ihn benimmt und sich ihm eröffnet." (Ebd. 250)

9 Die äußerliche Forderung des Verlags, die Wiederauflage der Habilitationsschrift in einem Nachwort zu rechtfertigen, wurde für Patočka auf diese Weise zu einer Gelegenheit, seine neue, ihre Gestalt ja immer noch suchende Position zu formulieren.

10 Wir haben die Stelle, wo Patočka seine Projekte beschreibt (Brief an Landgrebe vom 4. April 1974) bereits zitiert; man könnte jedoch auch andere Zeugnisse für die Frage heranziehen, wie Patočka selbst seinen Beitrag einordnete.

insofern dieser „die Phänomenologie der Intentionalität in eine *Phänomenologie des Lebens* als Existenz radikalisiert", als auch Fink „nutzt", sofern dieser den Gedanken verteidigt, dass „die ontologische Analyse des Lebens in ihrem jeden Moment die Analyse der Welt in ihren Grundmomenten der Zeit, des Raumes, der Bewegung sein" müsse (ebd. 241). Es geht Patočka dabei um eine Erweiterung der Ontologie des Lebens in eine Ontologie der Welt – vor dem Hintergrund der Auffassung des Lebens als Bewegung. Vom Leben als Bewegung, und zwar „dem menschlichen Leben als Dynamis" aus, soll also „den Begriffen Raum, Zeit und Bewegung ihre ursprüngliche ontologische Bedeutung" zurückgegeben und die Welt in ihrer Vorgegebenheit aufgeklärt werden, nicht umgekehrt.

Dabei spielt die Arbeit an der Verallgemeinerung des aristotelischen Bewegungsbegriffes eine große Rolle,[11] zu der offenbar ebenfalls Fink die Inspiration gab. Patočka hat sie in einer historischen Abhandlung zu *Aristoteles, seinen Vorgängern und Erben* entwickelt und dabei zu dieser Zeit auch eine systematische Verwendung des allgemeinen Bewegungsbegriffes erwogen. Dieser Absicht entsprechende Stellen sind allerdings rar, hier geht es vor allem, wenn nicht gar ausschließlich, um eine Stelle aus dem Briefwechsel.[12] Diese wiederum konnte den Eindruck erwecken, er wolle – wie Fink – den Schritt in eine philosophische Kosmologie vollziehen. Doch einen solchen Schritt ist Patočka zu keiner Zeit gegangen; man kann seine Philosophie sehr wohl für den Mangel an einer systematischen Synthese all derjenigen Motive kritisieren, die seine Philosophie geprägt haben, nicht jedoch dafür, mit dem Versuch einer Kosmologie gescheitert zu sein (Barbaras 2019b, 26f.). Wie wir schon gesehen haben, hat er einen solchen Versuch nie unternommen, geschweige denn entfaltet.

Neuerdings hat Renaud Barbaras seine kosmologische Lektüre Patočkas (Barbaras 2007; 2011) in zwei Aufsätzen – „Double monde" [Ambiguität der Welt] und „Le refoulement de la vie" [Verdrängung des

---

11 Diese Rolle von Aristoteles haben nicht nur Barbaras (in seiner kosmologischen Lesart) und seine ehemaligen Studentinnen und Studenten, die dadurch tief beeinflusst wurden, zu Recht betont und z. T. auch sehr ausführlich kommentiert (vgl. vor allem Duicu 2014; Stanciu 2016, Bernard 2016 u. a.). Auch Karfík 2008 und 2015, Rodrigo 2009 und 2015, Mensch 2018 und neuerdings Ritter 2019 haben der Bewegungsauffassung bei Patočka die gebührende Aufmerksamkeit gewidmet. Wir können leider in diesem Rahmen auf die inzwischen umfangreiche Literatur dazu nicht eingehen.

12 Die am häufigsten zitierte Stelle lautet: „L'idée qui sous-tend mes considérations historiques est la suiuvante. Le devenir, le mouvement qui est à l'origine de toutes nos expériences, est lui-même impossible sans un devenir plus profond et plus élémentaire qui est, non pas mouvement dans l'expérience et dans le monde, mais devenir, mouvement du monde en tant que tel: devenir ontologique." (Brief an R. Campbell vom 20. März 1964, in dem Patočka sein gerade erschienenes Buch *Aristoteles, seine Vorgänger und Erben* charakterisiert; vgl. Patočka 2019, 149)

Lebens] – zusammengefasst (Barbaras 2019b; 2019c), wo er der von ihm vertretenen Übermacht der „physischen" Weltbewegung den Primat des geistigen Seinsverstehens in Patočkas Auffassung der Bewegung gegenüberstellt. Patočkas Auffassung der Bewegung fehle die eigentliche körperliche Dimension der Zugehörigkeit der Welt, so Barbaras' Kritik, da auch das Leben durch den Geist verdrängt werde. Die Weltzugehörigkeit und das Leben gingen also bei ihm letztlich zugunsten der geistigen Bewegung des Seinsverstehens verloren. Dagegen macht Barbaras wiederum die bei Patočka vorhandenen Hinweise auf die Kosmologie Finks stark, um sie in sein eigenes Projekt aufzunehmen und weiterzuentwickeln.

Barbaras stützt sich dabei vor allem auf das folgende kurze Fragment bei Patočka:

> Das Erscheinen als Ausgang aus dem dunklen Grund; daß es hier eine Bewegung des Erscheinens, eine Urbewegung gibt, läßt sich per analogiam aus dem sekundären Erscheinen herauslesen, nämlich aus dem Erscheinen der Erscheinung, die ein Entstehen der Zentren, der Zentralität voraussetzt: die Bewegung der Transzendenz schafft hier ‚eine eigene Welt', eine Umwelt [...]. Ebenso muß es so etwas wie Bewegung geben, durch die das Herz der Welt seinen zufälligen Inhalt schafft und deren Sediment die Raumzeitqualität im Ganzen ist. (Patočka 2000, 247)

Diese Passage, in der Patočka über den Ansatz Finks referiert, und insbesondere der letzte Satz waren Anlass nicht nur für eine überaus einflussreiche Interpretation der Phänomenologie Jan Patočka selbst, sondern eben auch für Barbaras' eigene phänomenologische Kosmologie, wie wir es im zweiten Kapitel dargestellt haben.

Die Texte Patočkas kann man jedoch, wie gesagt, auch anders lesen, nicht als den gescheiterten Versuch einer philosophischen Kosmologie, der im Transzendentalismus der seinsverstehenden Fundamentalontologie und damit im Dualismus steckenbleibt, sondern als eine Auseinandersetzung mit dem Kosmologismus bei Fink, die sich ebenfalls von Heideggers Primat des Seinsverständnisses – und zwar gerade durch den Akzent auf der Leib-Körperlichkeit der Existenz, den Patočka unmissverständlich und wiederholt zum Ausdruck bringt – zu distanzieren sucht.

Als ein Beleg dafür sei hier bereits eine Stelle aus dem Vorlesungsmanuskript aus dem Jahre 1968 zitiert. Danach ist die erste Bewegung der Existenz „eine Bewegung, die ursprünglich ohne Bezug auf die Seinsweise", das heißt instinktiv, spontan vor sich geht, „in der Passivität und im Zusammenstimmen sich der Welt eröffnend und in der angereizten Bewegung auf die Reize der Welt antwortend" (ebd. 243). Diese nimmt somit „erst sekundär [...] den Bezug auf die Seinsweise in sich auf" (ebd.). Hier ist also die Bewegung nicht durch Stimmungen als Formen des Seinsverständnisses vermittelt, wie Barbaras behauptet (Barbaras 2019b,

25f.; 2019c, 201f.), sondern das sinnliche Leben wird zur Bewegung vom Außen gereizt, dem Fremden, das es selber nicht ist. Das ist keine Verneinung des Kosmos und seines Wirkens auf das Leben, im Gegenteil. Und doch kann sich die Bewegung des Lebens nicht aus einem solchem Wirken des Kosmos oder seiner Bewegung, als eine Modalität von ihr, ableiten. Diese andere Möglichkeit, Patočkas Texte in kritischer Kontinuität mit dem transzendental-genetischen Ansatz Husserls zu lesen, bieten wir hier an. Die Leib-Körperlichkeit, die sich bei Barbaras in der Zugehörigkeit zum Kosmos, in seiner eigenen Bewegung auflöst und erschöpft,[13] die dem Leben gleicht und an der alles weltliche, auch das menschliche Leben teilnimmt, weist bei Patočka dagegen auf eine Pluralität von Lebenszentren hin, die aus ihren jeweils eigenen Inneren heraus und in gegenseitigem Kontakt das Medium des äußeren Ausdrucks – die Welt – bilden. Diese Dynamik kann nicht als Teilnahme an der Bewegung des Kosmos selbst bzw. aus dieser Bewegung als Individuierung der weltlichen Seienden gedeutet werden. Von einer solchen ist weder in den Forschungsmanuskripten noch in den publizierten Schriften Patočkas die Rede – nur dort, wo er über Fink berichtet. Und dies ist, wie ich glaube, ein deutlicher Hinweis darauf, dass Patočka selbst um keine kosmologische Wende im Sinne Finks bemüht war, wenngleich sie ihn tief angesprochen hat.

Auch wenn Patočka eine philosophische Kosmologie erwähnt (wie beispielsweise in einem Brief an Irena Krońska), trägt er doch seinerseits zu einer solchen konsequent mit dem Entwurf einer Phänomenologie des Weltganzen bei, in der diese auf der *Erfahrung* dieses Weltganzen basiert, wie wir es im dritten Kapitel nachgezeichnet haben. Nicht nur der dort besprochene asubjektive Transzendentalismus der Weltform, sondern auch der Ansatz bei der Bewegung mündet – wie auch hier, im dritten Teil des Nachworts – eindeutig nicht in eine Kosmologie im Sinne Finks, sondern in eine Art transzendentalphänomenologische Philosophie des Lebens: Es ist kein Kosmos, sondern „das menschliche Leben als *dynamis*", das, wie wir gelesen haben, den Begriffen des Raumes, der Zeit, aber auch *der Bewegung* „ihren ursprünglichen ontologischen Status" (ebd. 314) wiederzugeben vermag. Und auch damit kann man sehr wohl in „den Bereich der Archai" vorstoßen wie Fink mit seiner philosophischen Kosmologie.

Hier ist die Stelle aus dem erwähnten Brief Patočkas an Irena Krońska, wo er diesen Ausdruck verwendet:

> J'ai bien conçu l'idée de refaire mes conceptions sur le monde naturel et l'existence humaine à la lumière de considérations nouvelles: mais je doute fort que je puisse encore en venir au bout. Mes points de vue nouveaux sont que le monde naturel n'est pas un problème à traiter à part, qu'il faut d'abord *retrouver le monde* (tout court) et ensuite, au

---

13 Der Leib-Körper sei „im Grunde nichts anderes als ein anderer Name dieser Zugehörigkeit", vgl. Barbaras 2019c, 209.

moyen de considérations ontologiques, y placer le monde humain, naturel aussi bien que construit sur la base de celui-ci. Cela pourrait paraître ressortir à un concept métaphysique, mais ce serait s'y méprendre, parce qu'il s'agit d'une *phénoménologie* du monde (l'ontologie en question n'est pas une ontologie métaphysique, mais phénoménologique), et mon idée, c'est qu'une phénoménologie de la totalité cosmologique est entreprise possible. Cela implique toute une conception méthodologique entièrement différente de la „réduction" husserlienne, une conception s'appuyant plutôt sur des considérations modales, à la manière de Fink, qui permettent de statuer le caractère *indépassable* du monde et tournent autour du problème de la „barrière du langage", c'est-à-dire de l'expression intra-mondaine appliquée à la totalité; ensuite, une nouvelle théorie *de la perception* qui se défasse de la doctrine traditionnelle (due surtout au kantisme) qu'on ne saurait avoir *l'expérience* de la totalité du monde. Il faudrait aussi élaborer la distinction fondamentale entre une cosmologie *philosophique* (visant le noyau „essentiel" du monde, dépassant l'opposition du fait et du droit, du contingent et du nécessaire, pénétrant dans le noyau totalisant et „gouvernant" le monde, le domaine des ἀρχαὶ) et la cosmologie *scientifique* s'attaquant au contenu secondaire, contingent, facticiel du monde et dont les sciences sont des parties ou moments.[14]

Renaud Barbaras, Filip Karfík, James Mensch und andere Autoren haben also recht, darauf hinzuweisen bzw. zu insistieren, dass mit der Verallgemeinerung des aristotelischen Bewegungsbegriffes, die Patočka an bestimmten Stellen formuliert hat, eine mögliche Brücke zur Kosmologie zu schlagen wäre, eine Brücke, die Fink tatsächlich gebaut hat. Wir würden allerdings hinzufügen: *im Unterschied* zu Patočka gebaut hat, der seinerseits diesseits der Brücke, an ihren phänomenologischen Grundlagen arbeitete. Patočka spricht im Nachwort von 1970, auf das wir uns in diesem Kapitel zunächst bezogen haben, sogar ganz eindeutig von der Zugehörigkeit des Menschen zu einer Welt im starken Sinne der Natur, und dies aufgrund der Bewegung, wobei immer die Rede ist von *unserer* Bewegung bzw. einer Bewegung des Werdens zum Seienden *in der Welt*, nie aber von einer Bewegung der Welt selbst, die diese Zugehörigkeit allererst ermöglichen sollte. Das bedeutet natürlich keineswegs, diese Zugehörigkeit zu verneinen. Auch wenn Patočka also die Bewegung mit der Leib-Körperlichkeit verbindet und seine Aufmerksamkeit vor allem auf diese richtet, ist es ihm – insbesondere in Bezug auf die sogenannte erste Bewegung des Lebens – wichtig, ihre kosmische Dimension und somit die Zugehörigkeit auch des menschlichen Lebens zur Natur im alten Sinne der Physis zu betonen:

---

14 Brief an Irena Krońska vom April 1972, zitiert bei Erika Abrams in ihrer „Note de la traductrice", vgl. Patočka 2016b, 270f.

> Nichtsdestoweniger hält die Leib-Körperlichkeit jeder Bewegung uns vor Augen, dass wir als bewegliche, tätige, und in diesem Tun uns selbst und die Dinge verstehende Wesen Bestandteile der φύσις sind, der allumfassenden Welt, der Natur. Diese Naturseite und zugleich die Bezogenheit auf die allumfassende φύσις vergisst man manchmal gern – dort, wo uns vor allem menschliche Beziehungen und soziale Aufgaben interessieren und beanspruchen, wo wir durch Arbeit, Organisierung, Kampf und Wettbewerb leben. Und doch gerade die erste grundlegende, ganzheitliche Bewegung, *die Bewegung der Verankerung oder Verwurzelung*, welche die Grundlage für alle übrigen bildet, ist eminent geeignet dafür, uns an die unser ganzes Leben durchwaltende Allherrschaft der φύσις zu erinnern. Denn *alle* unsere Handlungen, gerade auch Arbeit und Kampf, spielen sich nur auf der Grundlage jener instinktiv affektiven Urbewegung ab, die eine Art Ostinato der Polyphonie des Lebens bildet. (Patočka 1990, 247).

Die Konfrontation der Philosophie Patočkas mit der philosophischen Kosmologie ist also durchaus legitim und produktiv, und ihre intensive Rezeption in den letzten 15 Jahren verdankt dieser Konfrontation sehr viel. Worauf wir hier den Akzent legen wollen, ist jedoch noch eine weitere Dimension dieser Problematik, die Tatsache nämlich, dass Patočka in seinen Publikationen nach wie vor – in immer wieder neuen Kontexten und grundsätzlich kritisch – an die späte genetische Phänomenologie Husserls anknüpft. Wir sehen hier unseren Autor immer erneut den Faden aufnehmen, der bereits seine allerersten akademischen Publikationen aus den 1930er Jahren zusammenhielt (vgl. dazu Novotný 2020).

Was seine Revisionen der transzendentalen Phänomenologie miteinander verbindet und in der letzten Dekade seines Schaffens in den Vordergrund tritt, ist die Einsicht, dass das Medium unserer Begegnung mit Einzelnem in der Welt als *Bewegung* zu fassen ist. Dabei spricht Patočka jedoch wie erwähnt keineswegs von einer kosmologischen Bewegung der Welt selbst, etwa im Sinne einer primären Manifestation, sondern immer zugleich von *zwei* Bewegungen: Das Medium der Korrelation ist „unsere eigene Bewegung im Rahmen der Welt *und* die Bewegung von all dem, was in der Welt vorkommen und erscheinen kann“ (Patočka 1991, 135, Herv. und modifizierte Übers. K. N.). In ihren „auffälligsten Bestandteilen“ ist die Bewegung des Lebens „eine körperliche Bewegung“, und offensichtlich nur „aufgrund der Bewegung unseres Körpers und im Zusammenhang mit ihr können wir den Wahrnehmungskontakt mit den Dingen begreifen“ (ebd. 136).[15]

15 Dass es sich dabei um einen transzendentalphänomenologischen Ansatz handelt, folgt unmissverständlich aus der unmittelbar folgenden Passage des hier zitierten Aufsatzes „Zur Vorgeschichte der Wissenschaft von der Bewegung: Welt, Erde, Himmel und die Bewegung des menschlichen Lebens“ (1964): „Der Wahrnehmungskontakt mit den Dingen ist niemals eine passive Spiegelung der Gegen-

Das Leben des Menschen wird also allgemein als „die Bewegung eines Welt-Wesens“ in dem Sinne charakterisiert, dass sie „nie etwas spezifisch Menschliches zustande bringt, ohne dies – unausgesprochen oder ausgesprochen – auf das vorgängige Ganze zu beziehen“ (ebd. 135). Doch wie wird dieser Weltbezug konkret realisiert?

Patočka spricht in diesem Zusammenhang an erster Stelle – nicht nur in dem hier jetzt zitierten Aufsatz, sondern auch in seinen anderen Schriften – von der Erde als *dem* unerlässlichen Referenten jeder Bewegung. Die Erde ist „vor allem der feste Halt und die Grundlage jeder Bewegung, unserer wie der der anderen Dinge“ (ebd.). Sie erweist sich darin als eine Macht, die „über die Elemente und Dinge, über nicht-lebendige wie lebendige“ herrscht (ebd.). Sie waltet „über Leben und Tod“, ist somit nicht nur Halt und Trägerin für das Leben als Bewegung der Leib-Körper, sondern auch dessen „Ernährerin“.

In diesen Aspekten des Waltens der Erde kann man zunächst eine konkrete Weise des unanschaulichen Zusammenwachsens mit dem Ganzen erkennen, von dem oben die Rede war:

> Die Körperlichkeit unserer Lebensbewegung äußert sich nämlich unter anderem so, dass der Sinn und das selbstverständlich (‚instinktiv‘) gegebene Ziel der Lebensbewegung, die sich in einzelne körperliche Bewegungen bzw. Handlungen auflöst, das körperliche Leben selbst ist, seine Reproduktion, seine individuelle Fortsetzung: Und in dieser körperlichen Welt herrscht die ernährende Erde durch das, was sie vorbereitet, was sie ermöglicht und verhindert, so dass auch wir selbst von ihr durchdrungen sind und – abstrakt gesehen – auch wir ihre Bestandteile und Modifizierungen bilden.“ (Ebd. 137)

Die Erde, obgleich sie sich in ihrer transzendentalen Funktion, urfaktische Stütze der sinnkonstituierenden Lebensbewegung zu sein, selber nicht bewegt, stellt eine *kosmische* Macht der Natur dar, die alles Lebendige durchdringt und damit auch in allem Leben waltet. Anstatt auf das Leben als ihr Objekt bezogen zu sein, auf seine Intentionalität antwortend, liegt die Erde auch dem menschlichen Bezug auf das Ganze zugrunde, allerdings auf eine unthematische Weise. Doch das nicht explizite Verhältnis des Leib-Körpers zur Erde als kosmischer Macht der Natur ist für Patočka nicht unvermittelt, sondern ergibt sich stets von einer „globalen Präfiguration“ (ebd. 138) des Weltbezuges aus. Nur so kann die Erde die primäre Physis mit ausmachen, wie Patočka wenig später in seinem Aufsatz „Natürliche Welt und Phänomenologie“ formuliert:

---

stände, sondern eine Antwort des sich tätig orientierenden Ichs, dem seine Tat durch sein Walten im Körper ermöglicht ist, ein Walten, dessen sich jedes Subjekt unmittelbar bewusst ist.“ (Ebd., modifizierte Übers.) Doch darauf wird hier nur verwiesen; deutlicher entwickelt wird dies an anderen Stellen, worauf wir weiter unten etwas genauer eingehen werden.

> Die Erde ist der Prototyp für alles Massive, Körperliche, Materielle, sie ist der „Universalkörper“, dem alle Dinge in irgendeiner Weise als seine Bestandteile angehören. Darauf verweist deren Streben auf die Erde hin, ihre Unselbständigkeit, ihr Ursprung, ihr Ende. Die Erde ist also *ursprünglich, im Rahmen dieser erörterten primären Physis*,[16] kein Körper unter anderen Körpern, sie ist mit nichts anderem vergleichbar, weil sich alles andere, alles was vorkommen und uns begegnen kann, auf sie als eine Grundlage bezieht – als auf eine Grundlage, die immer vorausgesetzt wird. Sie ist die *natürliche Horizontale*, der gegenüber wir ständig eingestellt oder festgelegt sind. Sich aufrichten, schreiten, sich bewegen setzt die Erde immer voraus: sie bewirkt gleichermaßen Spannung wie Abschlaffen, sie bietet sowohl Halt als auch Ruhe. Durch ihre Eigenschaft als Träger und Referenz aller Beziehungen erscheint also die Erde auch als Kraft und Macht. (Patočka 1991, 206; modifizierte Übers.)

Das Wort „erscheint als“ ist hier wichtig; es verweist auf jene „globale Präfiguration“ des Weltbezugs, die keine Apperzeption im husserlschen Sinne ist, sofern diese noch auf dem Schema Auffassung-Inhalt beruht, was hier definitiv keine Anwendung findet, da von keinem diesem Schema entsprechenden Inhalt die Rede sein kann. Damit hängt aber wohl zusammen, was zum Schluss des ersteren Zitats gesagt wurde, dass wir nämlich nur in einer als „abstrakt“ eingestuften Betrachtungsweise Bestandteile und Modifizierungen der Erde bilden und dem Kosmos angehören. Das menschliche Leben lässt sich nicht auf all das reduzieren, was seine leibkörperliche Zugehörigkeit zur Erde ausmachen kann. Sie ist nicht alles. Es gibt auch ein anderes notwendiges Referens der Lebensbewegung des Menschen, nämlich den Himmel, das Licht, welches jene globale Präfiguration des Weltbezugs, aber auch einzelne leibkörperliche Bewegungen in ihm orientiert. Erst darauf können sich Bewegungen der Objektivierung in der Praxis und Theorie mit den ihnen entsprechenden Weltbegriffen gründen.[17]

Uns geht es hier primär um ein Moment: um das Mysterium der sinnlichen Präsenz des nicht wahrnehmbaren Weltganzen. Auch schon in seiner sogenannten „ersten“ Bewegung ist das menschliche Leben ein Bezug auf das Ganze. Das setzt bereits einen Bezugspol oder ein Zentrum voraus, was nur durch eine Abgetrenntheit nicht nur vom Ganzen, sondern auch von Anderen möglich ist, also in der Individuierung, in der das Individuum jedoch zugleich auf die Anderen angewiesen ist und erst von

---

16 Diese hervorgehobene Passage ist in der deutschen Übersetzung in den *Ausgewählten Schriften* getilgt worden.

17 So könnte man übrigens, allerdings sehr grob, die drei Bewegungen der menschlichen Existenz zuordnen, der Sinnlichkeit-Affektivität die erste und der Praxis und der Theorie in ihrer wechselseitigen Durchdringung die zwei anderen Bewegungen – darauf werden wir jedoch hier nicht näher eingehen.

diesen her, wenn überhaupt, zu sich selbst findet. Denn es geht bei den lebenden Weltwesen immer um ihre erlebte Individuierung, nicht um ein gleichgültiges Nebeneinander.

Zur globalen Vorzeichnung der Bewegung des menschlichen Lebens gehört daher, so Patočka, Folgendes: „Bei dem Welt-Wesen folgt diese globale Präfiguration aus zwei Gesichtspunkten: einerseits daraus, dass all sein Leisten und Tun eine Beziehung zur Welt darstellt; andererseits daraus, dass es in seinem Sich-Beziehen auf die Welt wesentlich Subjekt wie Objekt ist, dass es also wesentlich als Subjekt ein Mitsubjekt ist [...].“ Denn, so heißt es weiter an dieser Stelle, „[...] die Welt gewinnen, sich in ihr verankern, einwurzeln ist nur durch die Anderen möglich [...] [,] unter dem Schutz, den die Aufnahme durch die Anderen gewährt, durch die die Erde warm, herzlich, freundlich wird [...]“ (ebd., 139; modifizierte Übers.).

Diese zwei Gesichtspunkte sind nicht voneinander zu trennen, d. h. es gibt keinen Weltbezug der Bewegungen des Lebens, das nicht individuiert ist, im „intersubjektiven“ Verhältnis der lebendigen Inneren zueinander. Es hätte wenig Sinn, in einem transzendentalphänomenologischen Ansatz die Individuierung der Lebenszentren auf die kosmische Bewegung zurückzuführen, die als anonymes Geschehen des gegenseitigen Aus- und Abgrenzens die Individuen primär hervorbringe, welche sich dann sekundär irgendwie in solchen Aus- und Abgrenzungen gegenüber den anderen Individuen selbst erleben würden. In seinem Aufsatz „Weltganzes und Menschenwelt“, in dessen Schlussteil auch das Projekt der drei Bewegungen der menschlichen Existenz zusammenfasst wird, lesen wir dazu:

> Aber auch die Dimension der „Einschränkungen“[18] ist nicht nur im bunten Umgebungswechsel gegenwärtig: in sie muss ich mich einfügen, sie muss ihrerseits dafür den Boden gewähren. Dieser Boden erscheint als der warme Herd der Umwelt in der organischen Bewegung des Gezeugtseins und Angenommenwerdens durch eine sich gegenseitig akzeptierende und stützende menschliche Sozialität. Das Organische und die Mikrosozietät bilden die Achse, in welche die grundlegendste Bewegung des sich-erscheinenden Menschenlebens dieses fügt. So entsteht auch in der Umwelt ihr Unmodalisierbares, das in jedem Wechsel der Lebensumstände auf eine Weise da ist, positiv oder defizient: das Heimische, die Heimat im Unterschied zur kalt-nüchternen Weite und Fremde. Dies Unmodalisierbare, diese Umweltstruktur hat sich also angesichts einer Grundbewegung des Lebens durchgehalten, welche man als Bewegung der Akzeptation bezeichnen könnte, deren Leistung ist es, eine „warme“, sympathisierende Stütze in der Umwelt zuerst vorzufin-

18 Mit diesem Ausdruck verweist Patočka in diesem Aufsatz auf das kosmologische Konzept der Individuation durch die sogenannte primäre Manifestation, also „unzentrierte Erscheinungen, d. h. ‚Einschränkungen‘ des Raumzeitrahmens“ (Patočka 1991, 261).

> den, dann selbständig anzustreben und schließlich zu gewähren. In dieser Bewegung *wird* man erst zum Zentrum. (Patočka 1991, 262f.)

Das ist die Bedeutung der sogenannten ersten Bewegung der menschlichen Existenz, durch die erst das Leben zur menschlichen Beziehung zur Welt *wird*, d. h. sich im Leben ein Bezug auf das Weltganze öffnet. Die kosmische Macht der Erde wird damit nicht gebrochen, aber sie wird dadurch zu einer Dimension des Weltganzen, der natürlichen Welt: Zur transzendentalen Funktion des unbeweglichen Referenten der lebendigen subjektiven und in dem Außen begegnenden Bewegung wird sie erst aufgrund der Aufnahme durch die Anderen – die das Einzelne individuiert, vom Außen auf das Außen in einen Bezug stellt – durch das Medium des Erscheinens. Ausdrücklich hält Patočka dies auch in einem anderen Aufsatz fest:

> Jedem Tun, Ausrichten und Handeln muss bereits die *Verankerung*, Verwurzelung vorausgehen, die in einer Dimension der Passivität, des Ausgeliefertseins, erfolgt. Hier eröffnet sich vor allem das Ganze, das den Teilen vorausgeht – ein seinem Wesen nach unerschöpfliches Ganzes – sowie unsere Beziehung zu diesem Ganzen, oder vielmehr seine Beziehung zu uns in der Affektivität, in der Art, wie es uns stimmt, wie wir ihm ausgeliefert, ihm gegenüber offen und sensibel sind; hier findet man also in ihrer ursprünglichsten Form jene unindividuierte Komponente der Welt, die nie ganz ans Tageslicht dringt. Es ist offensichtlich, dass all dies mit einer bestimmten Dimension des personalen Lebens eng verbunden ist: Die Welt kann ein mütterlicher Schoß sein, eine warme, innige Wölbung. Oder der kosmische Frost, dessen eisiger Atem tödlich ist. Und beides steht in einer engen Beziehung zu der Frage, ob uns in der Welt und aus der Welt jemand entgegenlächelt oder entgegenruft. (Patočka 1991, 219)

Damit kamen wir auch zum Thema der ursprünglichen Individuation, die bei Fink und Barbaras kosmologisch, als eine Bewegung der Welt selbst gefasst wird. Ihnen zufolge liegt sie der Individuation durch die erlebte Bewegung des Lebens zugrunde, so dass diese Bewegung eigentlich nur eine Modifikation der ersteren, allumgreifenden Weltbewegung darstellen und daher u. a. auch die wesentliche Unbeweglichkeit der Erde unterlaufen würde. Hier, bei Patočka, sehen wir einen anderen Zugang: Das Walten des Kosmos wird nicht verneint, aber doch durch seine Ausdrücklichmachung angegangen, wobei deutlich wird, dass dieser Ausdruck selbst ursprünglich aus einer Bezugnahme auf die „bestimmte Dimension des persönlichen Lebens" in seiner Affektivität wirkt. Das heißt, ohne Intersubjektivität ist kein Erscheinen möglich, das in einen Bezug auf das Weltganze eingebettet ist, so dass die Welt in ihrem *ganzheitlichen* Aussehen nicht nur das Werk des waltenden Kosmos ist. Denn auch seine Weise zu wirken ist immer schon auf die Affektivität des Lebens angewiesen, als eisiger Frost, sofern es zu keiner Aufnahme durch die Anderen kommt, oder als unerschöpfbarer Reichtum der Welt, die sich sympathetisch von der Heimat in die Ferne öffnet. Nur von dieser Mitte der primären Aufnahme durch die Anderen aus und der affektiven Bereitschaft des Lebens, ist die natürliche Welt vorgegeben, wobei die Fremdheit des Kosmos dadurch nicht verschwindet – der kosmische Frost bleibt immer am Rande der Welt bestehen und kann in bestimmten Situationen empfunden werden. Daher aber umgreift auch die Welt nicht alles, womit das Leben in einen sinnlich-affektiven Kontakt kommt. Anders gesagt: Aus der frostigen Gleichgültigkeit des Kosmos lässt sich das Leben nicht erklären; es bedarf einer Wärme, die sich im Kontakt der lebendigen Wesen entzündet, aus der sich allererst eine Umwelt bildet, in der ein Bezug auf das Ganze wirkt.

Wenn es die Bewegung auf beiden Seiten der Korrelation ist, die diese ermöglicht, und wenn diese einen gemeinsamen Nenner hat, nämlich – ohne auf ein bereits bestehendes Substrat zu rekurrieren – ganz allgemein ein Seiendes zu dem zu machen, was es ist, dann heißt dies: Das Seiende wird zum Seienden in der Welt durch die wechselseitige Bewegung, durch das Ineinander beider Bewegungen. Es wird nicht zunächst in der und durch die Bewegung des Kosmos individuiert, um dann sekundär – phänomenalisiert in Bezug auf die Lebenszentren, die inkarnierten Subjektivitäten – ein Seiendes in der Welt zu werden. Patočka schreibt im Gegenteil wiederholt, dass es ursprünglich das Leben, das menschliche Leben sei, das es als diese Bewegung zu fassen gelte, als die Bewegung, zum Seienden zu werden ohne ein Substrat, das der Bewegung bereits als ihr Träger zugrunde läge. Diese erlebte subjektive, leibliche Bewegung ist auf keine andere reduzierbar und erhält sogar eine bestimmte Priorität in ihrer phänomenologischen Zugänglichkeit. Das bedeutet selbstverständlich nicht, dass diese Bewegung autonom, von sich aus erfolgen könnte, ohne sich auf etwas zu beziehen, was sie als Realisierung ihrer Möglichkeiten im Außen bedingt und ihrerseits ermöglicht. Keine der beiden Bewegungen ist vor der jeweils anderen möglich, wenn es darum geht, dass ein Seiendes zu dem werden soll, was es ist: Die sogenannte ontologische oder ontogenetische Bewegung ist ausschließlich in dieser Gegenseitigkeit oder Korrelation möglich. Diese Nichtreduzibilität der Lebensbewegungen auf ein kosmisches ‚Spiel ohne Spieler‘ sowie die gegen die kosmologische Differenz gewendete phänomenologische Priorität der Korrelation von Innen und Außen im eigenen Leibkörper werden in einem Vortrag ausbuchstabiert, den Patočka ausgerechnet auf Einladung von Eugen Fink im Dezember 1968 in Freiburg realisieren wird.

## 2. *Aus dem Nachlass zur Phänomenologie und Metaphysik des Ineinander von Welt und Leib-Körperlichkeit*

Wie so oft finden wir auch im Nachlass dieses Autors schärfer formulierte Gedanken, die es uns erlauben, das publizierte Werk besser zu verstehen. Im Blick auf eine kosmologische Lesart der Philosophie Patočkas, die in seinen publizierten Schriften keine Stütze findet, wie wir gezeigt haben, finden demnach entsprechende Texte aus dem Nachlass ein besonderes Interesse. Daher lassen wir hier noch einige Abschnitte folgen, um unser Bild von Patočkas Philosophie, und insbesondere von seinem metaphysischen Ansatz zur Phänomenologie der natürlichen Welt, dadurch zu ergänzen, dass wir bekannte, aber auch weniger bekannte Arbeits- und Forschungsmanuskripte, in denen sich seine Position zwischen Husserl und Fink ausgestaltet, zumindest erwähnen.

### 2.1 Bewegung und Raum

Eine frühe Stelle findet sich in den Notizen zum Raum Anfang der 1960er Jahre, die in den Kontext seiner umfangreichen Studie „Der Raum und seine Problematik“ gehören. Das Hauptmotiv der Studie bleibt auch in den Notizen, zumindest in unseren Augen, ein tranzendentalphänomenologisches, wie es der folgende Satz zum Ausdruck bringt: „Das Bauen als eine Art Urbewegung, d. h. als Ausgliedern, Ausscheiden. Man kann nicht diese subjektive Bewegung aus den objektiv räumlichen Urphänomenen verstehen, sondern erst aus dem Bauen lässt sich umgekehrt die Realität der objektiv-räumlichen Beziehungen, Verortung, Bewegung im Raum usw. begreifen.“ (Patočka 2016a, 73; Übers. K. N.) Andererseits aber hat dieses Bauen ein vorgegebenes Milieu, in das es sich eingliedern muss. So kann man etwa die folgende Stelle verstehen: „Die Ausgedehntheit zeigt das ursprüngliche Chaos als ‚objektive Gegend der Welt‘, als etwas real Existierendes, mit anderen Worten als Nichtindividuiertheit, die wirklich ist.“ (Ebd. 75)

Eine Resonanz des kosmologischen Motivs bringt dann die folgende Passage, mit der diese Notate abbrechen:

> Der Raum ist nicht nur 1. eine noematische Erlebnisstruktur, sondern er ist ein grundlegender Rahmen des Verstehens des Seienden, und das vor allem des Seienden der Natur, sondern auch der Menschheit, Gesellschaftlichkeit und Individuiertheit. […] eine ontologische Struktur möglichen Begegnens mit dem Gegenwärtigen, unthematisches Schema des Verstehens […]. Der Raum ist 2. auch nicht nur dieser ontologische Rahmen des Begegnens mit dem Gegenwärtigen, sondern zugleich ein wesentlicher Grund von diesem einzeln Seienden selbst. Unsere subjektive Individuierung des Seienden aus dem Ungeschiedenen ist Korrelat dinglicher, kosmischer Individuation aus dem Ungeschiedenen als solchem, aus dem Ungeschiedenen als allgemeiner Matrix, aus der

> ur-ursprünglichen χώρα, die nicht nur alle unterschiedenen Dinge enthält, um-greift, um-gibt, sondern die zugleich ihre Ungeschiedenheit in sich hat. Das ontologische Schema des Raumes ist eine subjektiv-phänomenale Replik des kosmologischen Schemas, in dem die kosmische Ungeschiedenheit die Realitäten als „Erscheinungen an sich" aus sich entlässt, anstatt die Perspektiven der Realitäten als „Erscheinungen für uns" durchzulassen. (Ebd. 97f.; Übers. K. N.)

All das sind klare Zeugnisse dafür, dass Fink bei Patočka nach wie vor sehr präsent war, vor allem dort, wo es diesem in den eigenen Arbeitsmanuskripten darum geht, seine Position zu entwerfen. Aber auch im Konvolut „Der Raum und seine Problematik" ist diese Position keine kosmologische. Dies ist insofern bedeutsam, als Patočka an dieser Studie[19] intensiv zu der Zeit gearbeitet hat, als er sein philosophiehistorisches Buch zu *Aristoteles, seinen Vorgängern und Erben* vollendete (1961, publiziert 1964), in dem das Motiv des verallgemeinerten Begriffs der Bewegung ebenfalls systematisch im Vordergrund steht und sogar als *das* ontologische Prinzip alles weltlichen Seins vorgestellt wird.[20] Dennoch gehört

---

19 Ebd. 87–131. Zu den genauen Daten der beiden Redaktionsarbeiten vgl. den Briefwechsel mit Václav Richter in Patočka 2001, 73ff.

20 Im Nachlass gibt es unter dem Titel „Zur Phänomenologie und Ontologie der Bewegung" zudem Notizen aus dem Ende der 1960er Jahre, in denen sich Patočka ausdrücklich auf Stellen seines Aristoteles-Buches bezieht. Unter der Überschrift *Bewegung* weisen diese Notizen gleich zu Beginn auf eine grundlegende Dualität hin: „1) hat die Bewegung in der ontologischen Ausrichtung die besondere Seite, dass sie im Unterschied zum Begriff des Seienden die Geschlossenheit ausschließt", zu welcher dieser Begriff durch die Bestimmung tendiert, die das Seiende in sich schließt und zur „selbständigen Substanz" werden lässt, „[...] während die Bewegung, auch die elementarste physische Bewegung, nur dadurch sowohl innerlich möglich als auch verständlich und erkennbar ist, dass sich jede Bestimmung in Richtung auf das Un-Endliche, auf das Universum des Seienden überschreitet. 2) menschliche Erfahrung – Bezug zu den Entitäten, Walten im Leibe und durch seine Vermittlung Eingreifen in die äußere Realität, das alles nur möglich durch Bewegung – Bewegungstheorie der Wahrnehmung, des Willens, des menschlichen Daseins" (Patočka 2016a, 630). Wir finden in diesem Entwurf keine Spur einer Weltbewegung. Die Individuierung entspringt zwar der Welt, wird jedoch nicht durch die Welt vollzogen, sondern immer jeweils durch jemanden oder etwas; es handelt sich dabei somit eher um eigenständige Bewegungen *in* der Welt. Die Gleichung *physis = symphysis* bedeutet keine einseitige Inklusion der subjektiven Bewegung in die Bewegung der allumgreifenden Physis, der Welt im Sinne eines Kosmos, sondern eine besondere Art des Ineinander, die wir bereits an Patočkas veröffentlichtem Werk nachvollzogen haben. Bei ihm kann also keine Rede von der Absicht sein, alle einzelnen Bewegungen aus einer Ur-Bewegung als ihre Modalitäten abzuleiten. Vielmehr spricht er von ihrem gemeinsamen Nenner, von der allgemeinen Charakteristik dieser Bewegungen: Bewegung bedeutet hier „den Übergang von Nichtsein zum Sein und umgekehrt" bzw. „zugleich: etwas zu werden, d. h. vom Nichtsein von etwas zum Etwassein überzugehen" (ebd. 631). Der Nachdruck auf einem Etwas be-

die zeitgleich verfasste Studie zur Raumproblematik in eine andere Konstellation, in der ein transzendentalphänomenologischer Ansatz am Werke ist, auch wenn sich sowohl in dieser Studie als auch in den späteren Notizen, die wir zitiert haben, zumindest am Rande Stellungnahmen zur kosmologischen Perspektive Finks finden. Wir möchten also darauf hinweisen, dass Patočka neben seinen Aristoteles-Studien, die auf eine bereits erwähnte Radikalisierung des Bewegungsbegriffes hinauslaufen – der zufolge alles Sein als „Sediment" einer Bewegung zu betrachten wäre, in der dann für Interpreten wie Barbaras die Welt selbst besteht –, auch frühere Intuitionen aus dem Umfeld der Untersuchungen zum Inneren des Lebens und seinem Ausdruck wieder ins Spiel bringt, wenn er sich fast 20 Jahre später und nun im neuen Kontext der 1960er Jahre dem Weltbezug des Menschen in seiner räumlichen Dimension zuwendet. Patočkas Hauptthese in seiner Studie zum Raum ist eine transzendentalphänomenologische, nämlich, dass der *spatium ordinans* dem *spatium ordinatus* vorhergehe und dass die erstere Ordnung sich durch die subjektive Bewegung realisiere, wodurch die letztere Ordnung allererst zustande komme.[21] Das schließt aber Ränder dieser Ordnung nicht aus, im Gegenteil,

---

deutet den innerweltlichen Charakter dieser Bewegungen, wobei die Welt selbst kein Etwas ist und zu keinem Etwas werden kann. Schematisch wiederholt finden wir diesen Gedanken eines gemeinsamen Zugrundeliegens noch an einer anderen Stelle des Manuskripts zusammengefasst: „Es gibt zwei Hauptformen der Bewegung: a) objektive Bewegung α) Orts-bewegung, bloßer Ortswechsel β) ‚Prozess' [;] b) erlebte Bewegung, Bewegung des psychophysischen Wesens[.] Die Synthesis von beiden: historisch-gesell-schaftliche Bewegung, objektive Bewegung, die aus dem Zusammenspiel der subjektiven Bewegungen resultiert[.] Die Unterlage für beides ist die ontologische Natur der Bewegung – Bewegung als Übergang vom Nichtsein zum Sein oder umgekehrt" (Patočka 2016a, 641). Die These von einer „ontologischen Bewegung" als einer gemeinsamen Grundlage der Individuierung sowohl des lebendigen als auch des leblosen Seienden bedeutet offenbar einen weiteren Schritt weg von der idealistischen Konstitutionslehre hin zur „asubjektiven" Phänomenologie des Weltganzen. Doch der Schritt von der Idee einer gemeinsamen Unterlage von objektiver und erlebter Bewegung hin zur These der ontogenetischen Bewegung der Welt selbst, die alles Einzelne, auch die Selbstbewegung der lebendigen Wesen, aus sich produziert, ist ein zu großer Schritt, den wir so weder in Patočkas publizierten Schriften noch in seinen Arbeitsmanuskripten und Entwürfen finden. Stattdessen schält sich in seinem frühen Denken ein anderer Ansatz heraus, in dem die Welt nicht vom Kosmos, sondern vom Leben aus zu deuten ist, als ein *Medium* der Bewegungen, die selbst Lebensausdrücke der Inneren sind. Vgl. dazu weiter unten den Abschnitt 2.3.

21 Vgl. z. B.: „Die Beziehungen sind nur im Zusammenhang mit einer Realisierung real, und eine solche Realisierung ist uns empirisch nur als Realisierung durch ein Subjekt bekannt. Das bedeutet weiter, dass das Subjekt primär ein Subjekt der Realisierung von Beziehungen und erst sekundär ein Glied der Beziehungsstruktur ist. Die Beziehungsstruktur setzt das Subjekt notwendig voraus, während umgekehrt das Subjekt in diesem Sinne nicht durch die Beziehungsstruktur be-

Patočka spricht in diesem Zusammenhang von der „Peripherie" der Welt.

Wie diese Realisierung des Ordnens vorgeht, fassen die folgenden Ausführungen des Textes „Der Raum und seine Problematik" zusammen, deren Hauptmotive wir bereits aus den späteren Schriften zur ersten Bewegung des Lebens kennen:

> Das *Wir* ist im Mittelpunkt des Heimes, das im Ergebnis des *Bauens* entsteht, im Ergebnis jener Gesamtheit persönlicher Bemühungen um eine Verankerung in der Welt, um eine feste freundschaftliche Beziehung zum Ganzen des Seienden, die auch jenes ganz Fremde, Ferne, Unbeherrschte und vielleicht nicht Beherrschbare, vielleicht sogar Bösartige und Feindliche, das ständig an der Peripherie und dort wie ein fernes Gewitter grollt, in seine Harmonie einbezieht. Das Heim ist eben in Opposition zum kosmischen Frost an der Peripherie warm und freundlich, es ist trotz seiner letztlichen Undurchsichtigkeit ein Ort des Lichtes, der Personen, Individualitäten, ein Ort, wo die Nacht immerzu in den Tag übergeht und dieser Wechsel die Riten der banalen Alltäglichkeit tief und eintönig begleitet. (Patočka 1991, 106)

So wie die Nacht nicht auf Dauer verschwindet, so wird sich auch der Gegensatz der Welt, der „kosmische Frost an der Peripherie" nie in die Wärme und Harmonie unserer Welt und also die Welt als solche verwandeln. Das sind uns bereits bekannte Motive, die kontinuierlich auf die Ränder der tieferen Korrelation von Leben und Welt bei Patočka hinweisen.

Interessant ist auch ein Fragment aus dem Nachlass, in dem Patočka die kosmologische Bedeutung der Bewegung klar zum Ausdruck bringt. So notiert er auf einem Blatt:

> Der Transzendentalismus Kants – Passivität des Subjektes in der Sinnlichkeit Ausgangspunkt für die Aktivität der gegenständlichen Konstitution. Maine de Biran. Marx (in Landgrebes Interpretation) – vorläufige Aktivität, die der Passivität der Sinnlichkeit vorhergeht – das ist auch eine sinnliche Aktivität – Bewegung – und Husserl! Merleau-Ponty. Marx, Feuerbach interpretieren aber die Aktivität als geläufige kausale Wirkung im Sinne des britischen Empirismus, des äußeren objektiven Naturalismus. Begriff der Bewegung als Grund – allerdings nicht der Begriff der objekthaften Bewegung, sondern der Bewegung als eines Werkes der φύσις, vor der Objektivierung und Subjektivierung der Be-

---

dingt ist. Jede Beziehungsstruktur kann nur durch das Subjekt existieren, doch das Subjekt kann auch außerhalb ihrer existieren, es kann nur ohne sie nicht in der kosmischen Ordnung, kein Glied des Kosmos sein. Das Subjekt wird jedoch durch die Einordnung nicht geschaffen, sondern das Subjekt oder besser die Subjekte schaffen vielmehr die Ordnung." (Patočka 1991, 89) wegung – φύσις als Wesen, das Ereignis ist, ein Wesen, das aufkommt. (Patočka 2016a, 571)[22]

Aus dem Inhalt dieses Manuskripts, dem Akzent auf der Rolle der Leib-Körperlichkeit in der Konstitution der gegenständlichen Einheiten auf dem Hintergrund der „ausgehaltenen Beständigkeit der Welt-Gegebenheit", ergibt sich, dass die im letzten Satz des zitierten Fragments vermutlich gemeinte Position Finks von Patočka in aller Schärfe eingesehen, jedoch in eigene Begriffe übersetzt und keineswegs einfach übernommen wurde. Sie gehört auf die Liste aller bisherigen Versuche, das Problem der Konstitution der gegenständlichen Einheit aufzugreifen. Wie er dieses Problem angehen wollte, zeigt unmissverständlich das nächste Dokument, das sich im Nachlass erhalten hat.

## 2.2 Die Fügung von Welt dem Leib gegenüber

Im Blick auf die direkte Auseinandersetzung Patočkas mit Fink ist nämlich außer dem bereits kommentierten Aufsatz „Weltganzes und Menschenwelt" aus dem Jahre 1972 ein weiteres Manuskript zentral, das im Zusammenhang der Einladung Patočkas nach Freiburg durch Fink und den hier 1968 gehaltenen Vortrag „Phänomenologie und Metaphysik der Bewegung" entstand, auf den wir nun noch einmal[23] kurz eingehen werden.

Im expliziten Anschluss an die Phänomenologie in Frankreich, der gegenüber er sich verpflichtet erklärt, beginnt Patočka seinen Vortrag mit der These, dass wir „nicht durch unsere Denkleistungen [...] ursprünglich in die Welt hineingestellt" sind, „sondern durch den Leib, und zwar als einen subjektiven, *in der Reflexion nie aufgehenden* Leib" (Patočka 2016a, 719, Herv. K. N.). Das könne am Phänomen abgelesen werden, das in und durch die leiblich-subjektive Bewegung in der Erfahrung gegeben werde. Dieses Phänomen weise zugleich bereits auf zweierlei hin, das der Phänomenalisierung und daher auch der anschaulichen Erfassung zwar entgehe, jedoch in einem Übergang von der Phänomenologie zu einer Metaphysik der Bewegung vorausgesetzt werden müsse:

> So scheint aber subjektive Bewegung zweierlei vorauszusetzen: ein Bestimmendes, ein Subjekt, das in Möglichkeiten lebt, sie entwirft, aus

---

22 Der zitierten Stelle geht eine Reflexion zum Problem der gegenständlichen Konstitution voraus, dem das kurze Manuskript (Patočka 2016a, 570–571) gewidmet ist, die wir bereits oben S. 73 zitiert haben. Der Hinweis auf Ludwig Landgrebe erlaubt eine Datierung des Textes, der offenbar nach der Lektüre von Landgrebes Aufsatz „Das Problem der Dialektik" (Landgrebe 1954) entstanden ist. Patočka zitiert ihn in seinem Beitrag „Die Lehre von der Vergangenheit der Kunst" für die *Festschrift für Eugen Fink zum 60. Geburtstag* (Patočka 1965).

23 Wir verweisen hier auf einen Aufsatz, der sich mit diesem Manuskript bereits in einem anderen Zusammenhang beschäftigt hat; vgl. Novotný 2019c.

> ihnen eine Auswahl trifft, um sich selbst zu bestimmen, d. h. in einem anderen Zustand als bisher zu sein; und eine Entsprechung in der Welt, im Seienden, etwas, was mit der freien Bestimmung des Subjekts übereinstimmt und ihr gehorcht. Weder ist das eine auf das andere zurückzuführen noch durch eine Interpretation wegzudenken. (Patočka 2016a, 724)

Worauf Patočka in diesem Vortragstext also unmissverständlich hinweist, ist die konstitutive Rolle der subjektiven Bewegung des Leib-Körpers im Prozess des Erscheinens. Diese Bewegung ist nicht durch ein „vorsubjektives" Erscheinen der Welt im Sinne einer primären Manifestation vorbestimmt und lässt sich darauf auch nicht zurückführen. Doch geht es auch Patočka um die Frage, was der Korrelation zwischen dem Leib-Körper und seiner erscheinenden Umwelt zugrunde liegt und das Erscheinen ermöglicht, ohne selbst darin zu erscheinen. Es handelt sich also um einen Übergang von der Phänomenalität zu ihrem Grund – analog zu Fink, aber doch ganz anders als bei ihm: Der Übergang vollzieht sich nicht von der Phänomenologie hin zur Kosmologie, sondern hin zu einer Metaphysik der Bewegung.

Patočka geht vom Verhältnis von Leib und eigenem Körper als phänomenal ausweisbarem Ausgangspunkt für seine Hypothese[24] aus:

> Und so haben wir nur von der *abgestuften* Folgsamkeit des Körpers, nie von der Art und Weise seines Funktionierens ein Bewusstsein, denn sonst müssten wir uns selbst in unserer leiblichen Subjektivität zum Objekt werden. Gerade deshalb ist aber wohl eine ursprüngliche Entsprechung, eine Fügung des Nichterscheinenden an uns selbst, seine Eignung für Subjektives, letztlich einfach vorauszusetzen und nie bewusstseinsmäßig einzuholen. Es muss vor jeder Vergegenständlichung im Seienden selbst sein Sich-Fügen unserer Absicht, unserem intentionalen Impetus geben, und erst aufgrund dieses Fügens gibt sich uns die Welt auch ‚objektiv' als ein Gegenüber, als angeschaute. In der Anschauung und ihrer Vergegenständlichung ist diese Fügung also nie gegeben, aber jede Anschauung, Vergegenständlichung und jede menschliche Tat geschieht auf ihrer Grundlage, ist ihr Ausdruck. (Patočka 2016a, 724)

24 Patočka selbst charakterisiert den Status seiner Betrachtungen als Hypothese: „Wir brauchen aber auch nicht zu den letzten Wurzeln des Seienden zu gehen, um das Zusammenspiel von Ding und Freiheit, von lebendigem Leben und seiner Umgebung zu verstehen. Es ist dazu nur nötig, dasjenige, was das Phänomen unserer ständigen Auseinandersetzung mit der Umgebung und schließlich der Welt ständig zeigt, einigermaßen zu erweitern. Es ist dies allerdings eine Hypothese, in diesem Sinne eine Konstruktion und als solche nie voll in Deckung mit den Phänomenen. Aber es ist eine Hypothese, die keine unbekannte Elemente voraussetzt, nichts beansprucht, was nicht ausweisbar, was vollständig unbekannt wäre und was deshalb unsere Erfahrungssphäre durchbräche." (Patočka 2016a, 724)

Der zentrale Begriff ist hier der der „Fügung". Der Phänomenalisierung im Erscheinungsfeld, d. h. dem Auftreten der Phänomene vor dem Hintergrund des Weltganzen in das Licht der anschaulichen Gegebenheit, geht „eine Fügung des Nichterscheinenden an uns selbst" voraus. Da diese Fügung dem Erscheinen vorausgeht, ist sie selbst nicht phänomenal gegeben.

Eine solche Fügung kann man am Verhältnis von Leib und eigenem Körper aufzeigen, denn der Körper (die Hand) fügt sich ja unserer Intention, nach etwas zu greifen, und dies, ohne dass hier schon eine Objektivierung interveniert. Dieses Sich-Fügen geschieht diesseits des phänomenalen Feldes. Die subjektive Bewegung ist eine solche Fügung von erlebtem Leib und bewegtem Körper, wobei es sich gerade nicht lediglich um eine „absichtliche" Bewegung handelt, die sich schon auf die Objektivierung stützen würde, sondern um „jede solche, die von einem Subjekt untrennbar ist, so dass das Subjekt zu ihrem inneren Sinne gehört: z. B. Bewegungen, die durch Schmerz veranlasst werden oder die wir in Überraschung und unwillkürlichem Uns-gehen-Lassen vollführen" (ebd.).

Was Patočka hier betrachtet, ist etwas anderes als das, was Merleau-Ponty mit seinen Überlegungen zur Fügung als Chiasmus betont. *Einerseits* ist in der Bewegung auf gewisse Weise ein „Sprung ins Sein vollzogen", nämlich in dem Sinne, dass unser „Walten im Leibe" keine bloße Begleiterscheinung, kein Erlebnis ist, sondern bereits die Bewegung selbst in ihrem weltlichen Vollzug. So wird die subjektive Bewegung als ein „Vollzug, eine Realisierung *empfunden*", und als dieser Vollzug „*ist* sie auch", d. h. ihr Sein – das *sum*, das Sein des Subjektes – ist dieser Vollzug (ebd. 721). Insofern gibt es den Leib (im Unterschied zum Körper) nur in der subjektiven Bewegung. Dadurch wird noch einmal betont, worin sich Patočka von Husserl unterscheiden will: „Ich tue" ist nicht bloß ein Erlebnis, sondern bereits erlebte Realität. Das leibliche *sum* ist ein Subjekt, das sich nicht auf einem reflexiv einholbaren „Ich" der Akte im Sinne von „Erlebnissen" gründet, denn das Tun des *sum* ist leib-körperliches Tun, es sind Bewegungen, deren Beweger, Subjekt, kein reines Ich ist, sondern eben der Leib. Dieser Leib ist vom Körper abhängig und diese Abhängigkeit fühlt er auch.

Die subjektive Bewegung ist Realisation eines Aktes, ein Sein. Nun hat Patočka bekanntlich in einem anderen Kontext vorgeschlagen, das Sein des Seienden allgemein als Bewegung im Sinne der sich realisierenden Möglichkeit ohne ein subsistierendes Substrat aufzufassen (vgl. dazu Rodrigo 2009, 108ff.). Daher wäre es naheliegend gewesen, *andererseits* auch die subjektive Bewegung auf diese Weise aufzufassen, daraus sozusagen einen Spezialfall der allgemeinen Bewegung zu machen. Und Patočka erwähnt diese Möglichkeit auch in dem Text, den wir hier kommentieren. Von der subjektiven Bewegung sagt er nämlich: „Sie könnte allerdings schön durch das aristotelische *atelés energeia* charakterisiert werden, wenn sie nicht von der Seinsart des Subjekts, eines freien oder benommenen, abhängen würde.“ (Patočka 2016a, 721) Doch dieses „wenn sie nicht“ ist sehr wichtig und darf nicht übersprungen werden in der Deutung dieses Satzes. Während in der klassischen Phänomenologie das Sein ein in den subjektiven Sinnleistungen Konstituiertes ist, ist für Patočka die Bewegung als Realisierung der Möglichkeit so zu generalisieren, dass jedes Seiende in einer Bewegung zu seinem Sein gelangt. Er würde allerdings nicht so weit gehen, den Leib als subjektive Bewegung durch die Welt selbst (vor-subjektiv, ohne Bewusstseinszentren der Sinnbildung sozusagen) aufklären zu wollen. Gegen solch eine radikale Vor-subjektivität einer allumgreifenden ontogenetischen Bewegung spricht schon die Auffassung der Fügung im Sinne der Anpassung des Weltlichen an die Intentionen der subjektiven Bewegung des Leibes, die unser Text unmissverständlich zum Ausdruck bringt. Die Subjektivität des Lebens, das sich als Bewegung in Korrelation mit der Umwelt realisiert, ist unhintergehbar.

Denn die Bewegung ist subjektiv auch in dem Sinne, dass sie Vollzug einer „Selbstbestimmung durch Virtualitäten“ ist. Ein Entwurf der Möglichkeiten wird realisiert, in dem der Leib nicht nur auf die sich anbietenden Möglichkeiten reagiert, sondern diese eben entwirft: „[D]ie Dynamis ist hier keine passive, sondern eine selbstentworfene, und der Anstoß zur Verwirklichung kommt seinerseits nicht von außen.“ (Ebd. 728f.)

Auch die folgende Stelle, der Schluss des Vortragsmanuskripts zu „Phänomenologie und Metaphysik der Bewegung“, spricht gegen die Auffassung der subjektiven Bewegung des Leibes als eines Spezialfalles der allgemein gefassten Bewegung des Werdens der Welt selbst. Die Welt ist zwar sicherlich, wie oben dargelegt, nach wie vor für Patočka das Erste, aber sie ist nicht alles: „Wenn dem aber so ist“, schreibt er,

> dann kann die ‚subjektive‘ Bewegung sich zwar in der Welt darstellen und verlaufen, aber nie aus ihr im Grunde ihrer Ermöglichung begriffen werden. Der Grund der Ermöglichung der Bewegung wäre aber vermutlich dasjenige, was das Leben selbst ermöglicht – objektiv nicht fassbar, denn jede Objektivität kann erst auf seinem Grunde entstehen als Anschauung, Wahrnehmung, Synthese, Bestätigung. Leben könnte nie von außen begriffen werden, nicht weil es ‚subjektiv‘ wäre, sondern in einer Sphäre gründend, welche die Subjektivität selbst erst ermöglicht als seiende, existierende, und man könnte diesen letzten Grund nie in die Reflexion einholen. Darum wäre aber auch verständlich geworden, warum Leben mit Bewegung so eng zusammenhängt, dass sie allein das zuverlässige Anzeichen für das Leben ist. (Ebd. 730f.)

Die Frage, wie diese subjektive Bewegung weiter „metaphysisch“ zu bestimmen ist, bleibt somit offen. Daher haben wir mit dem Leib als „Bewegung in der tieferen Korrelation des Lebens“ mit einem Thema zu tun, das die phänomenologische Problematik der Korrelation über ihre Grenze hinausweist, wie sich folgender Bemerkung Patočkas entnehmen lässt:

> Aber die Frage einer ständig sich in uns realisierenden Bewegung hängt vom Sinn dieser Bewegung im Ganzen ab. Diesen Sinn im Ganzen können wir nicht begrifflich erfassen, wie überhaupt Bewegung nicht objektiv zu fassen und zu verstehen ist. Wir können durch gewisse Symbole hindurch den Sinn und die Kurve dieser Gesamtbewegung andeuten. Von der Erde als Referens ausgehend – Einwurzelung – Schwere – Wiederholung – Durchbrechung der Schwere, Mitsein, Mitbewegung [...]. Es sind Lebensbegriffe, die hier auftauchen. Auch die Referenten der großen Bewegungsrichtungen sind in dieser Weise ‚subjektiv' – Erde außer uns und in uns, die uns das nächste ‚wozu' aufzwingt. (Ebd. 722)

Das Vortragsmanuskript geht auf diese zuletzt genannten Zusammenhänge nicht weiter ein. Dafür beschäftigt sich Patočka mit ihnen ausführlich in anderen Texten, die er zu dieser Zeit publizierte, wie wir oben in Bezug auf die Erde zumindest partiell dokumentiert haben. In diesen taucht aber immer wieder, wenn auch zumeist unauffällig, ein Begriff des Inneren auf, der, wie wir allerdings erst heute, nachdem die entsprechenden Texte publiziert wurden, wissen, ein zentraler Begriff des Lebens in Patočkas Projekt aus den frühen 1940er Jahren war.

### 2.3 Leben, Welt und Bewegung im ersten Projekt einer neuen transzendentalen Phänomenologie

Wir werden nun also, wenn auch selektiv, einige Motive dieser „Lebensphänomenologie" aufgreifen, die, wie oben mehrmals angedeutet, noch in späteren publizierten Texten widerklingen. Dennoch sind sie von Anfang an im Denken Patočkas präsent.[25] Ganz am Ende seiner Habilitationsschrift aus dem Jahre 1936, in der er den husserlschen Ansatz verteidigt, notiert Patočka, was über die Grenze der reflexiven transzendentalen Phänomenologie Husserls hinaus ein Desideratum bleibe. Es sei die „Aufgabe der *Interpretation aller Existenz aus den inneren Quellen des Lebens selbst*", die, wie er bemerkt, eine noch „weit intensivere analytische philosophische Arbeit voraussetzt", als bisher in seinem Buch zur transzendentalen Phänomenologie umrissen worden sei (Patočka 1990, 179).

Auf das Leben zurückzugehen, noch diesseits der reflexiv feststellbaren Korrelation des Erlebens zu seinen Umwelten – dieses Motiv entwerfen einige Manuskripte Patočkas aus den frühen 1940er Jahren, die unpubliziert, aber vom Autor aufbewahrt blieben. In ihnen scheint seine eigenständige philosophische Position erste Umrisse zu erhalten, die noch in seinen späteren publizierten Texten ab Mitte der 1960er Jahre durchscheinen. Wir möchten daher versuchen, die zuletzt zitierte Passage der Habilitationsschrift mit den in diesem Kapitel weiter oben angesprochenen späteren Projekten Patočkas in Verbindung zu setzen, ausgehend von

---

[25] Vgl. seine bereits erwähnte Doktorarbeit aus dem Jahre 1931 in Patočka 2008.

einem unveröffentlicht geblieben Vorhaben aus den 1940er Jahren, das bisher nur zu einem kleinen Teil außerhalb des tschechischen Sprachraums zugänglich ist[26] und daher nur wenig rezipiert wurde. In diesem Abschnitt werden wir uns also auf einige der zum Teil abgeschlossenen, zum größeren Teil jedoch unabgeschlossenen Manuskripte aus den frühen 1940er Jahren beziehen. Insgesamt handelt es sich in dem kürzlich erschienenen Band der tschechischen *Gesammelten Schriften* Patočkas um ungefähr 300 Seiten.[27] Die ausführlichsten systematischen Texte aus diesem Konvolut, die „Studien zum Weltbegriff", sowie das unbetitelte Manuskript über die „Phänomenologische Theorie der Subjektivität" blieben unabgeschlossen; beide gehen zum Schluss in Notizen und Exzerpte über.[28]

Das Manuskript mit dem Titel „Welt und Gegenständlichkeit", eines der abgeschlossenen Texte, kündigt das folgende Programm an:

> Da in unserer Fassung der transzendentalen Phänomenologie dadurch, dass auf der Grenze des menschlichen Dingverständnisses die reine Natur, die reine in sich selbst verschlossene Ungeschiedenheit von Subjekt und Objekt entdeckt wurde, ein grundlegender Wandel eingetreten ist, muss auch die Beziehung zu den verschiedenen Teilbereichen der philosophischen Problematik revidiert werden.[29]

Ein zentrales Phänomen eines tieferen Verhältnisses von Leben und Natur, das uns hier vor allem interessieren wird, ist in diesem neuen Konzept der

---

26 Vier kürzere Texte, die das Projekt programmatisch aus einigen wichtigen Teilperspektiven entwerfen, wurden von Sandra Lehmann ins Deutsche übersetzt; vgl. Patočka 2007, 26–70. Eine Übersetzung ins Italienische von Marco Barcaro liegt seit 2018 ebenfalls vor; vgl. Patočka 2018.

27 So in der Edition der Auswahl dieser Texte im Rahmen der Gesamtausgabe der Schriften Patočkas. Vgl. Patočka 2014.

28 Die um die Zeit des Kriegsendes gepflegte Praxis der persönlichen Notizen, in welche die beiden Manuskripte zum Schluss übergehen, hat Patočka nach dem Krieg noch ein paar Jahre beibehalten – daraus ist ein philosophisches Tagebuch entstanden, das bald in französischer Übersetzung von Erika Abrams publiziert werden soll. Das umfangreiche Engagement Patočkas an der Universität sowie sein Bemühen, die neuen philosophischen Errungenschaften und Aufgaben, die nach der Befreiung zugänglich und aktuell wurden, zu rezipieren, zogen vermutlich den Abbruch der Arbeit an den beiden wichtigsten Manuskripten nach sich. Von der großen Relevanz all dieser Texte für Patočka zeugt jedoch die Tatsache, dass er sie behalten und Ende der 1960er Jahre zusammen mit anderen Arbeiten und Dokumenten einem staatlichen Archiv – dem Nationalen Literaturarchiv mit Sitz im Prager Strahov-Kloster – anvertraut hat.

29 Patočka 2014, 64; dt. Übersetzung in Patočka 2007, 46. Beide Verweise im Folgenden unter Seitenangabe der tschechischen und der deutschen Fassung. Wo die deutsche Seitenangabe fehlt, liegt keine Übersetzung vor; die entsprechenden Passagen wurden daher vom Verfasser aus dem Tschechischen ins Deutsche übertragen.

transzendentalen Phänomenologie (übrigens ähnlich wie bei Merleau-Ponty) das Zusammenstimmen oder gar harmonische „Zusammenfließen" mit der Natur in der menschlichen Sinnlichkeit. Es ist ein „Zusammenklang [von] zweierlei Indifferenzen" von Subjekt und Objekt auf beiden Seiten des Kontakts im Empfinden, von dem Patočkas Entwurf seinen Ausgang nimmt: „Das Empfinden, Wahrnehmen ist ursprünglich ein sympathisches Zusammenklingen."[30] Dieses ist für Patočka nicht bloß eine Spur, sondern ein phänomenologisch überzeugendes „Dokument grundlegender Identität". So lesen wir im Manuskript der „Studien zum Weltbegriff", aus dem dieser Ausdruck stammt: „[V]on einem ‚Zusammenfließen' mit der Natur zu sprechen, kann einen ganz konkreten Sinn haben", denn, so Patočka weiter,

> [...] auch die Sinnlichkeit (auf der Ebene der Subjekt-Objekt-Polarität) ist letztlich ein Hinweis auf eine tiefere Einheit diesseits und jenseits des Subjekt-Objekt-Gegensatzes. Wenn sie nichts anderes als das Zurückstrahlen dessen ist, was das Innere in sich selbst erleben kann, nichts anderes als eine Projektion des Erlebens – was für einen Sinn hätte ein solches Zurückstrahlen denn sonst als den, ein Dokument grundlegender Identität zu sein? (Patočka 2014, 139)

Wir werden zunächst in einigen knappen Schritten das Verhältnis von Leben und Natur vorstellen, wie es sich in diesen Manuskripten abzeichnet.[31] Es geht dabei vor allem um die beiden Pole dieses Verhältnisses sowie um die Frage, wie dieses ausgehend von der Korrelation des Bewusstseins und seiner Umwelt sowohl im Blick auf die ihnen zugrundeliegende gemeinsame Natur als auch auf die das Verhältnis als Bezug ermöglichende Eigenart des menschlichen Lebens – seine Identität mit dem und Differenz vom Leben der Natur – konzipiert wurde.

Die tiefere Korrelation des Lebens spielt sich in der grundlegenden Sicht der *aisthesis* ab, sofern diese sowohl „ein Zusammenstimmen, eine Sympathie ist" – denn wie wir schon gesehen haben, ist „die Wahrnehmung [...] durch ihren Grund ein Sympathisieren, Teilnahme am Leben, das uns übergreift" – als auch ein Bezug auf die eigene Grenze:

> Wenn jedoch das Leben gerade durch das, was in ihm über dem Gegensatz von Subjektivem und Objektivem steht, die Fähigkeit hat, mit einem anderen Leben zusammenzutreffen, dann muss genau dasselbe, was die obere Grenze der Aisthesis ist, auch die untere Grenze sein: nämlich die Ungeschiedenheit von Subjekt und Objekt, diesmal jedoch in sich verschlossen, nicht-exzentrisch, sondern in sich selbst konzentriert – und *diese* Identität, diese reine Lebendigkeit, bei der es des-

30 Ebd. 65/48. „Das Gefühl, die Wahrnehmung sind ursprünglich ein sympathetischer Zusammenklang", heißt es in der deutschen Übersetzung von Sandra Lehmann.

31 Vgl. mehr dazu Novotný 2019a.

> wegen keinen Gegensatz zwischen Äußerem und Innerem gibt, ist das *reine Bild*. Die Aisthesis geht also aus dem reinen Bild hervor, aber sie hat dieses „Bild“ nie in reiner Form, denn das reine Bild ist etwas unfassbar und unsagbar Lebendiges, gerade so, wie unser allergeheimstes und sich vollkommen spontan entfaltendes „inneres“ Leben. (Patočka 2014, 62f./2007, 44f.)

Das ist das Resultat der Abschreitung der klassischen gegenständlichen Korrelation des Erlebens von der *aisthesis* aus (als ihrer grundlegendsten Schicht) zu ihren ungegenständlichen Polen, die beide der Subjekt-Objekt-Spaltung vorangehen. Nicht alles Sein ist einerseits von der Welt umgriffen, das Sein drückt sich auch anders als innerweltlich aus, tritt nur zum Teil in das Licht der Welt. Andererseits ist auch jedes Sein, ob weltlich oder nicht, nur als Ausdruck eines Inneren möglich, was hier bei Patočka bedeutet, dass also jedem Sein ein Leben und jedem Erscheinen ein Ausdruck des Inneren zugrunde liegt.

Das ursprüngliche Phänomen des Weltganzen, das hier beschrieben und als Lebenslicht gedeutet wird, weist einerseits auf das „vorontologische Seinsverständnis“ hin, welches – wie auch die Befindlichkeit – von Heidegger starkgemacht wurde. Für Patočka ist damit jedoch die Frage nach dem Ursprung der Welt noch nicht hinreichend tief angesetzt; er lädt im Abschnitt IV des Manuskripts „Welt und Gegenständlichkeit“ vielmehr dazu ein, mit Husserl noch tiefer in die Sinnlichkeit einzudringen, bis zum Empfinden und sogar den „hyletischen Daten“.

Das Verhältnis des Inneren zur Differenz des eigenen und des fremden Seins ist nun für uns insofern von Interesse, als die Natur sich zwar durch ihre Elemente dem Empfinden – sich also ein umgreifendes Leben einem umgriffenen Leben – „zu verstehen“ gibt, jedoch mit diesem Verstehen auch verstanden wird, dass sie zugleich jenseits dieser Grenze „in sich verschlossen“ und fremd ihr Bestehen hat.[32] Was das fremde Sein angeht, so meldet es sich in dem, was wir in der Natur als Elemente erleben, indem wir durch das Erfahren der unserem Leben angemessenen, maßvollen Elemente zugleich verstehen, „dass es in der Spannweite des Seins der Elemente eine so intensive Lebendigkeit und einen so absoluten Tod gibt, an welchen unser Sein nie teilnehmen kann, weil es eben hinter diesen Grenzen vollkommen aufhört“ (Patočka 2014, 94). Zu diesen Grenzerfahrungen mit den Elementen kommt hinzu, dass sich ein „indirektes Verständnis des die Grenzen Überschreitenden“ einem direkten Verständnis annähert: „[W]ir fühlen uns schlechthin an den Grenzen dessen, was wir noch erleben können, wir fühlen die Grenzen jenes Lebens, das uns als Schicksal auferlegt wurde.“ (Ebd.)

---

32 Vgl. die oben zitierte Stelle über die untere Grenze der *aisthesis* in ebd. 62f./47f. (Anm. 27), über das, was „in sich verschlossen, nicht-exzentrisch, sondern in sich selbst konzentriert“ ist.

Wir kommen noch einmal kurz auf das anfangs zitierte programmatische Manuskript „Welt und Gegenständlichkeit" zurück, auf seinen letzten Abschnitt, in dem Patočka für seine Version der transzendentalen Phänomenologie aus dem Einblick in die reine Natur eine Wende fordert, eine Umkehrung, die wir soeben als einen Rückgang in das Innere, sowohl in uns als auch in der Natur, umrissen haben. Von dieser Wende aus „muss auch die Beziehung zu den verschiedenen Teilbereichen der philosophischen Problematik revidiert werden", wovon in der Folge das Manuskript nur einen nennt und kurz andeutet, nämlich das psycho-physische Problem: „Und von diesem Augenblick an gewinnt die Selbständigkeit der Natur wieder ihren Sinn und mit ihr auch das ‚psycho-physische' Problem – und zu diesem Problem sind noch einige Worte nötig." (Ebd. 64/47)

Ein anderer Name für jenes fundamentale Geschehen, durch das jedes Seiende zu seinem Sein gelangt, ist aber für Patočka schon damals, zu Beginn der 1940er Jahre, die Bewegung. Wie wird vor dem lebensphilosophischen letzten Hintergrund die reine Natur für den neuen Entwurf der transzendentalen Phänomenologie Patočkas Anfang der 1940er Jahre gegeben? Um diese Frage zu beantworten, gehen wir noch kurz auf die Auffassung der Wahrnehmung als Ausdrucksphänomen der Bewegung ein, in der das genannte „psycho-physische Problem" eine Rolle spielt.

Einen Ansatz dazu finden wir in dem programmatischen Manuskript „Welt und Gegenständlichkeit" sowie in der entsprechenden Ausarbeitung in den „Studien zum Weltbegriff". So zitieren wir zunächst aus dem ersteren Manuskript:

> Die Aisthesis ist niemals „reine Präsentation", sondern in ihr ist stets Ausdruck. Die Aisthesis ist nicht anders denn als Ausdruck möglich, auch wenn diese ihre Grundseite von ganz anderen Gesichtspunkten verborgen sein kann, die wir an die Aisthesis herantragen und aus denen wir sie erfassen. Wir bemerken, dass das Wort „Ausdruck" hier in einem weiten Sinn genommen wird, der ebenso Handlungen, Leistungen, wie, im engeren Sinne des Wortes, Ausdrucksbewegungen und Kundgebungen umfasst. (Ebd. 60/43)

Zwar können wir nicht unmittelbar und adäquat das erleben, was „die Pflanze, der Felsen, der Vogel lebt", aber „im Ausdruck haben wir doch diese inneren Prozesse, diese Wesen, d. h. primär die Inneren, gegenwärtig" (Patočka 2014, 103). Der Umstand, dass wir die anderen Inneren nur in ihrem Außen gegenwärtig haben können, hindert uns nicht daran, sie zu verstehen. Ganz im Gegenteil: Die Entäußerung des Inneren im Ausdruck ist sogar eine Bedingung dafür, dass auch unser eigenes Inneres, das wir unmittelbar leben, aber thematisch nicht erleben, verstanden werden kann. Denn dies wäre ohne die Anderen nicht möglich, da nur sie den Ausdruck meines Inneren wahrnehmen. Für mich selbst wird dasselbe gelten, was für das Andere im Allgemeinen gilt. In Bezug auf *den* Anderen formuliert Patočka dies so: „[D]amit der Andere als er selbst erkannt wird, d. h. als der Andere, muss er notwendig ein Anderer werden, ein Anderer sein, als er selbst, also ein Anderer als eine bloße Innerlichkeit. Das heißt, er muss in die Äußerlichkeit eintreten." (Ebd.)

Zwischen den beiden Erlebensweisen muss es somit eine dritte Sphäre der Äußerlichkeit geben, an der sich jedoch beide beteiligen, „das erlebte Innere und das erlebende Innere, das eine als das in das Äußere Tretende, das zweite als das durch das Äußere zum Inneren Durchdringende" (ebd.).

Mit diesem Motiv der Alterität nähern wir uns zugleich der Frage, wie dieser Ansatz noch mit der transzendentalen Phänomenologie Husserls zusammenhängt, deren Revision Patočka ja mit diesem Ansatz intendiert. Patočka weist auf diesen Bereich hin, wenn er an dieser Stelle, also im Zusammenhang seiner alternativen Theorie der Wahrnehmung, notiert: „Es geht um das Rätsel der hyletischen Schicht." (Ebd. 104) In ihr als einem ersten Äußeren muss nach Patočka „das enthalten sein, was es den Intentionen ermöglicht, die hyletische Schicht zum Träger eines Ausdrucks zu machen, eines Inneren, und zwar immer eines jeweils bestimmten Inneren, einmal der jubelnden Landschaft, ein anderes Mal eines ruhigen Interieurs, ein drittes Mal einer mürrischen Person" (ebd. 103).

Schon aus dieser Reihenfolge wird ersichtlich, dass Patočka die husserlsche Analyse der Gegebenheit des Anderen bzw. der anderen Lebewesen in der Wahrnehmung auf andere „Wesen" erweitert, weil eben auch sie nie bloße Objekte sind, sondern Innerlichkeiten, die sich von sich aus im Außen zum Ausdruck bringen. Daher hält Patočka hier fest, dass die Horizonte dessen, was mir in der Wahrnehmung begegnen kann, den Horizonten des Verstehens gleichen, die dadurch jedenfalls breiter als unsere jeweilige Umwelt gefasst werden müssen: „Und so ist unsere Wahrnehmung ein weit breiteres Ausdrucksfeld als der Bereich unserer *eigenen* aktuellen Lebenserfahrung und seiner Möglichkeiten." (Ebd.)

Dieses Mehr, das da über die synthetische Einheit der Objektivierung hinausgeht, die von den idealistischen Theorien der Wahrnehmung (von denen Patočka in diesem Abschnitt ausgegangen ist) in Schnittpunkte der Intentionen des Bewusstseins aufgelöst zu werden pflegt, ist in der hyletischen Schicht als „die Anderen" gegenwärtig, wobei die Anderen in dem genannten breiten Sinne zu fassen sind, also nicht nur andere Menschen oder Lebewesen umfassen. Alle diese Anderen „sind in der hyletischen Schicht". Von dieser Schicht gilt, dass sie „insofern zur Subjektivität gehört, als sie ihr gegeben ist"; sie ist aber zugleich „insofern von ihr unterschieden, als sie nicht das Erleben selbst ist", im Sinne des Intendierens, das immer irgendwie vom Subjekt aus gelenkt wird. Hier, in der hyletischen Schicht, ergreift sich das Wahrgenommene als das ideale Korrelat meiner Intentionen an dem, „was in mir gegen mich, gegen *meine* Intentionen, als Fremdes, Anderes in mir steht" (ebd. 104).

Damit hängt zusammen, dass und wie sich in der Theorie der Wahrnehmung im vierzehnten Abschnitt der *Studien zum Weltbegriff* über „Das Innere als ‚Substanz'", über den wir hier berichten, zwei Gegebenheitsweisen unterscheiden und wie sie aufeinander bezogen werden, ja ineinander wirken: „Alles, was in die Erfahrung eintritt, hat diese doppelte Seite, die Seite des eigenen Ausdrucks und die Seite der Einordnung in die Sphäre der fremden Interessen. Diese Seiten sollten unterschieden werden, aber es muss zugleich gesehen werden, dass und wie sie beide das Spiel unserer gegenständlichen Umwelt zusammen spielen." (Patočka 2014, 106)

Während die Beständigkeit und relative Unwandelbarkeit in Bezug auf den Zweck der praktischen Interessen ihr Korrelat haben, wirkt zugleich ein „uninteressierter Blick, der im Gegenteil nicht eine Beständigkeit, sondern ein Inneres, ein Leben entdeckt, und daher vor allem hinsichtlich des Wandels und der Bewegung sensibel ist" (ebd.). In diesem Blick kann die reine Natur erblickt werden, und zwar als Bewegung. Diese Bewegung ist es, die in der Erfahrung zu einem eigenen Ausdruck gelangt, während die unseren Interessen und praktischen Intentionen entsprechende Gegenständlichkeit als eine Substanz gefasst wird. „Gerade das Phänomen der Bewegung zeigt sehr klar, dass der Leitfaden unserer gegenständlichen Intentionen in letzter Instanz die Idee des Inneren, der Gedanke der Innerlichkeit ist." (Ebd. 104f.) Denn auch die Ruhe der als unseren praktischen Interessen entsprechenden Substanz und ihrer Aspekte ist ein Modus der Bewegung, und in diesem Gegensatz von Ruhe und Wandlung als Modalitäten der Bewegung „kommt etwas Inneres zum Ausdruck, ein gewisses Aushalten beim Andrang, ein Schweben, Bestehen und Wirbel" (ebd. 106). Dann wäre Bewegung als nichtsubstanzielle Realität des Dinges sein Leben.

> Nehmen wir z. B. die Farben in der Natur oder im Interieur; die Farben glänzen, stimmen in einem Zusammenklang zusammen oder streiten miteinander […][;] ihr Auftreten ist kein bloßes Mosaik statischer Qualitäten, sondern ein bestimmtes dramatisches Geschehen […]. Das gehört zu den allgemeinen Vorzeichnungen des ganzen gegenständlichen Erlebens […][;] im Ganzen muss, trotz der möglichen Illusionen, Introjektionen, Irrtümer im Einzelnen, doch eine bestimmte sachliche Unterlage für den Stil dieses Erlebens gegeben werden. (Ebd. 99)

Und von dieser ‚Unterlage' heißt es hier, sie sei

> allein schon dadurch gegeben […], dass jede Augenblicklichkeit in der sinnlichen Welt eine Äußerung der Bewegung (mit ihrem privativen Modus der Ruhe), einer Bewegtheit ist; und an allen Qualitäten sehen wir in jedem Augenblick, dass in ihnen eine Bewegtheit etwas „will", in

> ihnen irgendwie west. […] Auf den ersten Blick geht so durch die Natur eine Regung, Bewegung, ein Geschehnis, und diese Regung hat natürlich keinen Sinn ohne etwas Inneres, was sich hier äußert; nicht „ein seelisches Leben“, nicht „ein Bewusstsein“ im Sinne irgendeiner Analogie unseres *eigenen* Erlebens, aber eine solche Innerlichkeit, welche den Gesetzen der Korrespondenz nach zu den Ausdrücken jener Art gehört, die wir tagtäglich in der Erfahrung vor uns haben. (Ebd.)

Sowohl in Bezug auf das wahrgenommene Ding als auch in Bezug auf das Milieu seines Erscheinens kommt Bewegung zum Ausdruck als etwas, was keine Leistung der Objektivierung seitens des praktisch orientierten Bewusstseins ist, da dieses eben nicht an Bewegung, sondern an Stabilität interessiert ist. Der eigene Ausdruck der Dinge und der Natur ist eine Äußerung ihrer Bewegung, die auf keine Substanz hinter ihnen selbst verweist.

Den Schüssel zu dieser Einsicht scheint Patočka in der Erfahrung eigener Leib-Körperlichkeit zu finden. So schreibt er:

> Es gibt ein Bewusstsein des Ausdrucks, das nicht rein objektiv ist […]. Ich weiß immer von mir, wenn auch nicht auf eine objektiv klare Weise, dass mein Leib-Körper den inneren Zustand normal ausdrückt, ein anderes Mal, dass er ihn mit größerem oder minderen Erfolg verdrängt und einen anderen vortäuscht. Aber dieses Ausdrucksbewusstsein betrifft nicht nur den momentanen inneren Zustand, sondern das ganze innere Wesen, und wir wissen unmittelbar: Was wir sind, spricht aus unserem Außen. (Ebd. 97)

Die Schlüsselrolle der Leib-Körper-Erfahrung wird unmissverständlich an zwei weiteren Stellen des Manuskripts *Studien zum Weltbegriff* betont: „Durch die Analyse des Leib-Körpers als eines Ausdrucks des Lebens haben wir uns zugleich eine neue Möglichkeit eröffnet, die Möglichkeit nämlich, den Ausdruck als Phänomen des Lebens zu verstehen, als etwas zu seiner inneren Struktur Gehöriges, also nicht als eine bloß kausal-äußerlich mit dem Leben verbundene Erscheinung.“ (Ebd. 98) Und: „Wenn also ein Universum der Wesen entstehen soll, die zueinander in Kontakt treten sollen, muss sich außer der Innerlichkeit, die die erste Grundlage von Seiendheit überhaupt ist, ohne die es kein Seiendes überhaupt gibt, auch das ereignen, wovon wir ununterbrochen im eigenen Leib-Körper Zeugen sind.“ (Ebd. 103)

Martin Rabas, der diese Stellen als erster kommentiert hat, zieht daraus folgenden Schluss:

> So wie unsere Objektivierung ein Ausdruck des menschlichen Inneren ist, ist die Gegenständlichkeit überhaupt ein Ausdruck von prinzipiell demselben innerlichen Leben, und so wie der Anfang des menschlichen Seins ein Interessensbezug zu diesem Sein ist, ist prinzipiell derselbe Selbstbezug der Anfang von Sein überhaupt. Der Schluss von Patočkas

> Interpretation des gegenständlichen Seins lautet, dass dieses Seiende im ungegenständlichen und somit lebendigen Sein gründet.[33]

Wir würden unsererseits nicht so weit gehen, von prinzipiell *demselben* innerlichen Leben, und schon gar nicht von *demselben* Selbstbezug zu sprechen, sondern hier bei Patočka eher einen Hinweis auf die radikale Pluralität der Wesen sehen, deren Inneres sich im gegenseitigen Kontakt ausdrückt, was wiederum einen jeweils unterschiedlichen Selbstbezug dieser Innerlichkeiten impliziert. Mit dem generellen Schluss, den Martin Rabas in Bezug auf Patočkas frühes Projekt gezogen hat, sind wir jedoch einverstanden und würden ihn unsererseits wie folgt formulieren: Das Leben in seiner Pluralität der aufeinander irreduziblen Innerlichkeiten führt in ihrem leib-körperlich vermittelten Ineinander zum „In-der-Welt-Sein" jedes Seienden. Das impliziert allerdings, dass es auch Ränder in diesem „In-der-Welt-Sein" gibt, die nicht in den weltlichen Ausdruck gelangen und erscheinen können. Auch die Welt, trotz ihrer unhintergehbaren Vorgegebenheit, kann der letzte Rahmen der Ausdrucksformen des Lebens nicht sein, weil diese letztlich eine tiefere Wurzel haben als das Weltlicht, anhand dessen Patočka in dieser Phase „Welt" definiert. Das Dunkel, das dieses Licht umrandet, gehört nicht lediglich als Schatten diesem Licht zu, sondern weist auf eine radikale Fremdheit hin, den gleichgültigen, frostigen Kosmos, von dem sich auch die Natur durch ihr lebendiges Inneres abhebt.

### *Schluss*

Was hat nun diese Revision der transzendentalen Phänomenologie mitsamt ihrer spekulativen bzw. metaphysischen Seite Neues im Blick auf den Ansatz Husserls gebracht? Vor allem gewinnt darin „die Selbständigkeit der Natur wieder ihren Sinn". Blickt man auf dieses Projekt vom reifen Werk Patočkas aus zurück, bereiten sich hier im Grunde bereits die Phänomenologie und Metaphysik der Bewegung vor, deren Umrisse wir aus seinen späten Schriften kennen. Es ging hier allerdings nicht lediglich darum, ihren lebensphilosophischen, ja an manchen Stellen gar spekulativ-naturphilosophischen Hintergrund heranzuziehen, der auch manche späteren, bekannteren Gedanken Patočkas zum Thema „Leben und Bewegung" in ein neues Licht zu stellen vermag. Gezeigt werden sollte auch, dass Patočka vor Merleau-Ponty, Levinas, Henry oder Fink bereits zu Beginn der 1940er Jahre Gedanken formulierte, die bei diesen Autoren zu anderen Alternativen zur transzendentalen Phänomenologie Husserls führten, der Patočka, trotz aller Revisionen und Innovationen, vielleicht doch von allen am treuesten verbunden blieb. Das Leben der Natur selbst ist es, was Patočka verfolgt, durch die Grenzen der reflexiven Bewusst-

---

[33] Rabas 2019, 62; vgl. aber auch Ritter 2011.

seinsphilosophie Husserls hindurch, als ein Leben, welches das sich menschlich erlebende Leben wesentlich anspricht und umfasst, ohne es doch in seiner dramatischen Eigenart erklären oder absorbieren zu können. Beide, „die Lebenswärme und der Lebensfrost" der Natur, gehören zur Grundlage der tieferen Korrelation zwischen Mensch und Welt, aber auch zu ihrem Rand.

# 6. Kapitel: Der Leib-Körper als Grenze der Korrelation

In der Phänomenologie der Gegenwart, zumindest in ihrer durch den Ansatz Husserls geprägten Linie, hat spätestens seit dem Ende des Zweiten Weltkriegs die Leiblichkeit die Stelle der Subjektivität eingenommen. Nicht nur, weil diese Stelle infolge der immer stärker gewordenen und werdenden Subjektivismus-Kritik vakant geworden ist, sondern auch, weil die anhaltende Erforschung der Funktionen der Subjektivität bei Husserl selbst, dem Gründer der Phänomenologie, in ihrer genetischen Aufklärung die Leiblichkeit der transzendentalen Subjektivität bereits aufgewiesen und in gewissen Problemfeldern sogar in den Vordergrund gestellt hat, darunter im Kontext der Aufklärung der Vorgegebenheit der Welt. Die Phänomenologen nach Husserl kamen und kommen bis heute nicht umhin, im Zusammenhang einer Untersuchung dieses Faktums der unhintergehbaren Leiblichkeit zugleich die Kritik an der „weltlosen" transzendentalen Subjektivität selbst neu zu fassen.

Dass Leib und Körper unterschieden werden können, trotz ihrer untrennbaren Verbundenheit auch gegenüber den naturalisierenden Erklärungen der menschlichen Existenz in den konkurrierenden philosophischen und wissenschaftlichen Theorien, weist darauf hin, dass die Leiblichkeit immer auch in ihrer eigenartigen intimen Erlebtheit als Konstitutivum des Selbst oder der Subjektivität zu berücksichtigen ist. Eine solche innige ‚Meinigkeit' des Leibes einerseits, aber auch die Andersheit des Körpers als das Fremde, das mir eben auch innerlich Widerstand leistet, sind ursprünglich wohl kaum objektiv-gegenständlich für das Bewusstsein da. Es sind in diesem Sinne keine ‚Phänomene' im Medium der universalen Korrelation – und doch werden sie erlebt. Die Relevanz dieser Erlebnisse am Rande der Phänomene und ihrer universalen Korrelation – d. h. wohl noch diesseits ihrer beiden Pole – anzuzeigen, dazu möchte dieses letzte Kapitel hinführen.

Wir gehen von der allgemeinen Annahme aus, den Leib als einen Kern des Selbst – also etwa der Subjektivität als Selbstheit – so aufzufassen, dass er ein solcher Kern nur untrennbar vom Körper sein kann, der zweifellos in seiner Materialität zugleich eine Grenze der Subjektivität darstellt. Diese Grenze ist dabei keine für einen Blick von außen wie die

Dritte-Person-Perspektive, die physiologische Bedingtheiten des psychischen Lebens aufzeigt, das Subjektive darauf reduziert und damit zugleich den Körper als Grenze verwischt. Dagegen bemüht sich die Phänomenologie um eine genetische Rückführung auf das, was nicht durch eine objektivierende Deutung immer schon verstanden bzw. in der Sprache als ‚etwas' fixiert ist, sondern darin auf eine andere, ursprünglichere Weise erlebt wird. Die leitende vortheoretische Intuition ließe sich so formulieren: Im Grunde des Vollzugs des menschlichen Lebens gibt es ein ursprüngliches leibkörperliches Erleben, in dem Inneres und Äußeres bzw. Eigenes und Fremdes verbunden sind. Auf diesen Aspekt der Leib-Körperlichkeit als Kern und Grenze der Korrelation möchten wir im Folgenden eingehen, wobei wir versuchen, uns dort, wo wir von Husserl zu Emmanuel Levinas übergehen, der Idee der Irreduzibilität dessen anzunähern, was Hans Rainer Sepp im Rahmen seiner oikologischen Leib-Phänomenologie – die drei Begriffe von Leib unterscheidet: Grenz-Leib, Richtungs-Leib und Sinn-Leib – in einer betonten Weise als „Grenz-Leib" herausstellt.

### *1. Leib-Körper bei Husserl*

In der statischen phänomenologischen Sinnanalyse Edmund Husserls wird mit dem Unterschied zwischen Leib und Körper ein weites und tiefes Forschungsfeld eröffnet. Um einen Einstieg ins Thema bei Husserl zu gewinnen, könnte man mit einem Stichwort aus § 21 der *Ideen* II beginnend paraphrasieren: Ich *habe* den Leib, aber ich *bin* nicht der Leib. Prägnant bringt diesen Gedanken auch ein Text auf den Punkt, der als § 54 der *Ideen* II publiziert wurde. Hier wird zwar das passive Ich ebenfalls vom aktiven unterschieden, diesem jedoch untergeordnet. Dies gilt allerdings nur für bestimmte Perspektiven der statischen Analyse. Zu einer Ergänzung und Umkehrung dieser noch klassischen Idee, die man Husserl durchaus an bestimmten Stellen der *Ideen* II zuschreiben kann, kommt es in seinen Texten jedoch, sobald Husserl seine Wahrnehmungsanalysen um genetische Zusammenhänge erweitert. Dies wird ebenfalls in den *Ideen* II erreicht, und mit diesem Schritt öffnet sich der Weg zu der Einsicht, dass die Leiblichkeit als das nicht objektivierbare Funktionsorgan des Wahrnehmens selbst von der erlebenden Subjektivität nicht zu trennen bzw. abzuheben ist. Der Leib zeigt sich in einer solchen genetisch-phänomenologischen Perspektive, wenn diese konsequent bis zur Reduktion auf das Primordiale, eigentlich Subjektive weiterentwickelt wird, nicht mehr nur als ein Organ für die Subjektivität, sondern als ein im Fungieren des Erlebens von dieser Subjektivität nicht zu trennender Faktor. Der Leib ist von dieser genetischen Perspektive aus gesehen in schlechthin jeder Funktion der Subjektivität fungierend – und insofern eins mit ihr.

Kommt es jedoch zu der Frage nach dem Selbst, nach der Singularität der Instanz, die etwas wahrnimmt, reicht diese fungierende Leiblichkeit allein nicht aus, um die wahrnehmende Subjektivität in ihrer Individualität abgrenzen zu können. Denn diese Leiblichkeit scheint sich vom Strömen der Erlebnisse selbst nicht zu unterscheiden, sie scheint – sieht man vom Körper ab, in dem sie lokalisiert wird – in diesem Fluss aufzugehen. Der Leib an sich (unter Abzug seiner Körperlichkeit) scheint keine andere Einheit als diesen Strom der Erlebnisse zu kennen, den nicht nur ich selbst, sondern jeder haben kann, als reines Ich und leerer Pol jedes Erlebens. Es kommt daher eine weitere Frage hinzu, die sich auf die folgende geläufige Intuition stützen mag: Muss nicht zur Abgrenzung des individuellen Selbst dem Leib-*Körper* – und nicht nur dem Leib – als dem Eigenen, in der primordialen, eigentlich subjektiven Sphäre zu findenden Meinigen Rechnung getragen werden? Das Problem besteht jedoch darin, innerhalb eines philosophischen Ansatzes, in dem jeder Körper nur als konstituierte Sinn-Einheit, also als ein Objekt aufzufassen ist, einen solchen Leib-Körper nicht nur als ein solches Produkt der Konstitution, sondern ursprünglicher als eine leistende Instanz diesseits der Konstitutionsprozesse anzunehmen und aufzuweisen. Es ist diese ‚Flüssigkeit' des fungierenden Leibes, der, sofern von seiner Körperlichkeit abstrahiert wird, ohne Lokalisierung und Grenzen bleibt, von der die Frage nach der Einkörperung, nach dem Erlebnis des Körpers ihre Relevanz erhält.

Aus der abstraktiv gewonnenen Primordialsphäre her, wo bekanntlich unter anderem auch von der wechselseitigen An- und Abgrenzung der einzelnen Subjekte durch den Leib-Körper abgesehen wird (wenn es stimmt, dass sich jeder Körper als ein Objekt erst intersubjektiv konstituiert), taucht die Frage auf, ob und inwiefern ein *Erlebnis* des Körpers in einer solchen intersubjektiven Konstitution und für den Bezug auf die Anderen vorausgesetzt wird. Es ist einerseits schwierig, ja kontraintuitiv, ein solches Erlebnis des Körpers auch da nicht anzunehmen, wo von allen Bezügen auf fremde Leib-Körper abgesehen wird. Andererseits müsste auch da einer Konstituiertheit nachgegangen werden können, die ein solches Erlebnis als Erlebnis des Körpers ermöglicht, der darüber hinaus *mein* Körper ist und vielleicht sogar die Meinigkeit der Erlebnisse mit ausmacht.

Es ist dies ein großes Thema, das bei Husserl immer wieder auftaucht, wovon die drei Husserliana-Bände zur Intersubjektivität Zeugnis ablegen. Bereits in einem der Seefelder Manuskripte aus dem Jahre 1905 beispielsweise, das als erster Text in den ersten Band der ausgewählten Manuskripte über Intersubjektivität aufgenommen wurde, wird die Fragestellung unmittelbar aufgeworfen: Was ist das Fundament für die Selbigkeit meines Selbst? Weder ein sinnlicher Erlebnisgehalt ist da einheitsschaffend oder begründend noch reicht die Form des Zusammenhangs der unterschiedlichen Akte dafür aus. Demnach bietet sich zu den beiden

Alternativen noch ein Drittes an: „Zugrunde liegt vielmehr die empirische Dingapperzeption (Leib)“ (Hua XIII, 1). Dieses Ding – der Körper – muss aber mit mir identifizierbar sein, also müsste er als *mein* Leib-Körper apperzipiert werden.

Später wird dieses empirische Zugrundeliegen von einer transzendental-genetischen Perspektive aus noch in weiteren Reflexionen untersucht und z. B. auf folgende Weise aufgeklärt:

> Worin besteht also die vielgenannte Ich-Deckung, die des „Ichpols“? Da versuche ich jetzt zu sagen: Es ist nichts anderes als die Leibzentrierung aller „Handlungen“ im doppelseitigen Sinn. In der Erinnerung spreche ich von Selbstidentifizierung oder von Identität des Ichpols, ebenso in der Phantasie. Aber ist nicht zunächst die Retention (auf der primordialen Stufe) eine kontinuierliche Modifikation, in der Leib und Leibzentrierung in stetiger Abwandlung und dabei Deckung sind? Dabei erhält sich der Leib als derselbe, als identischer Beziehungspunkt der Akte, als Orientierungsnull. (Hua XV, Beilage L zu Nr. 36, 643)

Zweifellos konstituieren sich nach Husserl mein Körper sowie meine menschliche Person erst durch Vermittlungen, u. a. in den und durch die Bezüge zu anderen Körpern, Leib-Körpern der Lebewesen. Es geht vor allem um den Leib-Körper der Anderen, der Menschen und Lebewesen, von denen ich mich abgrenzen kann, indem ich an sie angrenze, sie etwa auch berühren und vice versa von ihnen berührt werden kann. Die Frage bleibt jedoch, ob dabei eine elementare Selbstheit aufgrund meines Leib-Körper-Erlebnisses nicht bereits vorausgesetzt sein muss, denn ohne den Körper, den ich als leibliches Subjekt erlebe, wäre offenbar kein Kontakt mit den Anderen (also via Leib-Körper) faktisch möglich. Zumindest kann man sich nur schwer vorstellen, wie mir ein anderes Lebewesen wahrnehmungsmäßig anders als durch den Körper gegeben sein soll, und diese sinnliche Präsenz weist ihrerseits auf meinen Körper zurück, der vom fungierenden Leib-Subjekt des Erlebens untrennbar ist, insofern ich mit meinen Augen sehe, meinen Hände taste, meinen Ohren höre. Wenn ich diesen Hinweis nicht nur reflexiv nachtrage, sondern ihn unmittelbar erlebe – beispielsweise als Hören mit meinen Ohren –, dann hält sich durch die bereits komplexen intersubjektiven Prozesse des Erlebens von etwas hindurch ein *Kern der erlebenden Selbstheit*, und zwar dank der erlebten Leib-Körper-Einheit und -Differenz. Und dieser Kern liegt möglicherweise auch der Phantasie zugrunde.[1] So die leitende Intuition, die im kritischen Anschluss an Husserl, der sich der Problematik in zahlreichen Reflexionen gewidmet

---

1 Das schließt nicht aus, dass sich dieser Kern in der Phantasie oder auch im Zusammenhang einer psychischen Störung zeitweise oder auf Dauer verlieren kann. Das eröffnet wichtige Perspektiven für die Erforschung des noch tiefer gelegeneren Verhältnisses zwischen (Phantasie-)Leiblichkeit und Selbstheit, worauf wir uns hier wie auf *eine* Grenze der Korrelation beschränken.

hat, von etlichen Autorinnen und Autoren unterschiedlich artikuliert wurde – wie z. B. von Emmanuel Levinas mit dem Gedanken der *position* des Körpers oder eben bei Hans Rainer Sepp mit der Idee des „Grenz-Leibes", auf die wir uns im Folgenden beschränken werden.

Von diesem Selbst aus gestalten sich die Bezüge auf die Umwelt durch leibkörperliche Bewegungen, ausgehend von einem ‚Nullpunkt der Orientierung', wie Husserl es formuliert. Sie werden dadurch einerseits ichlich zentriert, denn sie sind aufgrund der Kinästhesen auch *mein* Tun, sind andererseits jedoch wiederum als Antworten auf die Umwelt zu fassen, die in ihrer auffassenden Ausrichtung auf etwas *als* etwas wohl immer schon intersubjektiv mitbestimmt sind.

Im Register des perzeptiven Lebens, in dem der Leib-Körper die Selbstheit mitgestaltet, ist also bereits die Umkehrung jener These der statischen Phänomenologie erreicht, die wir zu Beginn mit dem Hinweis auf *Ideen* II erwähnt hatten, wonach ich den Leib *habe*, aber nicht der Leib *bin*. Der Leib wäre daher meiner nur dank der Ichlichkeit des aktiven Ichs der Akte. Mit dem Husserl der 1920er und 1930er Jahre kann und muss man jedoch vielmehr sagen: Das Erleben ist jeweils *mein* Erleben dank der Leiblichkeit, ja der „psycho-physischen" Leib-Körperlichkeit. Eine späte Überlegung Husserls fasst diesen Befund so zusammen:

> Die raumkörperliche Erfahrung *vom* Leib, mit ihren Mannigfaltigkeiten von Erscheinungsverläufen und Kinästhesen, ist wie alle solche Erfahrung wieder zurückbezogen auf den Leib als fungierenden, so dass die Wahrnehmung vom Leiblichen und vom ganzen Leib schon den Leib, also psychophysische Erfahrung voraussetzt. (Hua XV, 326)

Man kann von dieser These aus Kontexte bei Husserl verfolgen, in denen beschrieben wird, wie sich das enge Verhältnis des Leib-Körpers zur Subjektivität des Erlebens gestaltet, vor allem vielleicht anhand der Kinästhesen, in denen sich das Fungieren der Subjektivität in ichlichen Akten als wesentlich leiblich erweist. Oder man kann bis zu den passiven Fundamenten des Wahrnehmens zurückgehen und hier an die Grenzen des Ichlichen stoßen, was noch nicht bedeutet, bei den Grenzen der Subjektivität zu landen, da Husserl ja auch die Subjektivität des vor-ichlichen Lebens aufzuspüren versuchte. Diese vor-ichliche Subjektivität des transzendentalen Lebens hat bei Husserl vermutlich weder einen Anfang noch ein Ende. In diese beiden – und auch viele weitere – Richtungen ließ sich bereits mittels der Manuskripte Husserls vordringen, was auch innerhalb der Husserl-Forschung seit den 1930er Jahren bis in die letzten beiden Dekaden unseres Jahrhunderts umgesetzt wurde.

So notiert Husserl eine ganze Reihe von Überlegungen, die in die Richtung gehen, im Leib einen Kern oder gar den Ursprung der auf ein Selbst zentrierten Subjektivität enthüllen zu wollen. Dabei ist aber der Leib, wie wir gelesen haben, in jeder Konstitution bereits impliziert, auch in der Konstitution meines eigenen Leibes eben als dem auf die ursprünglichste Weise ‚meinen' in der primordialen Sphäre. So entzieht sich der Leib der Verfügbarkeit und ist auch für die Reflexion nicht einholbar. Und die Frage ist und bleibt, ob er in der primordialen Sphäre, also abgesehen vom intersubjektiven Charakter aller Sinnbezüge, als Gesamtorgan mit einzelnen verfügbaren körperlichen Organen *meines* Tuns konstituiert sein kann. Und wenn nicht, wenn also der Bezug des Leibes auf den Körper methodisch ausgeklammert werden muss – wie erweist sich dann leiblich die Subjektivität als Meinigkeit oder als ein Selbst?

Im Versuch eines Nachvollzuges der Reduktion auf die primordiale Sphäre ist es nach wie vor keineswegs selbstverständlich, dass ich da meinen Leib vorfinde, wie Husserl im berühmten Text der V. *Cartesianischen Meditation* in § 44 festhält:

> So gehört zu meiner Eigenheit als von allem Sinn fremder Subjektivität gereinigter ein Sinn *bloße Natur*, der eben auch dieses *Für-jedermann* verloren hat, also keineswegs für eine abstraktive Schicht der Welt selbst bzw. ihres Sinnes genommen werden darf. Unter den eigenheitlich gefaßten Körpern dieser Natur finde ich dann in einziger Auszeichnung *meinen Leib*, nämlich als den einzigen, der nicht bloßer Körper ist, sondern eben *Leib*, das einzige Objekt innerhalb meiner abstraktiven Weltschicht, dem ich erfahrungsgemäß Empfindungsfelder zurechne, obschon in verschiedenen Zugehörigkeitsweisen (Tastempfindungsfeld, Wärme-Kälte-Feld usw), das einzige, in dem ich unmittelbar *schalte und walte*: und insonderheit walte in jedem seiner *Organe* [...]. Wahrnehmend tätig erfahre ich (oder kann ich erfahren) alle Natur, darunter die eigene Leiblichkeit, die darin also auf sich selbst zurückbezogen ist. Das wird dadurch möglich, daß ich jeweils *mittelst* der einen Hand die andere, mittelst einer Hand ein Auge usw. wahrnehmen kann, wobei fungierendes Organ zum Objekt und Objekt zum fungierenden Organ werden muß. Und ebenso für das allgemein mögliche ursprüngliche Behandeln der *Natur* und der Leiblichkeit selbst durch die Leiblichkeit, die also auch praktisch auf sich selbst bezogen ist. (Hua I, 168)

Zumindest kann man diesbezüglich den ausgezeichneten Hinweisen von Didier Franck (1981) folgen, die einen wichtigen Punkt enthüllen, nämlich die „unmögliche Einkörperung" im eigentlich subjektiven Bereich des Eigenen, wo also vom Bezug auf andere Subjekte abstrahiert wird, während die Einkörperung des Leibes jedoch zugleich die Voraussetzung aller Einfühlung darstellt, in der sich der ursprüngliche Bezug der Subjekte aufeinander realisiert. Worauf die Abstraktion in Bezug auf den Leib ohne Körper hinausläuft, zeigt eine von Franck zitierte Stelle, der auch Husserl selbst später ein Fragezeichen hinzufügen wird:

> Ist unter Abblendung von Anderen überhaupt denkbar, dass sich im vollen Sinn Raum als Form der Körperlichkeit konstituiert, und zwar

> so, dass mein Leib die Eigenschaften der Körperlichkeit hat, dieselben wie die Außenkörper? [...] Mein Leibkörper in der Primordialität ist so konstituiert (und hat danach ausschließlich Sinn), dass für ihn Ortsveränderung, also auch Ort im Raum keinen Sinn hat. (Hua XV, 659)

Danach hätte also der Leib, der unter Abblendung der Anderen kein für sich konstituierter Körper ist, noch keinen Ort im Raum, weil auch der Raum unter Abblendung der Anderen anders aussieht als der objektivweltliche Raum, in dem die konstituierten Körper einen bestimmten Ort einnehmen können. Wie sollte der in dieser Weise – also objektivräumlich ortlose – Leib als Nullpunkt der Orientierung fungieren können? Das wäre eine der Fragen, die man sich hier stellen könnte.

So lassen sich die Wege zum Leib-Körper als Nullpunkt aller Orientierung einerseits in der Abstraktion von der intersubjektiven Verweltlichung verfolgen, sozusagen an sich, zu einem „Hier" diesseits des Weltbezugs, und andererseits zum selben „Hier" als Basis, Ausgangspunkt und darin Bedingung des Weltbezugs. Eine Bedingung, die dann offenbar selbst wiederum als ein durch eine Weltöffnung bedingter Pol einer ansetzenden Korrelation betrachtet werden kann, denn die Öffnung auf die Welt hin kann sich die Subjektivität allein, aus sich selbst, aufgrund ihrer leibkörperlichen Position nicht verschaffen. Diese Öffnung muss vom Außen der Welt, vermutlich aufgrund des Erscheinens, gewissermaßen angeboten werden. Der Nullpunkt des Leib-Körpers bedeutete dann keinen Nullbezug, kein relationsloses Atom, im Gegenteil, denn er ist ja der Nullpunkt der Orientierungen, die vom „Ich kann" und „Ich bewege" einzuschlagen sind.

Noch bevor Husserl auf die Innenperspektive eigenen Erlebens, die abstraktiv abzuhebende „primordiale Sphäre" eingeht, betrachtet er in den *Ideen* II die Situation in der objektiven Zeit und im objektiven Raum, also in der intersubjektiv konstituierten gemeinsamen Umwelt. „Verschiedene Subjekte haben" da zwar „phänomenale Objektivitäten, die in der phänomenalen intersubjektiven Zeit notwendig getrennt und prinzipiell nicht einmal von gleichem Wesensbestand sind", aber es bestehen doch offensichtlich „Austauschverhältnisse", sodass „das selbe Ding, das jetzt in einem gewissen Erscheinungsmodus mir gegeben war, im Abfluss der intersubjektiven Zeit *hernach* auch den anderen in völlig gleichem Modus gegeben sein kann und umgekehrt" (Hua IV, 206). Die Erscheinungsmodi der Dinge sind also von einem Subjekt zum anderen austauschbar, weil Dinge als intersubjektiv konstituierte Objekte gegeben sind. Was ich jetzt sehe, kann später auch jeder andere sehen, solange wir beide normal wahrnehmen. Im Jetzt aber können wir die Erscheinungen nicht teilen, denn sie sind um unseren Leib herum als Nullpunkt der Orientierung zentriert:

> In anderer Beziehung ist freilich die Austauschbarkeit wesensmäßig ausgeschlossen; das zentrale Hier, worauf die Erscheinungsmodi bezogen sind und das ihrem konkreten Wesensgehalt in dem zugehörigen Jetzt Individuation verleiht, ist nicht austauschbar und so sind auch die individuellen Phänomene nicht austauschbar wie überhaupt alles Subjektive in seiner Individualität. So z. B. auch das „ich bewege", das mein, dieses Ich, eigen ist und als das nie einem anderen Ich „eingefühlt" werden kann. (Ebd.)

Das zentrale „Hier" ist daher nicht austauschbar, da es das Subjektive mit ausmacht; ja in der Reihe dessen, was nicht austauschbar ist, liegt es sogar an erster Stelle. Denn Husserl bemerkt weiter: Und auch wenn die Körper in eins verschmelzen könnten, blieben doch immer zwei Wahrnehmungszentren bestehen. Die Frage ist, was er mit den Wahrnehmungszentren meint: das „reine Ich" oder den Leib bzw. genauer den Leib-Körper? Offenbar kann das reine Ich kein Zentrum der räumlichen Orientierung sein, die ja wesensmäßig zur Wahrnehmung gehört, was man dem Leib unter Absehung seiner Verkörperung kaum zuschreiben kann. Daher kann der Nullpunkt der Orientierung als das, was das Subjektive mit ausmacht, ja in gewissem Sinne den Kern des Subjektiven bildet, eigentlich nur der Leib-Körper sein. In diesem doppelten Charakter ist er zugleich auch die Grenze des Subjektiven, ein Ort, an dem das Subjektive an das angrenzt, was ihm doch auch fremd ist und bleibt, aber von dem aus und kraft dessen es sich – z. B. als das „ich bewege" aktiv und passiv, durch willkürliche und unwillkürliche Bewegungen – betätigen, zum eigentlichen Subjekt der Affektion und Aktion werden und sich entwickeln kann. Doch „Nullpunkt" ist der Leib-Körper eben nicht als ein Objekt, insofern Objekte bereits als räumliche Körper konstituiert sind.

Daher die Relevanz dieses Gedankens, den auch Rudolf Bernet hervorhebt, wenn er zum Schluss seiner Analyse der entsprechenden Stellen der *Ideen* II bemerkt:

> At the conclusion of this phenomenological-ontological investigation conducted in the sphere of solipsistic experience, my body turns out to be „a thing of a particular type", a „subjective object". [...] What ultimately resists all my attempts to make (by myself) my body into a simple thing is thus its central point of view—that is, the place it assigns to itself within a spatiality that originates from it and that thus never falls together with the extension of objective space. The spreading out (Ausbreitung) not only of Empfindnisse on the surface of my flesh but of my body-thing beyond its limits and beyond its present place thus never frees itself from the anchor point, from this absolutely minimal consciousness, from this „metaphysical point" of individuation (Leibniz), from this almost insignificant absolute that constitutes its „here". „Here" is the mark that makes this thing my body. „Here" is the name of the most primitive and most bodily subjectivity. (Bernet 2013, 60)

In der Analyse der Wahrnehmung bei Husserl kann man davon ausgehen, dass in ihr das Transzendente und das Immanente prinzipiell jeweils voneinander abzuheben sind, einerseits das so oder so Erscheinende oder Gegebene, welches den Inhalt bildet, und andererseits der Vollzug des Erscheinens, in dem und durch den Erscheinendes gegeben wird. Der Leib – rein als das Nicht-Objektivierbare im sinnlichen Gabe-Vorgang genommen – gehört dann auf die Seite dieses Vollzugs. Erlebnisse werden erlebt, und das Leben in diesem Erleben ist sinnlich und subjektiv, es fühlt sich selbst. Es bedeutete einen wichtigen Schritt über die cartesianische Tradition hinaus, etablieren zu können, dass sich das Erleben nur deshalb selbst fühlen kann, weil es leiblich ist. Ich kann mich im Erleben fühlen, das Erleben ist mein Erleben dadurch, dass es sich fühlt. Das kann kein Körper, also kein Objekt leisten, daher ist der Leib vom Körper grundsätzlich zu unterscheiden. Aber würden wir nur dieses Instrument der statischen Analyse verwenden (den Inhalt vom Vollzug abhebend), bliebe uns eben vom Leib, der so als Nicht-Objekt eingeführt wäre, außer den selbstbezogenen Erlebnissen nichts Greifbares übrig, was das Selbst des Erlebens singularisieren könnte. Anders gesagt, das Funktionieren wäre nur negativ erreicht, das Erleben als ein leibliches nur postuliert, während es doch das am wenigsten Abstrakte und Konstruierte darstellt, das Selbst als ein Leiblich-Körperliches faktisch zu erfahren. Demgegenüber könnte es tautologisch klingen, zu sagen, der Kern der Subjektivität des Erlebens sei die Leiblichkeit, wenn beides, das Erlebtwerden der sinnlichen Inhalte – also ihre Selbstbezüglichkeit – und ihre Leiblichkeit dasselbe wären. Der Ursprung der Subjektivität des Erlebens wäre der Leib, der aber trotz seines Selbstbezuges ebenso anonym bliebe wie das Erleben, das keine Verankerung im Leib-Körper erführe.

Und dieses Problem war es in unseren Augen, das den Finger auf eine gewisse Grenze der Phänomenologie Husserls legt. Auch Emmanuel Levinas hat sie wohl seinerseits und auf seine Weise schon früh entdeckt und daraus, so zumindest unsere Hypothese, folgende Konsequenz gezogen: Dadurch, dass der Leib immer schon ein Körper ist, wird er als ein Ort, ein Hier erlebt. Diese These klingt sehr einfach, ist aber phänomenologisch nicht so ganz einfach zu begründen, sofern die Reflexion weder die Konstitution des Körpers durch den Leib noch das Beruhen des Leibes auf dem Körper im Sinne einer phänomenologischen Korrelationsanalyse einholen kann. Der Leib als Kern der Subjektivität des Erlebens beruht auf eine rätselhafte und doch solide und intuitiv nachvollziehbare Weise auf dem Körper, die jedoch keine Konstitutionsanalyse enthüllen kann, da dieses Beruhen – oder wie Levinas sagt: diese *position* – jedem Erleben zugrunde liegt, das in verschiedenen Bedeutungen subjektiv werden kann. Das ist, glaube ich, auch der Sinn des „Grenz-Leibes" bei Hans Rainer Sepp, den es als Grundlage der anderen Leibbegriffe zu charakterisieren gälte, insofern eine gewisse Ortlosigkeit für die Position des Leibes als Nullpunkt der Orientierung und Ausrichtung vorausgesetzt werden muss. Darauf kommen wir nun noch kurz zu sprechen. Zunächst möchten wir jedoch versuchen, einige Punkte bei Levinas zusammenfassend hervorzuheben, die auch bei Sepp eine wichtige Rolle spielen.

### 2. *Der Körper als Position bei Levinas*

Wir haben Husserl an dem fraglichen Punkt verlassen, wo er notiert, dass für meinen Leib in der Primordialität eigentlich „auch Ort im Raum keinen Sinn hat". Ja, so könnte man bestätigen, der Raum ist auf diesem abstraktiven Niveau der Primordialität noch nicht für den Leib konstituiert. Er soll vielmehr erst in einer solchen darauf aufbauenden Raum-Konstitution zu einem Nullpunkt der Orientierung werden. Und doch kann der Leib diesseits eines Koordinatensystems, das bereits mit den Anderen geteilt wird, also diesseits einer intersubjektiven Raum-Konstitution, vermutlich schon als ein „Hier" erlebt werden.

Vielleicht kommt es aus genau diesem Grund zu der folgenden paradoxen Wendung bei Levinas: Zur Ermöglichung der Selbstheit ist eine Setzung des Körpers nötig, ein Ereignis, das dem Erleben insofern von außen begegnet, als es sich dieses nicht selbst schenken kann. Der Körper ist, mit anderen Worten, nicht durch das Ich gesetzt. So ist es insbesondere in den Abschnitten über „Hier" sowie „Schlaf und Ort" in *Vom Sein zum Seienden* (Levinas 1997) zu lesen. Sie gehören in den Teil des Buches, welcher der „Existenz ohne Welt" gewidmet ist. Damit wird klar zum Ausdruck gebracht, dass wir uns noch diesseits der objektivierenden universalen Korrelation Leib–Welt befinden. Zu Beginn dieses Teils finden wir einen Begriff von derjenigen Materialität, die sich in den räumlichen Objekten der Welt (Dingen und Körpern) verbirgt, da sie sich in deren Bedeutsamkeit nicht erschöpft. Ganz im Gegenteil besteht diese Materialität gerade in dem, was ihnen als verständlichen Objekten der Umwelt fremd bleibt und durch und durch transzendent ist: „das Dichte, das Grobe, das Massive [...][,] was Festigkeit hat, Gewicht, Absurdität, brutale, aber unempfindliche Gegenwart (*impassible présence*)". Hierdurch wird die so verstandene Materie als eine Grenze der Phänomenologie im Sinne einer Sinnanalyse angezeigt: Die Absurdität kann als die Grenze des Sinnes in ihrer impassiblen und in dieser Hinsicht widerständigen Gegenwart gefunden, aber nicht wahrgenommen werden, weil sie durch die Wahrnehmung wieder in Sinnbezüge aufgenommen wird. Andererseits aber – und hierin liegt der Grund dafür, dass diese Grenze auch phänomenologisch noch berücksichtigt werden kann – wird diese Materialität verspürt. Sie ist eine nicht bloß gedachte, sondern eine affektiv gegebene Grenze, insofern sie – zumindest nach Levinas – zugleich „Demut, Nacktheit und Häßlichkeit", ja „das Elende" selbst ist:

> Materielles Objekt zum Gebrauch bestimmt, in irgendeine Dekoration eingereiht, ist eben dadurch in eine Gestalt eingekleidet, die uns seine Nacktheit verbirgt. Die Entdeckung der Materialität des Seins ist keine Entdeckung irgendeiner neuen Qualität, sondern Entdeckung des unförmigen Gewimmels des Seins. Hinter der Klarheit der Formen, durch die sich schon die Entitäten auf unser „Inneres" beziehen – ist die Materie die Tatsache (*le fait*) selbst von dem *es gibt*. (Levinas 1997, 68)

Wäre eine Erfahrung dieser Materialität möglich, so müsste sie Levinas zufolge die Erfahrung eines „Außen" sein, „[...] das in keiner Korrelation zu einem Innen" stünde. Diesseits einer jeden Intentionalität des Bewusstseins entdeckt Levinas somit eine besondere Exponiertheit des Menschen gegenüber diesem „Es gibt", dessen Kundgabe im Erleben das „Entsetzen" selbst ist, also eine Emotion: „Das *es gibt*, das uns streift, ist das Entsetzen." Dagegen heißt, ein „Bewusstsein zu sein, dass man sich aus dem „Es gibt" losgerissen hat; denn die Existenz eines Bewusstseins konstituiert eine Subjektivität, sie ist Subjekt des Seins [...][,] in einem gewissen Maß Herrscherin über das Sein, schon Name in der Anonymität der Nacht" (ebd. 72).

Das anonyme und sinnlose Gemurmel des Seins (*le bruissement anonyme et insensé de l'être*) ist im Entsetzen und im Schrecken anwesend, welche beide „entpersonalisierend" wirken. Auch hier wird die weltliche Existenz des Menschen sozusagen entkleidet, auf das nackte, pure Sein verwiesen, wo die Abgrenzung des Inneren in Bezug auf das Äußere zusammenbricht. „Sogar das, was man das Ich nennt, ist von der Nacht überflutet, überfallen, entpersönlicht, von ihr erstickt." (Ebd. 70)

Erst nachträglich kann etwa gesagt werden: Allerdings gibt es *hier* Bewusstsein und Subjektivität, und dies dank dem Körper. Die pure Materialität des unpersönlichen Seins, des „Es gibt", gab sich im Schrecken, der dem Erleben den Boden unter den Füßen wegzog. Mit diesem Verlust der Position wurde das Erleben seiner „Subjektivität", seiner Interiorität beraubt. Erst im Nachhinein konnte die phänomenologische Beschreibung das Erlebte in Worte fassen, von seinem *Hier* des Bewusstseins aus, den Spuren des Nichts gewissermaßen nachfühlend, und zwar als ein Erlebnis ohne Ich, was aber auch heißt: ohne Boden, im Nirgendwo. Kraft dieser Berührung kann jedoch zugleich ein Inneres auftauchen, ein Subjektives in einem „Hier", das im Entsetzen verloren ging – und genau hierin besteht eine Bedingung der Möglichkeit des Bewusstseins, eine Bedingung, die körperlich ist und bleibt. Das Bewusstsein kommt zu sich selbst, es wird subjektiv, es ist selbstgegeben aufgrund einer Setzung (*position*), die vom Körper abhängt und die weder vom objektivierenden Bewusstsein, vom Ich des Bewusstseins, vom reinen Ich des Erlebens noch vom Fleisch des Leibes geleistet wird. Die Setzung geht grundsätzlich nicht auf eine Aktivität des Erlebens zurück – sie geht sogar der Passivität des Erlebens, die für gewöhnlich als eine Rezeptivität des Empfindens aufgefasst wird (wie z. B. bei Husserl), gewissermaßen voraus. Der Körper als ein dem Bewusstsein und seinen Objekten gegenüber Anderes, so wie von ihm bei Levinas die Rede ist, ist daher kein Ding und keine Substanz, sondern ein Ereignis, das darin besteht, die Setzung eines „Hier" zu sein. Diesem Ereignis, so Levinas im Abschnitt „Der Schlaf und der Ort" des zitierten Buches, wird man nicht dadurch gerecht, dass man „über die äußere Erfahrung des Körpers hinaus auf seiner inneren Erfahrung, auf der *cénesthesie* besteht" (ebd. 87).

Aus diesem Grund sprechen wir auch vom Körper und nicht vom Leib und modifizieren entsprechend die zitierte Übersetzung, in der wir auch das im französischen Original verwendete Wort *cénesthesie* beibehalten, anstatt es missverständlich mit „Synästhese" zu übertragen.[2] Wir befinden uns mit Levinas in einem Bereich, der sich der deskriptiven Phänomenologie im Sinne Husserls entzieht. Allerdings lediglich in einem gewissen Sinne, denn auch das, was Levinas tut, ist noch immer eine Beschreibung, die vom eigenen Erleben ihren Ausgang nimmt. Damit ist sie mit der Beschreibung des Nullpunkts der Orientierung bei Husserl vergleichbar, denn auch ein solcher Punkt entzieht sich streng genommen einer Beschreibung dessen, was anschaulich gegeben ist. Zwar schreibt Husserl in *Ideen* II: „[D]as Zentrum der Orientierung gehört zum noematischen Gehalt meiner Leib-Ding-wahrnehmung als solcher, und in der Erfahrungssetzung gehört es zur anschaulich konstituierten Objektivität Leib, also zu einer Stufe von Erscheinungen, die schon konstituierte Erscheinung ist [...]" (Hua IV, 213). Dieses Zentrum selbst gehört jedoch zugleich zur konstituierenden Instanz, die daher nicht in den konstituierten Raum eingeht: „[A]ber während das Subjekt immer, in jedem Jetzt, im Zentrum ist, im Hier, von wo aus es alle Dinge sieht und in die Welt hineinsieht, ist der objektive Ort, die Raumstelle des Ich, bzw. seines Leibes eine wechselnde" (ebd. 159).

Allerdings ist bei Levinas die Durchführung seiner Beschreibung eine andere, als es sonst in der klassischen Phänomenologie der Fall ist. Denn für ihn ist der Körper in seiner Setzung die Bedingung einer jeden Innerlichkeit und Immanenz. Sobald sich der Körper in seiner Setzung ereignet, sind *eo ipso* auch schon Innerlichkeit, Immanenz und Subjektivität gegeben. Ohne dieses Hier, das mit dem Körper in eins gesetzt wird, können Interiorität, Immanenz und Subjektivität nicht erlebt werden, was aber nicht bedeutet, dass auch der Körper in diese Immanenz eingeht bzw. in ihr aufgelöst wird. Als Position bleibt er ihre Grenze, „Tatsache selbst der Lokalisierung" (ebd. 88).

---

2 Ich danke István Fazakas für den Hinweis auf die irreführende Übersetzung von *cénesthesie* durch „Synästhese".

Also kann diese Tatsache nicht als intentionale Objekteigenschaft gefasst werden, sie muss mehr sein als eine solche. Auch die Empfindung muss daher anders gefasst werden, als nur Stoff der Informationen, unselbstständiges, abhängiges Moment für das intentionale Vermeinen oder Vorstellen zu sein, das alles in ein Noema verwandelt, womit das Empfindungsmäßige, verstanden als Moment des intentionalen Bewusstseins, seinen eigenen Bezug zur Materialität verliert. Doch Levinas setzt seine Argumentation wie folgt fort: „Sollen wir sagen, dass die *cénesthesie* mehr ist als eine Erkenntnis; dass es in der inneren Sinnlichkeit eine gewisse Intimität gibt, die bis zur Identifizierung reicht; sollen wir sagen, dass ich mein Schmerz bin, meine Atmung, meine Organe, dass ich nicht nur einen Körper *habe*, sondern dass ich der Körper *bin*?" (Ebd.)

Diese – offensichtlich rhetorische – Frage muss verneint werden. Für Levinas stellt der Körper die Art und Weise dar, durch die der Mensch in die Existenz verwickelt und in ihr situiert *wird*, während Leib-sein eher ein Mittel der Situierung des Bewusstseins darstellt, eben eine *cénesthesie*. Als Körper muss er also vom Leib unterschieden werden. Doch ist auch die Position des Körpers dem Vollzug der Existenz nicht äußerlich, wie Levinas an der folgenden Stelle festhält:[3] „Aber auch hier ist der Leib noch ein Seiendes, ein Substantiv, zur Not ein Mittel der Lokalisierung und nicht die Weise, wie sich der Mensch im Sein engagiert, wie er sich setzt." (Ebd.)

Worauf es Levinas hier ankommt, ist, darauf hinzuweisen, dass auch die Position des Körpers, die es dem Bewusstsein erlaubt, hier zu sein und sich selbst zu erleben, ein Ereignis ist, etwas, wodurch das Bewusstsein ermöglicht wird – in einer faktischen Hinsicht, die aber durchaus wesentlich ist. Der Körper ist nicht etwas, was vom intentionalen Bewusstsein gestiftet wurde – im gewöhnlichen Sinne der intentionalen Seins-Setzung. Nach Levinas ist der Körper wie gesagt kein Noema, das heißt kein Objekt. Diese *Position* des Leib-Körpers beim frühen Levinas galt es im Zusammenhang mit der Problematik der Ränder der universalen Korrelation hervorzuheben, auf die bereits die Überlegungen Husserls zum Leib und Körper als Nullpunkt der Orientierung hindeuten. Nachdem nun an den Rand in Richtung des subjektiven Pols der Korrelation erinnert wurde, möchten wir uns noch kurz dem schon oben bei Levinas angedeuteten

---

[3] In den späteren Schriften, wie vor allem in *Totalität und Unendlichkeit* (Levinas 1992) wird oft explizit vom Leib-Körper als einem *accomplissement* die Rede sein. Die Entwicklung der Idee der Leib-Körperlichkeit kann bei Levinas also auch in seinem Spätwerk verfolgt werden, wo sie allerdings auf das Ethische bezogen und tendenziell darauf reduziert wird. Vgl. dazu Novotný 2015; 2016. In diesen Kontexten geht es dann weniger um den Körper als Grenze – den „Grenz-Leib" Hans Rainer Sepps –, auf den wir uns hier beschränken wollten.

anderen Pol des Außen – diesseits der Korrelation mit dem Inneren – zuwenden.

### 3. *Grenz-Leib in der phänomenologischen Oikologie*

Im Projekt einer phänomenologische Oikologie von Hans Rainer Sepp wird ein Bogen gespannt vom Konzept des Grenz-Leibes, das uns hier besonders interessiert, bis zum Konzept des Ethischen, also letztlich eine Bewegung vom individuellen Leib-Körper hin zur ethisch bestimmten Subjektivität, die bei Levinas schließlich die Leib-Körperlichkeit des Menschen vollkommen in Anspruch nimmt. Die Reflexionen über die Leiblichkeit der Subjektivität stellen bei Sepp den Versuch dar, „oikologische Grundfragen am Leitfaden des Richtungsleiblichen, des Sich-Richtens, in seiner Verspannung mit dem Grenz- und Sinnleiblichen zu behandeln" (Sepp 2014, 7). Darin, dass gerade das „Richtungsleibliche" zum Leitfaden genommen wird, also die Bewegung des leiblich bestimmten Erlebens, das sich von der Grenz-Erfahrung des noch sinnfreien Realen schon zum subjektiven Vollzug eines begehrenden Ausgriffs auf das Außen abhebt – in welchem sich damit ein Haus (*oikos*) in der Welt zu bilden vermag –, aber noch nicht in einem Sinngefüge des Symbolischen verfestigt und verobjektiviert wurde, kann eine Nähe zu Husserls genetisch-phänomenologischem Ansatz gesehen werden. Dennoch sucht Sepp nach einem noch grundlegenderen Ansatz, um das Verhältnis des leiblichen Erlebens zur Umwelt ursprünglicher, als es in der husserlschen genetisch rückfragenden Konstitutionsanalyse restituiert ist, zu fassen. Etwa, wenn er über das „stabile Ungleichgewicht" schreibt:

> Diese Überlegungen führen nur in den Vorhof einer phänomenologischen Oikologie. Eine solche müsste sich im Rahmen einer Analyse der grundlegenden Leibfunktionen von Grenzleib, Richtungsleib und Sinnleib entfalten und sich am Prinzip des stabilen Ungleichgewichts orientieren. Dabei musste dieses Prinzip selbst seine Verankerung finden, die für uns, die wir Menschen sind, nirgendwo anders als in einer Theorie der ersten Person als verleiblichter liegen kann. (Ebd.)

So kommt es zu der ersten These des systematischen Entwurfs, wie ihn Sepp in seinem Aufsatz „Grundfragen einer oikologische Philosophie" vorlegt, dass nämlich die menschliche Subjektivität „stets mit Rekurs auf ein verleiblichtes Subjekt aufgefasst wird" (Sepp 2011, 220). Die zweite These geht dann genauer darauf ein, wie sich das Verhältnis der Subjektivität so zu der Umwelt und zu sich selbst leiblich – und wir würden hinzufügen: leibkörperlich[4] – gestaltet, dass *„der Mensch an Ortsbezügen partizipiert, die sich aus seiner Leiblichkeit bestimmen"*. In diesem Zusammenhang

---

[4] Auch Sepp verwendet in seinen letzten Arbeiten diesen Ausdruck. Vgl. die Einführung zu seiner *Philosophie der imaginären Dinge* (Sepp 2017, 23–30).

spricht Sepp von einem ersten, ursprünglichen Ort als von der „Grenze, die ein sich aus sich heraus bewegender Leib selbst darstellt", oder von der ersten Differenz, der „Ur-Scheidung als Abscheidung des absolut singulären Lebens in ihm selbst" (ebd.).

Dabei erklärt er diese Singularisierung als „ein absolutes Da zu sein", als „ein Faktum, ergrenzt zu sein", dort, wo das Leben „für sich selbst in seinem absolut singulären Sein noch nicht erschlossen" ist. Und dennoch wird es als ein „lebendiges Innensein" bezeichnet, welches als ein absoluter Mittelpunkt aus sich selbst lebt. Grenze ist für Sepp „dieses lebendige Innensein". Wir erkennen darin eine Spannung, die mit dem Begriff Leib-Körper zum Ausdruck gebracht werden kann: Als Körper ist die Singularität als absolutes Da gesetzt, ur-faktisch ‚ergrenzt', ohne jedoch für sich als ein singuläres Leben erschlossen zu sein. Die Identität dieser faktischen Ergrenzung mit einem „absoluten Innensein" kann nur über den erlebten Körper, also den Leib entstanden sein. Das Spannendste in diesem Zusammenhang ist hier dieser *Übergang* oder Kontakt selbst zwischen Leib und Körper, eben das, wofür Levinas explizit das Ereignis der *position du corps* als Bedingung ansetzt. Bei Sepp wird das Problem aus der Perspektive des richtungsleiblich lebendigen Inneren gefasst bzw. die fragwürdige Identität aus dem Inneren des Lebens wiederhergestellt:

> Da zu sein, ist, absolut dieses Da zu sein. Dieses Da ist zugleich ein absolutes Innensein, ein Innensein, das mit dem Faktum, ergrenzt zu sein, identisch ist. Grenze ist dieses lebendige Innensein. Auch dieses Innensein ist absolut, da es die Grenze selbst ist, also nicht in dem Sinn schon verstanden werden darf, der es zu einem Außen in einen Gegensatz bringt. (Sepp 2011, 220f.)

Grenze gibt es nur für ein Erlebnis, der Leib grenzt an den Körper, der *sein* Körper ist; nur für diese Aneignung des eigenen Körpers durch den Leib ist bereits der gesetzte Körper die faktische Bedingung – so unsere Lektüre der Position des Leib-Körpers beim frühen Levinas.

Sepps Idee des Grenz-Leibes sehen wir zwar konzeptionell grundsätzlich in der Nähe der Setzung des Körpers beim frühen Levinas angesiedelt, insofern der Grenz-Leib den ursprünglichsten Ort der Subjektivität darstellt. Daher ließe sich die Idee des Grenz-Leibes bei Sepp teilweise mit der Position des Leib-Körpers beim frühen Levinas vergleichen, wenngleich die beiden Ansätze in der Ausführung deutlich auseinandergehen. Der andere Pol jenseits der Korrelation ist bei Sepp aber deutlicher gefasst, als es bei Levinas mit dem „Es gibt" der Fall war. So lesen wir bei Sepp etwa an folgender Stelle über den Anfang, der jede Relation und Korrelation bedingt:

> [...] Die erste, ‚monistische' Differenz, die Ur-Scheidung als Abscheidung des absolut singulären Lebens in ihm selbst, ist diesem zunächst verborgen. Solange sich Leben selbst noch nicht als in einem Gegensatz

> stehend erfährt, ist es für sich selbst in seinem absolut singulären Sein noch nicht erschlossen. Das Innen erfährt sich erst dann als Innen, wenn es auf sich zurückkommt, und es erlebt sich selbst in einem Bezogensein auf sich, wenn es mit einem ganz anderen, als es selbst ist, konfrontiert wird: mit dem Realen. (Ebd. 221)

Nicht schlafen zu können, im eigenen Leib-Körper keine Zuflucht mehr zu finden, keinen Boden mehr unter den Füßen zu haben sind Beispiele für Situationen, in denen sich für Levinas die Grenze zwischen Innen und Außen auflöst. Das sinnlos anonym seiende „Es gibt" – *il y a* – wird nicht mehr vom Innen als ein Außen abgegrenzt, sondern durchdringt alles. Die Grenze und somit das Erleben als ein lebendiges Inneres werden damit gewissermaßen gesprengt. Das war bei Levinas die radikale Emotion des Schreckens, der Verlust jedes Bodens, der Sturz ins Nichts. Die Position des Leib-Körpers, die das Schlafen trägt, das Aufwachen ermöglicht, durch die sich das Leben von den Elementen nährt und entfaltet, als Bezug auf ein Außen und Innen zugleich – erst diese Ereignisse charakterisieren bei Levinas ein Leben aus der Mitte, zentriert im jeweiligen Genuss (dem Nukleus des Innen) des Selbst. Bei Sepp entspricht diesem Aufgehen des Innen die „Geburt":

> Faktische leibliche Verortung besagt eine jeweilige Konkretion raumzeitlicher Endlichkeit, in die jede und jeder hineingeboren ist. Verortung ist Ziehen einer Grenze, durch welche ich als Person individuiert werde, meine Verleiblichung erfahre. Meine Geburt setzt mich auf den ‚Erd'-Boden des realen Seins: auf den Boden, auf dem mein Leib aufruht. Dies ist noch kein Boden, der einer sinnkonstitutiven Rückfrage zugänglich wäre. Er ist das nackte Faktum, dass ich mit beiden Beinen einen, ‚meinen' Boden berühre – welcher Boden das auch immer ist. (Sepp 2010, 520)

Das ist sozusagen die positive, positionale Seite des Einschnitts in das Reale, der sich mit der Geburt des Leib-Körpers ereignet. In diesem Kontakt kommt es jedoch zugleich zu einer unvermittelten Urerfahrung der Härte des Realen. Bei Sepp ist es ein solcher Zusammenprall oder Zusammenstoß mit dem Sinnlosen des Realen, welcher das Innen aufgehen lässt, anstatt es zu zerstören. Das Sinnlose, Reale als das Widerstand Leistende ist hier nicht vermittelt, gemildert sozusagen durch den „Genuss", der sich dazwischenschiebt. Es ist knallhart, aber nicht zerstörerisch, es ist Geburt, zweifellos ein Schock, aber keine den Zerfall des Erlebens herbeiführende Emotion wie bei Levinas, die an das *il y a*, das sinnlose, anonyme, nackte Sein angrenzt. Sepp schreibt:

> […] Erst in dieser Urerfahrung, in welcher sich die sinn-lose Härte des Realen dem sich auslebenden Leben entgegenstellt, bildet sich jene Differenz, die für das erlebende Leben nicht nur die Grenze markiert, sondern es auch in seine Fasson bringt, und wird so zu einer Differenz, die

> das Innen mit einem ganz anderen konfrontiert und die Grundlage dafür schafft, dass Leben später den Sinn des Exterioren und in Folge davon die ganze Palette an Unterscheidungen von innen und außen bilden kann. Da die Erfahrung des Realen aber nicht nur das Resultat eines Ausgreifens des Leibes in eine Sphäre außerhalb der Grenze seiner Haut bedeutet, sondern ebenso existenziellen Dispositionen des Selbst entspringt – wie z. B. in Zuständen des Gedächtnisentzugs oder der Angst, also immer dort, wo seinem Ausgriff ein Widerstand begegnet –, hat mit dem Erleben des Realen das Andere, ja das Fremde des Außen schon in ihm selbst auf urtümliche Weise Platz genommen. (Sepp 2011, 221)

Auch in Bezug auf den Pol des Außen würde dagegen Husserl von keinem unvermittelten Anstoß des Realen auf den Leib-Körper sprechen wollen. So bemerkt Ludwig Landgrebe in seinem Aufsatz zur Frage der passiven Konstitution: „Eine jede Hyle ist“ als ein unvermittelter Anstoß von einem Ich-Fremden „vielmehr schon eine ‚sedimentierte Geschichte‘“ (Landgrebe 1982, 86f.): Als das Affizierende ist die Hyle bei Husserl „nicht etwas, das seinen Grund in einem ganz Anderen, ihm Fremden hat (so wie Kant das Wort Materie als Bezeichnung für den unerkennbaren Grund der Affektion gebraucht), sondern sie gehört der Immanenz des transzendentalen Werdens zu“ (ebd. 84f.). Und dieses transzendentale Werden wiederum ist die Weltkonstitution. „Das Erste der ‚Ich‘-Intention (Zuwendung) und Erfüllung ist die in der mütterlichen Lebensgeborgenheit, und nicht etwa ein Knall schlechthin etc. Und so ist damit auch die Konstitution der ersten Umwelt von da aus geregelt.“ (Hua XXXIX, 474f.)

Jedes Reale kann bei Husserl nur aus dem Hintergrund der vorgegebenen Milieus affizieren, deren Zusammenhang letztlich die Welt ausmacht. Und die hat keine Grenze, sie ist als Horizont aller Horizonte der Erfahrung selber grenzenlos. Der Zugang zum Außen ist ja bei Husserl zuinnerst mit dem Begriff des Horizontes verbunden, der eigentlich jede Unvermitteltheit ausschließt. Jede Affektion des Ich geht zwar von einem im Feld Abgeschiedenen aus, aber dieses Feld ist dabei zusammen mit seinem Umfeld immer schon vorweisend vorgegeben.

### *Schluss*

Zum Schluss möchten wir noch einmal die Bedeutung des Grenz-Leibes bei Hans Rainer Sepp hervorheben, im systematischen Entwurf seiner phänomenologischen Oikologie, die auch das ethische Maß von der leiblich-körperlichen Subjektivität aus anzusetzen versucht, in ihrem Bezug auf das Reale und Soziale der Welt. Die Aufgabe der Philosophie in einer Ermessung des Oikos ist eine kritische, ein „Rückgang des Aufgehens des Selbst in Welt“, eine „Reduktion des Sozialen, das sich das Selbst angeglichen hat", eine Epoché von „den Fesseln der sozialen Konditionierung" (Sepp 2011, 239f.):

> In lebensweltlicher Einstellung ist das volle Korrelat zur objektiven Welt mein interessiertes (inter-)subjektives Ego-Selbst, denn obgleich die objektive Intersubjektivität mein Selbst überlagert, bleibt dieses in sich, was es ist: gebunden an den absoluten Ort, den mein Leib ihm zuweist. Daraus resultiert eine unheilvolle Mischung: verankert zu sein im Selbst und zugleich aus ihm vertrieben und angewiesen zu sein an einen Durchschnitt, der wie die Welt selbst das Produkt einer Konstitutionsleistung der Subjektivität ist. Die Grundintention der europäischen Philosophie ist es, dieses Konglomerat zu durchhellen und seine automatische Wirkung aufzulösen [...]. (Sepp 2009, 214)

Dieser Intention entsprechen zu können, heißt jedoch, „radikal dort" anzusetzen, wo das Problem entstand: „in der leibverankerten transzendentalen Subjektivität" (ebd.).

Auch unser Versuch, den Leib-Körper als Kern der Subjektivität und Grenze der universalen Korrelation aufzuweisen, schließt sich durchaus noch dieser Grundintention der europäischen Philosophie an. Wir haben in diesem Kapitel angesetzt beim Körper als einer Grenze der Korrelation bei Levinas, situiert in der Reflexion über die „Existenz ohne Welt", und haben uns dabei auf die parallele Idee des Grenz-Leibes bei Hans Rainer Sepp gestützt, bei dem zugleich, schärfer als bei Levinas, das Widerständige des vorweltlich Realen dem Leib-Körper gegenüber auftritt.

Worauf es uns bei Levinas hier, im zweiten Teil dieses Kapitels, ankam, war, darauf hinzuweisen, dass auch die Position des Körpers, die es dem Bewusstsein erlaubt, hier zu sein und sich selbst zu erleben, ein Ereignis ist, etwas, wodurch das Bewusstsein ermöglicht wird – in einer faktischen Hinsicht, die aber durchaus wesentlich ist. Der Körper ist dabei nicht etwas, das vom intentionalen Bewusstsein gestiftet wurde – im gewöhnlichen Sinne der intentionalen Seins-Setzung. Nach Levinas ist der Körper kein Noema, das heißt kein Objekt. Diese *Position* des Leib-Körpers beim frühen Levinas galt es im Zusammenhang mit der Problematik der Ränder der universalen Korrelation hervorzuheben, auf die schon die Überlegungen Husserls zum Leib und Körper als Nullpunkt der Orientierung hindeuten. Außer diesem Rand in Richtung des subjektiven Pols der Korrelation bei Levinas, kann auch über den anderen Pol des Außen, noch diesseits der Korrelation mit dem Inneren, hinausgegangen werden, wie dies bei Hans Rainer Sepp geschieht.

Bei diesem Autor wird somit – mehr noch als bei Levinas – auch die Brücke zwischen beiden Rändern deutlich gemacht. So schreibt Sepp einerseits über die positive, positionale Seite des Einschnitts in das Reale, der sich mit der Geburt des Leib-Körpers ereignet. Mit diesem Einschnitt kommt es jedoch andererseits zu einer unvermittelten Urerfahrung der

Härte des Realen. Eine solche können wir weder bei Husserl finden noch bei Levinas, insofern sie in der extremen Emotion des Schreckens vor dem „Es gibt" eher der Auflösung der Position des Körpers gliche, die hinter den Elementen der sinnlichen Welt lauert, in denen sonst das sinnliche Leben „badet" und von denen es sich nährt.

Die Frage bleibt, ob und wie die hier besprochenen Ränder der Korrelation rein phänomenologisch thematisiert werden können, wenn es denn stimmt, dass die Welt immer schon vorgegeben ist. Zu fragen ist auch, ob wir je mit den philosophischen Mitteln der Phänomenologie der universalen Korrelation über diese hinausgelangen können. Levinas und Sepp nehmen davon Abstand, um die Subjektivität diesseits der Korrelation leib-körperlich zu verorten. In Bezug auf ihren anderen Pol stießen wir bei Sepp auf das Reale. Am Rande der Korrelation des Bewusstseins und seiner Gegenstände im Umfeld der Welt lauert somit bei Levinas das anonyme Seinsgeschehen, bei Sepp das Reale – und beides ist den Sinnbezügen radikal entzogen. Offensichtlich wirken diese Ränder der Korrelation sich unterschiedlich auf das Leben aus, weisen auf unterschiedliche Erlebnisweisen hin. Dieses sich Entziehende konnte nur durch seine Spuren, etwa als Ränder der universalen Korrelation des Erlebens und des Erlebten, gedacht werden. Diese Randgänge der Phänomenologie ein Stück weit zu verfolgen, war unser Interesse in diesem Kapitel.

# Zusammenfassung

Das erste Kapitel dieses Buches geht die Problematik der Weltvorgegebenheit an, sofern sie nicht in den Korrelationsverhältnissen von Erleben und Erlebtem aufgeht, sondern den Rahmen jedweder intentionalen Beziehung bildet, ohne selbst gänzlich aus einer solchen hervorgegangen zu sein. Hier stößt der Ansatz Husserls an ein Problem, ja an „das Rätsel aller Rätsel", wie er selbst dies einmal formuliert. Mit- und Weiterdenkende seiner Phänomenologie, so vor allem Eugen Fink, erkannten in diesem „Rätsel" eine Grenze, welche den entscheidenden Impuls dazu gab, „kosmologisch" über die Phänomenologie hinauszugehen.

Diese Entwicklung können wir auch heute am Werk von Renaud Barbaras verfolgen, dem das zweite Kapitel gewidmet ist. Somit wird auf eine „kosmologische Wende der Phänomenologie" hingewiesen, die bei Renaud Barbaras auf eine Art Monismus der Weltbewegung hinausläuft, die keine Grenzen hat, insofern sie nicht nur alle Positionen der Leib-Körper noch unterläuft, sondern in gewisser Weise auch ihre Subjektivität verbürgen soll.

Im dritten Kapitel wird die „asubjektive" Phänomenologie Jan Patočkas dagegen als eine Erneuerung des transzendentalphänomenologischen Ansatzes gedeutet, mit dem er sich zwischen Husserl und Fink positioniert hat. Nicht zuletzt deshalb, weil die durch Patočka vermittelte Wirkung Finks die wohl wichtigste Quelle war für die phänomenologische Kosmologie und Metaphysik bei Renaud Barbaras, gehen wir näher auf die Auseinandersetzung Patočkas mit Fink ein. Patočka lehnt zwar ebenso wie Fink den Gedanken der Konstitution eindeutig ab und verzichtet auf die entsprechende transzendentale Reduktion Husserls zugunsten einer radikalisierten Epoché. Sein Ziel ist dabei aber, und darin nähert er sich wissentlich erneut dem husserlschen Grundmotiv der Phänomenologie, das Erscheinen *als solches* zu thematisieren.

Einen anderen, aber doch in dieser Hinsicht parallelen Weg zur Erneuerung der transzendental fundierten Phänomenologie und Metaphysik der Welt hat László Tengelyi in seinem letzten Buch zum Thema *Welt und Unendlichkeit* eingeschlagen. Im vierten Kapitel wird sein Ansatz als eine deutliche Zurückweisung der kosmologischen Wenden zugunsten einer Rückkehr zum methodischen Transzendentalismus Husserls vorgestellt. Von hier aus hat Tengelyi eine phänomenologische Metaphysik der

Urtatsachen entworfen, die in einem gewissen Sinne ebenfalls als Ränder der universalen Korrelation gefasst werden können, wobei die Frage nach dem Zusammenhang dieser Urtatsachen bei Tengelyi offengeblieben ist.

Patočka hat sich seinerseits – und auch das gehört zu seinem philosophischen Projekt – bemüht, diesen Zusammenhang in seinen Werken zu thematisieren, zuletzt anhand eines verallgemeinerten Begriffes der Bewegung, den er phänomenologisch als Bewegung des menschlichen Lebens verankert. Um wiederum seine Nähe und Distanz sowohl zu Husserl als auch zu Fink anzuzeigen, zeichnet daher das fünfte Kapitel nicht nur Umrisse seiner späten, bekannten Lehre von der menschlichen Existenz als Bewegung nach, sondern berichtet auch von seiner frühen Wende zum Lebens-Inneren und seinem Ausdruck durch Bewegung. Damit soll deutlich werden, dass Patočka das zentrale Thema der Phänomenologie beim späten Husserl – nämlich das dynamische Verhältnis eines Ineinander von Welt und Leib-Körpern – originär, bereits von seinen ersten Schriften an und somit noch vor der großartigen Erneuerung dieser Problemfelder durch die Phänomenologie in Frankreich aus einer alternativen transzendental-genetischen Perspektive beleuchtet hat.

Das letzte Kapitel zielt auf das, was diesem Ineinander noch diesseits der Korrelation aufseiten ihres subjektiven Pols zugrunde liegt. Auch wenn in der kosmologischen Perspektive sogar der Körper der Lebewesen aus einem allumgreifenden Prozess der Individuierung aller Dinge hervorgehen soll, so entstammt er in seiner Leiblichkeit als erlebter Individuierung, zumindest bei den Menschen und Tieren, wohl kaum einem solchen kosmischen Geschehen. Ähnliches gilt für den vertieften transzendentalphänomenologischen Ansatz beim Ereignis des Erscheinens als solchem, den wir bei Merleau-Ponty oder Patočka finden. Auch vom Ereignis des Erscheinens als Mitte der Korrelation, von der aus sich der Weltbezug des Menschen realisiert, muss gesagt werden, dass sich ihm die Position des Leib-Körpers entzieht. Ihre Faktizität entzieht sich dem Licht der Welt, dessen anderer Name das Ereignis des Erscheinens ist. Auch die radikalisierte phänomenologische Reflexion oder Besinnung stößt hier auf gewisse Randbedingungen, die sich an den Grenzphänomenen melden, aber darin nicht aufgelöst werden können. Hier, im vorliegenden Buch, wird nur auf zwei solcher Ränder hingewiesen, die der Korrelation von Welt und Leib zugrunde liegen: das vorgegebene Weltganze und die Position des Leib-Körpers. So weist das sechste und letzte Kapitel darauf hin, dass und wie bereits der frühe Levinas im Gegenzug zu dem universalen Korrelationsgedanken bei Husserl und Heidegger die ‚Stellung des Körpers' (*position du corps*) als ein Ereignis der Setzung etabliert, die dem subjektiven Pol der Korrelation zugrunde liegt. Darüber hinaus weist das Kapitel auf einen weiteren Rand hin, das *il y a*, das anonyme „Es gibt", das Levinas als ein Außen ohne Bezug auf ein Inneres konzipiert. Beides ist situiert am Rande der Korrelation von Erleben und Erlebtem. Von einer anderen Blickrichtung her, nämlich der Widerstandserfahrung, stößt auch Hans Rainer Sepp zu solchen Rändern der Korrelation vor: einerseits zum Konzept des „Grenz-Leibes", andererseits zum Konzept des Realen. Beides ist nicht nur Rand, sondern auch minimale Grenzbedingung des Leib-Welt-Korrelationsverhältnisses – denn sowohl der „Grenz-Leib" als auch das Reale gehen in dieses Verhältnis nicht ein, sondern liegen ihm faktisch-bedingend voraus.

# Literatur


Barbaras, R. (1991): *L'être du phénomène. Sur l'ontologie de Merleau-Ponty*, Grenoble (²2001).
- (1998): *Le désir et la distance. Introduction à une phénoménologie de la perception*, Paris.
- (2007): *Le mouvement de l'existence. Études sur la phénoménologie de Jan Patočka*, Chatou.
- (2008): *Introduction à une phénoménologie de la vie*, Paris.
- (2013): *La dynamique de la manifestation*, Paris.
- (2016): *Le désir et le monde*, Paris.
- (2019a): *Appartenance. Vers une cosmologie phénoménologique*, Leuven.
- (2019b): „Double monde", in: *Alter. Revue de phénoménologie*, Nr. 17: *Patočka*, Paris, 13–28.
- (2019c): „Le refoulement de la vie", in: Y. Ch. Zarka und A. Zafrani (Hg.), *La phénoménologie et la vie*, Paris, 201–219.

Bernard, M. (2016): *Patočka et l'unité polémique du monde*, Louvain-la-Neuve.

Bernet, R. (2013): „The Body as a ‚Legitimate Naturalization of Consciousness'", in: H. Carel und D. Meacham (Hg.), *Phenomenology and Naturalism. Examining the Relationship between Human Experience and Nature*, Cambridge, 43–65.

Bimbenet, E. (2006): „Merleau-Ponty: la parole du monde", in: *Alter. Revue de phénoménologie*, Nr. 6: *Monde(s)*, Paris, 11–38.

Dastur, F. (2006): „Le concept du monde chez Heidegger après *Etre et temps*", in: *Alter. Revue de phénoménologie*, Nr. 6: *Monde(s)*, Paris, 119–136.

Duicu, D. (2014): *Phénoménologie du mouvement. Patočka et l'héritage de la physique aristotélicienne*, Paris.

Fink, E. (1959): *Alles und Nichts. Ein Umweg zur Philosophie*, Den Haag.
- (1960): *Nietzsches Philosophie*, Stuttgart.
- (1966): „Edmund Husserl in der gegenwärtigen Kritik", in: ders., *Studien zur Phänomenologie 1930–1939*, Den Haag (Erstabdruck in: *Kant-Studien* 38 [1933], 321–383).
- (1976): *Nähe und Distanz. Phänomenologische Vorträge und Aufsätze*, hg. von F.-A. Schwarz, Freiburg/München, 139–157.
- (1990): *Welt und Endlichkeit*, hg. von F.-A. Schwarz, Würzburg.
– (1992): *Natur, Freiheit, Welt. Philosophie der Erziehung*, hg. von F.-A. Schwarz, Würzburg.
- (1999): *Eugen Fink und Jan Patočka. Briefe und andere Dokumente aus den Jahren 1933–1977*, hg. von M. Heitz und B. Nessler, Prag/Freiburg/München.
- (2006): *Phänomenologische Werkstatt.* Band 1: *Die Doktorarbeit und erste Assis-*

*tenzjahre bei Husserl*, hg. von R. Bruzina, Freiburg/München. (EFGA 3/1)
- (2008): „Fünf lose Blätter zur Zeitproblematik", in: *Phänomenologische Werkstatt.* Band 2: *Bernauer Zeitmanuskripte, Cartesianische Meditationen und System der phänomenologischen Philosophie*, hg. von R. Bruzina, Freiburg/München. (EFGA 3/2)

Franck, D. (1981): *Chair et corps. Sur la phénoménologie de Husserl*, Paris.

Held, K. (1981): „Die Phänomenologie der Zeit nach Husserl", in: *Perspektiven der Philosophie 7*, 185–215.
- (1992): „Die Endlichkeit der Welt. Phänomenologie im Übergang von Husserl zu Heidegger", in: B. Niemeyer und D. Schütze (Hg.), *Philosophie der Endlichkeit. Festschrift für Erich Christian Schröder zum 65. Geburtstag*, Würzburg, 130–147.

Henry, M. (1963): *L'Essence de la manifestation*, Paris (dt. *Das Wesen des In-Erscheinung-Tretens*, hg. von S. Grätzel, übers. von A. Hansen, Freiburg/München 2019)
- (2000): *Incarnation. Une philosophie de la chair*, Paris (dt. *Inkarnation. Eine Philosophie des Fleisches*, übers. von R. Kühn, Freiburg/München 2002).

Husserl, E. (1948): *Erfahrung und Urteil. Untersuchungen zur Genealogie der Logik*, red. und hg. von L. Landgrebe, Hamburg.
- (1950): *Cartesianische Meditationen und Pariser Vorträge*, hg. von S. Strasser, Den Haag. (Hua I)
- (1952): *Ideen zu einer reinen Phänomenologie und phänomenologischen Philosophie.* Zweites Buch: *Phänomenologische Untersuchungen zur Konstitution*, hg. von M. Biemel, Den Haag. (Hua IV)
- (1962): *Die Krisis der europäischen Wissenschaften und die transzendentale Phänomenologie. Eine Einleitung in die phänomenologische Philosophie*, hg. von W. Biemel, Den Haag. (Hua VI)
- (1973): *Zur Phänomenologie der Intersubjektivität.* Texte aus dem Nachlass. Dritter Teil (1929–35), hg. von I. Kern, Den Haag. (Hua XV)
- (2008): *Die Lebenswelt. Auslegungen der vorgegebenen Welt und ihre Konstitution. Texte aus dem Nachlass (1916–1937)*, hg. von R. Sowa, Dordrecht. (Hua XXXIX)

Karfík, F. (2008): *Unendlichwerden durch die Endlichkeit. Eine Lektüre der Philosophie Jan Patočkas*, Würzburg.
- (2015): „Mouvement, temps, espace dans l'Aristote de Jan Patočka", in: *Patočka lecteur d'Aristote. Phénoménologie, ontologie, cosmologie*, hg. von C. V. Spaak und O. Stanciu, Paris, 195–212.

Landgrebe, L. (1954) : „Das Problem der Dialektik", in: *Marxismusstudien* III, 1960, 10ff.
- (1963): „Die Welt als philosophisches Problem", in: ders., *Der Weg der Phänomenologie. Das Problem der ursprünglichen Erfahrung*, Gütersloh, 41–62 (zunächst engl. in: *Philosophy and Phenomenological Research* I, 1940, 38–58).
- (1965): „Die Phänomenologie der Leiblichkeit und das Problem der Materie", in: *Beispiele. Festschrift für Eugen Fink zum 60. Geburtstag*, hg. von L. Landgrebe, Den Haag, 291–306.

- (1982): „Das Problem der passiven Konstitution“ (1974), in: ders., *Faktizität und Individuation*, Hamburg, 74–87.

Levinas, E. (1988): „La ruine de la représentation“, in: *En découvrant l'existence avec Husserl et Heidegger*, Paris, 125–135.
- (1993): *Totalität und Unendlichkeit*, aus dem Franz. von W. N. Krewani, Freiburg/München.
- (1997): *Vom Sein zum Seienden*, aus dem Franz. von A. M. und W. N. Krewani, Freiburg/München.

Mensch, J. (2016): *Patočka's Asubjective Phenomenology: Toward a New Concept of Human Rights*, Würzburg.

Merleau-Ponty, M. (1964): Le *Visible et l'invisible*, Paris (dt. *Das Sichtbare und das Unsichtbare gefolgt von Arbeitsnotizen*, hg. und mit einem Nachwort versehen von C. Lefort. Aus dem Franz. von R. Giuliani und B. Waldenfels, München 1986).
- (2007): „Der Philosoph und sein Schatten“, in: ders., *Zeichen*, Hamburg, 233–264 (frz. Original: *Signes*, Paris 1960).

Nielsen, C. und H. R. Sepp (2011): „Welt bei Fink“, in: dies. (Hg.), *Welt denken. Annäherungen an die Kosmologie Eugen Finks*, Freiburg/München, 9–24.

Nielsen, C. (2011): „Kategorien der Physis. Heidegger und Fink“, in: C. Nielsen und H. R. Sepp (Hg.), *Welt denken. Annäherungen an die Kosmologie Eugen Finks*, Freiburg/München, 154–183.

Novotný, K. (2012): *La genèse d'une hérésie. Monde, corps et histoire dans la pensée de Jan Patočka* (Bibliothèque de l'histoire de la philosophie. Nouvelle série), Paris.
- (2015): „Leib-Körper als Kern und Grenze der Subjektivität“, in: C. Nielsen, K. Novotný und Th. Nenon (Hg.), *Kontexte des Leiblichen*, Nordhausen, 71–96.
- (2016): „Corps et affectivité dans *Autrement qu'être ou au-délà de l'essence*. Transformations des concepts de la matérialité du corps“, in: D. Cohen-Levinas und A. Schnell (Hg.), *Relire „Autrement qu'être ou au-delà de l'essence“*, Paris, 125–136.
- (2019a): „Welt und Natur in der frühen Phänomenologie von Jan Patočka“, in: H. R. Sepp (Hg.), *Phänomenologie und Ökologie*, Würzburg, 47–60.
- (2019b): „Die Welt und das Ereignis des Erscheinens. Bemerkungen zu einem zeitgenössischen kosmologischen Ansatz“, in: C. Nielsen u. H. R. Sepp (Hg.), *Wohnen als Weltverhältnis. Eugen Fink über die Physis des Menschen*, Freiburg/München 2019, 201–222.
- (2019c): „Körper, Leib, Affektivität in Jan Patočkas Phänomenologie der natürlichen Welt“, in: E. Alloa, Th. Bedorf, C. Grüny und T. N. Klass (Hg.), *Leiblichkeit: Geschichte und Aktualität eines Konzepts*, 2. überarbeitete und erweiterte Auflage, Tübingen, 81–98.
- (2020): „Life and the Natural World in the Early Work of Jan Patočka (1930-1945)“, in: P. Eldridge und W. Płotka (Hg.), *Early Phenomenology and Its Reception in Central and Eastern Europe*, Dordrecht.

Patočka, J. (1965): „Die Lehre von der Vergangenheit der Kunst“, in: *Beispiele. Festschrift für Eugen Fink zum 60. Geburtstag*, hg. von L. Landgrebe, Den Haag, 291–305.

- (1970): „Der Subjektivismus der Husserlschen und die Möglichkeit einer ‚asubjektiven‘ Phänomenologie“, in: *Philosophische Perspektiven* 2, hg. von R. Berlinger und E. Fink, Frankfurt am Main, 317–334 (Wiederabdruck in Patočka 1991, 267–285).
- (1971): „Der Subjektivismus der Husserlschen und die Forderung einer asubjektiven Phänomenologie“, in: *Sborník prací filosofické fakulty brněnské university* 19–20, Řada uměnovědná (F), Nr. 14–15, 11–26 (Wiederabdruck in: Patočka 1991, 286–309).
- (1972): „Weltganzes und Menschenwelt. Bemerkungen zu einem zeitgenössischen kosmologischen Ansatz“, in: *Weltaspekte der Philosophie*. Festschrift für Rudolf Berlinger, hg. von W. Beierwalters und W. Schrader, Amsterdam, 243–250 (Wiederabdruck in: Patočka 1991, 257–264).
- (1975): „Epoché und Reduktion. Einige Bemerkungen“, in: *bewußt-sein, G. Funke zu eigen*, hg. von A. J. Bucher, H. Drüe und T. M. Seebohm, Bonn, 76–85 (Wiederabdruck in: Patočka 1991, 415–423).
- (1990): „Die natürliche Welt als philosophisches Problem“ (übers. von E. Melville und R. Melville), in: ders., *Die natürliche Welt als philosophisches Problem*, Stuttgart, 23–179.
- (1991): *Die Bewegung der menschlichen Existenz. Phänomenologische Schriften* II, hg. von K. Nellen, J. Němec und I. Srubar, Stuttgart.
- (1993): *Úvod do fenomenologické filosofie*, hg. von Jiří Polívka, Prag.
- (1994): „Die Selbstbesinnung Europas“, in: *Perspektiven der Philosophie* 20, 241–274.
- (1995): *Papiers phénoménologiques*, übers. von E. Abrams, Grenoble.
- (1996): „Věčnost a dějinnost“, in: J. Patočka, *Sebrané spisy,* hg. von I. Chvatík und P. Kouba, *Péče o duši*, sv. 1, Prag, 139–242.
- (1999): *Platón a Evropa*, in: J. Patočka, *Sebrané spisy,* hg. von I. Chvatík und P. Kouba, *Péče o duši*, sv. 2, Prag, 149–355.
- (2000): *Vom Erscheinen als solchem. Texte aus dem Nachlaß*, hg. von H. Blaschek-Hahn und K. Novotný, Freiburg/München.
- (2001): *Dopisy Václavu Richterovi* [Briefe an Václav Richter], Prag 2001.
- (2007): „Das Innere und die Welt“, in: *Studia Phaenomenologica* VII, 26–70 (deutsche Übersetzung von Texten aus Patočka 2014 durch Sandra Lehmann).
- (2008): *Sebrané spisy,* hg. von I. Chvatík und P. Kouba, *Fenomenologické spisy* I, sv. 6, Prag.
- (2014): „Nitro a svět. Nepublikované texty ze 40. let“, in: ders., *Sebrané spisy,* hg. von I. Chvatík und P. Kouba, *Fenomenologické spisy III/1, sv. 8/1*, Prag, 9–327 (tschechisches Original zu Patočka 2007).
- (2016a): *Sebrané spisy*, hg. von I. Chvatík und P. Kouba, *Fenomenologické spisy III/2, sv. 8/2*, Prag.
- (2016b): *Le monde naturel comme problème philosophique*, Paris.
- (2018): *L'interno e il mondo*, Übersetzung ins Italienische von Marco Barcaro, Mimesis (Macula, n. 6).
- (2019): *J. Patočka. Correspondence avec Robert Campbell et les siens 1946–1977*, texte établie et présenté par E. Abrams, Grenoble.

Rabas, M. (2019): „Smyslové vnímání jako vyjadřování bytí u Patočky a Merleau-Pontyho“, in: *E-LOGOS – Electronic Journal for Philosophy*, Vol. 26(2), ISSN 1211-0442 (DOI 10.18267/j.e-logos.467), 48–74.

Ritter M. (2011): „Nitro a záhada hyletické vrstvy. Poznámky k Patočkovým analýzám těla, zejména ze čtyřicátých let“, in: *Filosofický časopis* 2011 (59), mimořádné číslo 1, Filosofie tělesnosti, 81–97.
- (2019): *Into the World: Movement of Patočka's Phenomenology*, Dordrecht.

Rodrigo, P. (2009): *L'intentionnalité créatrice. Problèmes de phénoménologie et d'esthétique*, Paris.
- (2015): „Symphysis. Patočka face à ‚l'empirie trop grossière et naïve' d'Aristote“, in: C. V. Spaak und O. Stanciu (Hg.), *Patočka lecteur d'Aristote. Phénoménologie, ontologie, cosmologie*, Paris, 107–124.

Römer, I. (i. V.): „László Tengelyi – Die Welt und ihr Unendliches“, in: T. Keiling (Hg.), *Phänomenologie und Metaphysik der Welt* (Arbeitstitel; in Vorbereitung).

Sepp, H. R. (2009): „Das Selbst und der Andere. Levinas im Kontext der frühen Phänomenologie“, in: M. Pfeiffer und S. Rapic (Hg.), *Das Selbst und sein Anderes. Festschrift für Klaus Erich Kaehler*, Freiburg/München, 210–231.
- (2010): „Erde und Leib“, in: C. Ierna, H. Jacobs und F. Mattens (Hg.), *Philosophy – Phenomenology – Sciences. Essays in Commemoration of Edmund Husserl* (Phaenomenologica, Bd. 200), Dordrecht, 505–521.
- (2011): „Grundfragen einer oikologische Philosophie“, in: *Interpretationes. Studia Philosophica Europeanea* I/ 1, Acta Universitatis Carolinae, Prag 2012, 217–241.
- (2012): „Lebenswelt innen – außen“, in: ders., *Bild. Phänomenologie der Epoché* I, Würzburg, 243–263.
- (2014): „Was ist eine oikologische Philosophie?“, in: ders., *In. Grundrisse einer oikologischen Philosophie*, http://www.sif-praha.cz/wp-content/uploads/2014/07/HRS-oikologische-Philosophie.pdf, 3–7.
- (2017): *Philosophie der imaginären Dinge*, Würzburg.

Stanciu, O. (2016): „Vers une pensée du ‚monde lui-même'. Eugen Fink et les perspectives d'une philosophie cosmologique“, in: *Revue Philosophique de Louvain* 114(4), 655–682.

Tengelyi, L. (2014): *Welt und Unendlichkeit. Zum Problem phänomenologischer Metaphysik*, Freiburg/München.

Tugendhat (1967) *Der Wahrheitsbegriff bei Husserl und Heidegger*, Berlin.

Zumr, Josef (1991): „Mit Jan Patočka über Philosophie und die Philosophen“, in: *Akropolis II, Perspektiven der Philosophie* 17, 385–417.

# Namenregister

## Orbis Phaenomenologicus
## Perspektiven – Quellen – Studien

Herausgegeben von
Kah Kyung Cho (Buffalo), Yoshihiro Nitta † (Tokyo)
und Hans Rainer Sepp (Prag)

Die Reihe präsentiert Denkansätze und Erträge der Phänomenologie und bestimmt ihre Positionen im Kontext anderer philosophischer Strömungen. Sie diskutiert Aporien des phänomenologischen Denkens und fördert die weiterführende phänomenologische Sachforschung. Die **Perspektiven** widmen sich phänomenologischen Sachthemen, behandeln das Werk wichtiger Autoren und zeichnen ein lebendiges Bild bedeutender Forschungszentren der Phänomenologie. Die **Quellen** versammeln Primärtexte und erschließen dokumentarisches Material zur internationalen Phänomenologischen Bewegung. Die **Studien** legen aktuelle Forschungsergebnisse vor.

### ABTEILUNG PERSPEKTIVEN. NEUE FOLGE

Beate Beckmann / Hanna-Barbara Gerl-Falkovitz (Hrsg.)
**Edith Stein**
Perspektiven, Neue Folge 1, 318 Seiten. ISBN 3-8260-2476-1

Helga Blaschek-Hahn / Hans Rainer Sepp (Hrsg.)
**Heinrich Rombach. Strukturontologie – Bildphilosophie – Hermetik**
Perspektiven, Neue Folge 2, 264 Seiten. ISBN 978-3-8260-4055-9

Rolf Kühn / Michael Staudigl (Hrsg.)
**Epoché und Reduktion**
Perspektiven, Neue Folge 3, 309 Seiten. ISBN 3-8260-2589-X

Dean Komel (Hrsg.)
**Kunst und Sein**
Perspektiven, Neue Folge 4, 250 Seiten. ISBN 3-8260-2852-X

Harun Maye / Hans Rainer Sepp (Hrsg.)
**Phänomenologie und Gewalt**
Perspektiven, Neue Folge 6, 284 Seiten. ISBN 3-8260-2850-3

Karl-Heinz Lembeck (Hrsg.)
**Studien zur Geschichtenphänomenologie Wilhelm Schapps**
Perspektiven, Neue Folge 7, 139 Seiten. ISBN 3-8260-2861-9

Jaromir Brejdak / Reinhold Esterbauer /
Sonja Rinofner-Kreidl / Hans Rainer Sepp (Hrsg.)
**Phänomenologie und Systemtheorie**
Perspektiven, Neue Folge 8, 172 Seiten. ISBN 3-8260-3143-1

Silvia Stoller / Veronica Vasterling / Linda Fisher (Hrsg.)
**Feministische Phänomenologie und Hermeneutik**
Perspektiven, Neue Folge 9, 306 Seiten. ISBN 3-8260-3032-X

Javier San Martín (Hrsg.)
**Phänomenologie in Spanien**
Perspektiven, Neue Folge 10, 340 Seiten. ISBN 3-8260-3132-6

Julia Jonas / Karl-Heinz Lembeck (Hrsg.)
**Mensch – Leben – Technik**
Perspektiven, Neue Folge 11, 388 Seiten. ISBN 3-8260-2902-X

Anselm Böhmer (Hrsg.)
**Eugen Fink**
Perspektiven, Neue Folge 12, 356 Seiten. ISBN 3-8260-3216-0

Hans Rainer Sepp / Ichiro Yamaguchi (Hrsg.)
**Leben als Phänomen**
Perspektiven, Neue Folge 13, 332 Seiten. ISBN 3-8260-3213-6

Kwok-Ying Lau / Chan-Fai Cheung / Tze-Wan Kwan (Eds.)
**Identity and Alterity: Phenomenology and Cultural Traditions**
Perspektiven, Neue Folge 14, 392 Seiten. ISBN 978-3-8260-3301-8

Cathrin Nielsen / Michael Steinmann / Frank Töpfer (Hrsg.)
**Das Leib-Seele-Problem und die Phänomenologie**
Perspektiven, Neue Folge 15, 332 Seiten. ISBN 978-3-8260-3708-5

Dietrich Gottstein / Hans Rainer Sepp (Hrsg.)
**Polis und Kosmos**
Perspektiven, Neue Folge 16, 356 Seiten. ISBN 978-3-8260-3498-8

Giovanni Leghissa / Michael Staudigl (Hrsg.)
**Lebenswelt und Politik**
Perspektiven, Neue Folge 17, 294 Seiten. ISBN 978-3-8260-3586-9

Ludger Hagedorn / Michael Staudigl (Hrsg.)
**Über Zivilisation und Differenz**
Perspektiven, Neue Folge 18, 312 Seiten. ISBN 978-3-8260-3585-2

Matthias Flatscher / Sophie Loidolt (Hrsg.)
**Das Fremde im Selbst – Das Andere im Selben**
Perspektiven, Neue Folge 19, 320 Seiten. ISBN 978-3-8260-4312-3

Anselm Böhmer / Annette Hilt (Hrsg.)
**Das Elementale**
Perspektiven, Neue Folge 20, 180 Seiten. ISBN 978-3-8260-3631-6

Dimitri Ginev (Hrsg.)
**Aspekte der phänomenologischen Theorie der Wissenschaft**
Perspektiven, Neue Folge 21, 228 Seiten. ISBN 978-3-8260-3721-4

Hans Rainer Sepp / Armin Wildermuth (Hrsg.)
**Konzepte des Phänomenalen**
Perspektiven, Neue Folge 22, 232 Seiten. ISBN 978-3-8260-3900-3

Yoshihiro Nitta / Toru Tani (Hrsg.)
**Aufnahme und Antwort**
Perspektiven, Neue Folge 23, 332 Seiten. ISBN 978-3-8260-3895-2

Pol Vandevelde (Hrsg.)
**Phenomenology and Literature**
Perspektiven, Neue Folge 24, 284 Seiten. ISBN 978-3-8260-4284-3

Jung-Sun Han Heuer / Seongha Hong (Hrsg.)
**Grenzgänge**
Perspektiven, Neue Folge 25, 308 Seiten. ISBN 978-3-8260-4374-1

Adriano Fabris / Annamaria Lossi / Ugo Perone (Hrsg.)
**Bild als Prozess**
Perspektiven, Neue Folge 26, 248 Seiten. ISBN 978-3-8260-4537-0

Michael Staudigl (Hrsg.)
**Gelebter Leib – verkörpertes Leben**
Perspektiven, Neue Folge 27, 288 Seiten. ISBN 978-3-8260-4751-0

Christian Sternad / Günther Pöltner (Hrsg.)
**Phänomenologie und Philosophische Anthropologie**
Perspektiven, Neue Folge 28, 188 Seiten. ISBN 978-3-8260-4729-9

Kwok-ying Lau / Chung-Chi Yu
**Border-Crossing**
Perspektiven, Neue Folge 29, 242 Seiten. ISBN 978-3-8260-5356-6

Michael Staudigl / Christian Sternad (Hg.)
**Figuren der Transzendenz**
Perspektiven, Neue Folge 30, 386 Seiten. ISBN 978-3-8260-5464-8

Hans Rainer Sepp
**Phänomenologie und Ökologie**
Perspektiven, Neue Folge 31, 180 Seiten. ISBN 978-3-8260-6472-2

## ABTEILUNG QUELLEN. NEUE FOLGE

Ludger Hagedorn (Hrsg.)
**Jan Patočka – Andere Wege in die Moderne**
Quellen. Neue Folge 1,1, 484 Seiten. ISBN 3-8260-2846-5

Ludger Hagedorn / Hans Rainer Sepp (Hrsg.)
**Andere Wege in die Moderne**
Quellen. Neue Folge 1,2, 228 Seiten. ISBN 3-8260-2847-3

Karel Novotný (Hrsg.)
**Ludwig Landgrebe: Der Begriff des Erlebens**
Quellen. Neue Folge 2, 224 Seiten. ISBN 978-3-8260-3890-7

Czesław Głombik
**Husserl und die Polen**
Quellen. Neue Folge 3, 224 Seiten. ISBN 978-3-8260-3992-8

Alexandru Dragomir
**Chronos**
Quellen. Neue Folge 4, 336 Seiten. ISBN 978-3-8260-3557-9

Helga Blaschek-Hahn / Věra Schifferová (Hrsg.)
**Jan Patočka – Klaus Schaller – Dmitrij Tschižewskij**
**Philosophische Korrespondenz 1936-1977**
Quellen. Neue Folge 5, 188 Seiten. ISBN 978-3-8260-4317-8

Reinhard Mehring
**Philosophie im Exil**
Quellen. Neue Folge 6, 336 Seiten. ISBN 978-3-8260-6449-4

## ABTEILUNG STUDIEN

Beate Beckmann
**Phänomenologie des religiösen Erlebnisses**
Studien 1, 332 Seiten. ISBN 3-8260-2504-0

Guy van Kerckhoven
**Mundanisierung und Individuation bei Edmund Husserl und Eugen Fink**
Studien 2, 510 Seiten. ISBN 3-8260-2551-2

Cathrin Nielsen
**Die entzogene Mitte**
Studien 3, 198 Seiten. ISBN 3-8260-2593-8

Michael Staudigl
**Grenzen der Intentionalität**
Studien 4, 207 Seiten. ISBN 3-8260-2590-3

Alexandra Pfeiffer
**Hedwig Conrad-Martius**
Studien 5, 232 Seiten. ISBN 3-8260-2762-0

Takako Shikaya
**Logos und Zeit**
Studien 6, 154 Seiten. ISBN 3-8260-2661-7

Pavel Kouba
**Sinn der Endlichkeit**
Studien 7, 240 Seiten. ISBN 3-8260-3121-0

Filip Karfík
**Unendlichwerden durch die Endlichkeit**
Studien 8, 216 Seiten. ISBN 978-3-8260-2866-3

Sandra Lehmann
**Der Horizont der Freiheit**
Studien 9, 114 Seiten. ISBN 3-8260-2961-5

Dean Komel
**Tradition und Vermittlung**
Studien 10, 138 Seiten. ISBN 3-8260-2973-9

Rolf Kühn
**Innere Gewissheit und lebendiges Selbst**
Studien 11, 132 Seiten. ISBN 3-8260-2960-7

Madalina Diaconu
**Tasten, Riechen, Schmecken**
Studien 12, 500 Seiten. ISBN 3-8260-3068-0

Urbano Ferrer
**Welt und Praxis**
Studien 13, 196 Seiten. ISBN 3-8260-3131-8

Daniel Tyradellis
**Untiefen**
Studien 14, 196 Seiten. ISBN 3-8260-3276-4

Heribert Boeder
**Die Installationen der Submoderne**
Studien 15, 449 Seiten. ISBN 3-8260-3356-6

Pierfrancesco Stagi
**Der faktische Gott**
Studien 16, 324 Seiten. ISBN 978-3-8260-3446-6

Dimitri Ginev
**Transformationen der Hermeneutik**
Studien 17, 144 Seiten. ISBN 978-3-8260-3959-1

Mette Lebech
**On the Problem of Human Dignity**
Studien 18, 336 Seiten. ISBN 978-3-8260-3815-0

Dean Komel
**Intermundus**
Studien 19, 112 Seiten. ISBN 978-3-8260-4015-3

Radomír Rozbroj
**Gespräch**
Studien 20, 320 Seiten. ISBN 978-3-8260-3794-8

Edmundo Johnson
**Der Weg zum Leib**
Studien 21, 208 Seiten. ISBN 978-3-8260-4126-6

Liangkang Ni
**Zur Sache des Bewusstseins**
Studien 22, 360 Seiten. ISBN 978-3-8260-4331-4

Günter Fröhlich
**Form und Wert**
Studien 23, 420 Seiten. ISBN 978-3-8260-4563-9

Alexander Schnell
**Hinaus**
Studien 24, 160 Seiten. ISBN 978-3-8260-4532-5

Petr Kouba
**Geistige Störung als Phänomen**
Studien 25, 280 Seiten. ISBN 978-3-8260-4556-1

Karel Novotný
**Neue Konzepte der Phänomenalität**
Studien 26, 200 Seiten. ISBN 978-3-8260-4555-4

Luis Niel
**Absoluter Fluss – Urprozess – Urzeitigung**
Studien 27, 304 Seiten. ISBN 978-3-8260-4678-0

Lara Huber
**Der Philosoph und der Künstler**
Studien 28, 190 Seiten. ISBN 978-3-8260-4901-9

Guido Cusinato
**Person und Selbsttranszendenz**
Studien 29, 200 Seiten. ISBN 978-3-8260-4945-3

Hans Rainer Sepp
**Bild**
Studien 30, 328 Seiten. ISBN 978-3-8260-4941-5

Martin Nitsche
**Die Ortschaft des Seins**
Studien 33, 128 Seiten. ISBN 978-3-8260-5181-4

Kah Kyung Cho
**Phänomenologie im Lichte des Ostens**
Studien 34, 354 Seiten. ISBN 978-3-8260-5375-7

Michael Stadler
**Was heißt Ontographie?**
Studien 35, 256 Seiten. ISBN 978-3-8260-5600-0

Guillermo Ferrer
**Protentionalität und Urimpression**
Studien 36, 248 Seiten. ISBN 978-3-8260-5642-0

James R. Mensch
**Patočka's Asubjective Phenomenology: Toward a New Concept of Human Rights**
Studien 38, 166 Seiten. ISBN 978-3-8260-5774-8

Cyril McDonnell
**Heidegger's Way Through Phenomenology To the Question of the Meaning of Being**
Studien 39, 398 Seiten. ISBN 978-3-8260-5776-2

Hans Rainer Sepp
**Philosophie der imaginären Dinge**
Studien 40, 476 Seiten. ISBN 978-3-8260-5944-5

Luigina Mortari
**Die Sorge um sich**
Studien 41, 146 Seiten. ISBN 978-3-8260-5945-2

Tatiana Shchyttsova
**Jenseits der Unbezüglichkeit**
Studien 42, 216 Seiten. ISBN 978-3-8260-5946-9

Mansooreh Khalilizand
**Phänomen Leib**
Studien 43, 200 Seiten. ISBN 978-3-8260-6324-4

Martin Nitsche
**Methodical Precedence of Intertwining**
Studien 44, 84 Seiten. ISBN 978-3-8260-6219-3

Ivan Blecha
**Aisthetische Welt**
Studien 45, 306 Seiten. ISBN 978-3-8260-6325-1

Andrew Haas
**Unity and Aspect**
Studien 46, 376 Seiten. ISBN 978-3-8260-6450-0

Chung-Chi Yu
**Life-World and Cultural Difference**
Studien 47, 192 Seiten. ISBN 978-3-8260-6951-2

Wanhu Liu
**Voraussetzung und Wahrheit**
Studien 48, 196 Seiten. ISBN 978-3-8260-6577-4

Wei Zhang
**Schelers Personalismus im Spiegel von anderen**
Studien 49, 222 Seiten. ISBN 978-3-8260-6910-9

Karel Novotný
**Welt und Leib**
Studien 50, 162 Seiten. ISBN 978-3-8260-6767-9

Irene Breuer
**Ort, Raum, Unendlichkeit**
Studien 52, 380 Seiten. ISBN 978-3-8260-7155-3